NEW

success rules of small salon

最新版

お客様がずっと通いたくなる

# 小さなサロンのつくり方

向井邦雄

Kunio Mukai

同文舘出版

# 最新版の発行に寄せて

２０１１年に発売された『お客様がずっと通いたくなる小さなサロンのつくり方』は現在、増刷19刷。おかげさまで多くの方にお読みいただき、発売から7年が経った今でも増刷がかかり続けるといううれしい快挙を成し遂げています。

日本中のサロン人口の５人に１人は持っている計算になり、「つぶそうと思っていた経営の危機から救われました」「本を読んで開業を決めました」「開業前から本の通りに実践していったら、順調にスタートできました」「常に店に置いてサロンのバイブルにしています」「経営に迷った時に読み直してヒントにしたり、落ち込んだ時にページを開いて勇気をいただいています」等々、数えきれないほどのうれしいご感想をいただいています。

常に情報を新鮮に保つため、増刷のたびに内容を少しずつ書き換えてはいましたが、発売当初からは、時代もサロン業界の状況も大きく変化しています。私自身のサロンも常に進化し続け、当時７・５倍だった売上も現在は20倍にまで上がっています。

そこで内容を大幅に改正し、最新の情報をふんだんに盛り込み、7年間の読者サロン様の実績なども盛り込んで、最新版として新たに書籍に命を吹き込むことにしました（なお、「はじめに」と「おわりに」は、当時の思いを大切にするため、そのままの文章を載せています）。

生まれ変わった本書。すでに前著を読まれた方も、これからサロンを開く方も、ぜひ必携の一冊にしていただければ幸いです。

# はじめに

本書を手に取ってくださり、ありがとうございます。今この本を手にしているということは、あなたはエステやアロマなど、サロンを経営なさっている方でしょうか？　それともこれから独立して店をはじめようという方でしょうか？

私も4年半ほど前に、アロマエステの開業に夢を抱いていたひとりです。とはいえアロマやエステに関する知識はゼロ。まして自分で店を経営したことなどなく、右も左もわからない世界。開業当時の結果は散々なものでした。お客様の来ない日が続き、挙句の果ては借金生活。銀行も冷たく、知り合いや昔の上司に必死で頭を下げ、土下座までしてお金を借りました。応援してくれていた親や兄弟も徐々に態度が変わり、縁を切られる寸前に。店を一緒にはじめた妻ともケンカが絶えない日々。何とかその状況から抜け出そうと夜中にできるアルバイトを探したり、店舗を買い取ってくれる人を探したりする毎日でした。

ところが、落ちるところまで落ち、「もう逃げる道はない」と覚悟を決めた時、少しずつ物事は変わりはじめたのです。がむしゃらに本を読み、セミナーに行き、試せるものはすべて試して成果を検証。ダメならやり方を変え、よければさらに伸ばす。既存のサービスに捉われない新しい発想のサービスをつくっていきました。その結果、徐々に店は人気店へと変わり、予約の取りにくいサロンの仲間入りを果たしたのです。

世は不況の真っ只中。しかし、そんなことなど微塵も感じさせないほど、店は売上記録を更新し続けました。２年目には前年比１７５％。次の年はさらに１４０％、次の年もまた１５０％と、オープンから4年間のトータルではなんと、７６７％にも及ぶ売上アップを果たしたのです。そんな喜びの中、私にはある思いが芽生えます。

「自分が味わってきた、つらく苦しい思いをもう誰にも味わってほしくない」

そういった願いから、私はこれまでに得た知識や経営ノウハウ、成功事例を余すことなくお伝えしていこうと決意したのです。机上の空論ではなく、実際に結果の出たものだけを、初心者の方にもわかりやすい言葉でお伝えできたら。そんな思いで書いた本です。

10年後、20年後のあなたのサロンは幸せでしょうか？　あなたの私生活は充実しているでしょうか？　本書を一気に読み終えてあなたの店の財産にするもよし、困った時々にそのページを開いて道標にするもよし、常にあなたの店の支えの一冊となればとてもうれしく思います。今、サロンの売上不振で悩んでいる方へ。もし、あなたのサロンがつぶれてしまったら、一番悲しむのは誰でしょう？　それは、あなたでもあなたの家族でもなく、あなたの店を愛してくださるお客様だと思います。

あなたが大切なものを守るために必要なこと。それはほんの少しの知識と、ほんの少しの実行力の差。私の店が、そして私の人生が大きく変わったように、あなたの中で何かが動きはじめるのがわかると思います。

本気でお客様を愛するあなたに、心を込めてこの本を贈ります。

向井邦雄

最新版　お客様がずっと通いたくなる小さなサロンのつくり方●もくじ

最新版の発行に寄せて
はじめに

序章

# 繁盛するサロン経営のために

1 夢のサロン経営にようこそ！……12
2 今の時代のサロンの現状……13
3 繁盛するサロン経営のために何を知るべきか……14
4 あなたにとってのサロンとは？……15
番外編 開業前の職業によって、繁盛サロンへの近道の方法は違う……16

1章

# サロンをはじめると決めたらまずこれを！

1 オープン前からもう勝負ははじまっている……20
2 あなたのサロンオープンを阻むもの……22
3 ほとんどの店が間違っている！　効果抜群な店名の決め方……24
4 ホームページは中途半端でもいいから公開しちゃいましょう……28
5 オープンまでの道のりをドキュメンタリータッチに演出……32

6 私のサロンが検索で上位になる本当の理由……34
7 アクセス、家賃、通行量――店の場所選びで優先すること……36
8 家賃はいつから払う？　契約前にしっかり家賃交渉！……38
9 看板は重要だからこそ「こだわらない」……40
10 弱点も、見せ方次第で大チャンスに！……44
Column 10年後の「ちいサロ」①

## 2章 待ちに待ったオープンはすぐそこ

1 サロンをはじめる前につくっておかなければならない最も重要なもの……50
2 そのチラシ、はたして効果はありますか？……52
3 チラシに入れたいけど、入れないほうがいいもの……54
4 施術メニューのネーミングで注意すること……58
5 施術メニューのネーミングでやりすぎないこと……60
6 長年にわたって苦労させられたメニューづくりの失敗と解決法……62
7 技術で満足すると思ったら大間違い……66
8 価格設定でほとんど誰もが犯してしまう重大なミス……70
9 あなたの店の本当の売りもの……74
10 いよいよオープン！　初日は焦らない……76
Column 10年後の「ちいサロ」②

3章

# お客様を呼び込む数々の魔法


1 友達の友達はあくまで友達だ！ 80
2 入客のない時にはとにかくこれをやりましょう 82
3 「来るもの拒まず」は拒まれる 84
4 駅前のチラシ配りにアルバイトを使わない 86
5 ネット、雑誌、テレビ――広告はどれが効果的？ 88
6 釣り堀にマグロ漁船で乗り込む 92
7 割引するならその先を見なきゃダメ 94
8 お客様の声を至るところに載せましょう 96
9 チラシやパンフレットを他の店に置いてもらう 98
10 初めてかかってきた電話を切らせないテクニック 100
11 だけど私のサロンは電話に出ない 104
12 お出迎えとお見送りは店の外まで 106
13 お客様は名前でお呼びしましょう 108
14 まずは自分から心を開く 110
Column 10年後の「ちいサロ」③

4章

## お客様の心をつかんで離さないサロン


1 顧客管理がなぜ必要か？ 114
2 お客様が本当にほしいのは「感動」です 116
3 小さなことでも書いて残す 118
4 もう一度ご来店していただくためには 120
5 次回予約は感動の消える前に 122
6 今までの常識とは違う距離感 126
7 今や常識！ サンキューレターとニュースレター 128
8 手紙は手書きが一番？ いいえ…… 132
9 誕生日ハガキは超豪華なメニューへの招待状 134
10 知っているのに知らん振りの電話応対!? 136
11 常連様向けの特別メニューで商売繁盛 138
12 確かな信頼関係をつくるために 140
Column 10年後の「ちいサロ」④


5章

## 軌道修正のやり方を知れば怖くない


1 もがけばもがくほど、深みにはまる 144

2 無理なご要望に振り回されない …… 146
3 しまった、安すぎた！ 価格のスムーズな修正方法 …… 148
4 値上げをせずに「客単価を上げる」方法とは …… 150
5 戦略的なクチコミ促進術――クチコミだって的を絞らなきゃ！ …… 152
6 もう少しスマートなクチコミ促進術 …… 156
7 キャンセル料はいただくべきか …… 158
8 クレーム処理を間違わないために …… 162
9 キャンペーンは新しい挑戦への架け橋 …… 164
10 お客様はあなたを映す鏡 …… 166
Column 10年後の「ちいサロ」⑤

## 6章 さらなる店の発展のために！

1 予約が埋まったら危険サイン …… 172
2 お客様を切り捨てる!? …… 174
3 お客様を育てる …… 178
4 切り捨てる、育てる。本当の意味とその後 …… 182
5 店のブランド、あなたのブランド …… 184
6 お得意様へのおもてなし …… 186
7 はたして資格は重要か？ …… 188

8 もうひとつの「客単価を上げる」方法……190
9 売れないのには理由がある――商品を売るために大切なもの……192
10 お客様ごとにPOPや陳列を変える……196
11 回数券のススメ……198
12 あなたの技術を売る別の方法……200
Column 10年後の「ちいサロ」⑥

7章

# 危機対応とその他の裏技集

1 泥沼にならないためのスタッフの雇い方……204
2 派遣社員を雇うリスク……208
3 スタッフ雇用、逆転の発想でうまくいった……210
4 あなたの店に携帯サイトは向いているのか?……212
5 1月の福袋じゃ意味がない……214
6 回数券をずっと継続していただく方法……216
7 回数券を使わずに6回以上リピートしていただく方法……220
8 ブライダルエステ後も常連になっていただく方法……224
9 客単価と来店頻度を「同時に」上げる画期的な方法……226
10 通販のススメ……228
11 人気商品は定期購入に切り替える……230

12 衝撃!! お客様同士を戦わせる!? 234
13 他業種から学ぶ 238
14 もしも落ち込んでしまったら 240
Column 10年後の「ちいサロ」⑦
Special column 全国のサロン事例
——「ちいサロ」を読んでどう変わったか 243

8章

# お客様もあなたもキラキラ輝き続けるために

1 小手先ではない何か 252
2 あなたの店に存在するただひとつの問題はあなた 254
3 本当に大切なものは 256
4 あなたがサロンをやる意義 258

おわりに

装丁 高橋明香(おかっぱ製作所)
本文デザイン・DTP 松好那名(matt's work)
本文イラスト 内山良治

Small Salon

# 序章

## 繁盛する
## サロン経営の
## ために

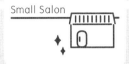

No.
01

# 夢のサロン経営にようこそ！

「いつか自分のサロンを持つことができたら」。そんなおぼろげだった夢が今、現実になろうとしています。

あなたは今、**夢への第一歩を踏み出すため、本書を開きました**。どんなことが待っているのか、期待と不安に揺れ動きながら日々を過ごしていることでしょう。やるからには絶対に失敗したくない。でも、何をどうすればよいのかわからない。そんな複雑な思いでいっぱいのはずです。

それは当然です。実践による失敗と成功に裏打ちされたサロン経営ノウハウや「開業本」はこれまであまりなかったように思います。誰も本当のことは教えたくないというのが本音なのかもしれません。でも、それが現実だとしたらあまりに悲しい話です。

あなたは同じ夢を抱えてこの世界に入ってきた仲間です。あなたが勇気と情熱を持ってこれからの道のりを歩けますよう、私の持てる限りの知識と経験で、心からあなたを歓迎したいと思います。

夢のサロン経営へようこそ！

**あなたの夢が叶う時がきました**

ここから新しいスタートです

No. 02

# 今の時代のサロンの現状

ところであなたは、今のサロン業界の状況をご存じですか？　実際のところ個人サロン店が増えている影響で正確な数値がつかめないというのが現状ですが、大まかに数字を追うと、届け出ているエステサロンだけでも**全国に1万6000店舗。毎年1000店ほどのサロンが新しくオープンして、ほぼそれと同じ数だけのサロンが閉店してしまっている**そうです。

平均すると毎日2～3店がつぶれているということですから、とても恐ろしいことです。個人サロンは開店の際の初期投資もそれほどかからず、低いリスクで運営できるはずなのにこれだけの数がつぶれているのはなぜなのでしょう。

それは、やはり圧倒的な知識不足が原因だと私は思います。何もわからないまま振り回され、価格競争に巻き込まれ、経済的にも精神的にも続けることができなくなり、せっかくの夢をあきらめなくてはならなくなる。

そんな悲しい結末にならないためにも、まずはしっかりと「知る」ということが重要になってくるのです。

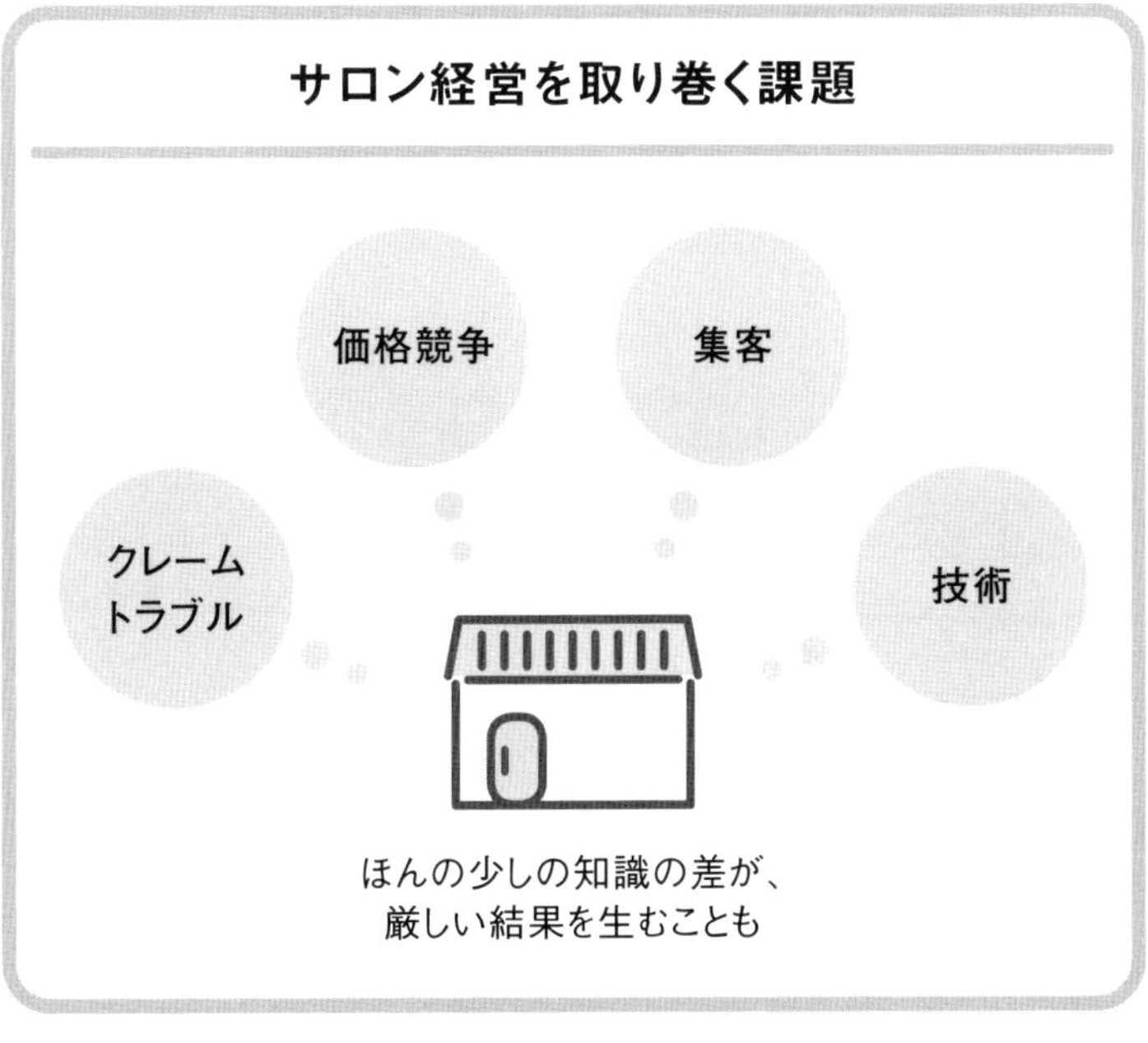

No.
# 03
# 繁盛するサロン経営のために何を知るべきか

ではいったい、何を知るべきなのでしょうか？　これだけ情報が溢れかえっている時代、大事なのは**いかに正しい情報を選んでいくか**ということだと思います。

あなたがこれから開こうとしている店が個人規模の小さなサロンだとしたら、立派な経営学や王道と言われる経営理論はまったく当てはまらない場合がほとんどです。また、その時々の状況によっても答えは変わってきます。実は私も店をはじめる前に何人かのプロのコンサルティングを受けたことがあります。でも今になって思えば、彼らの言うこととまったく逆のことをはじめた時から店がうまく行きはじめたのは皮肉な話です。

本書では、オープン準備からオープン後、徐々に軌道に乗って人気が出るまでといった具合に、その時、その時で大切なことを、個人店ならではの強みを活かして運営していくための方法をご紹介していきます。

大げさかもしれませんが、私が命がけで築き上げてきた個人サロン運営のためのノウハウを、ぜひあなたのこれからに活かしていただければと思います。

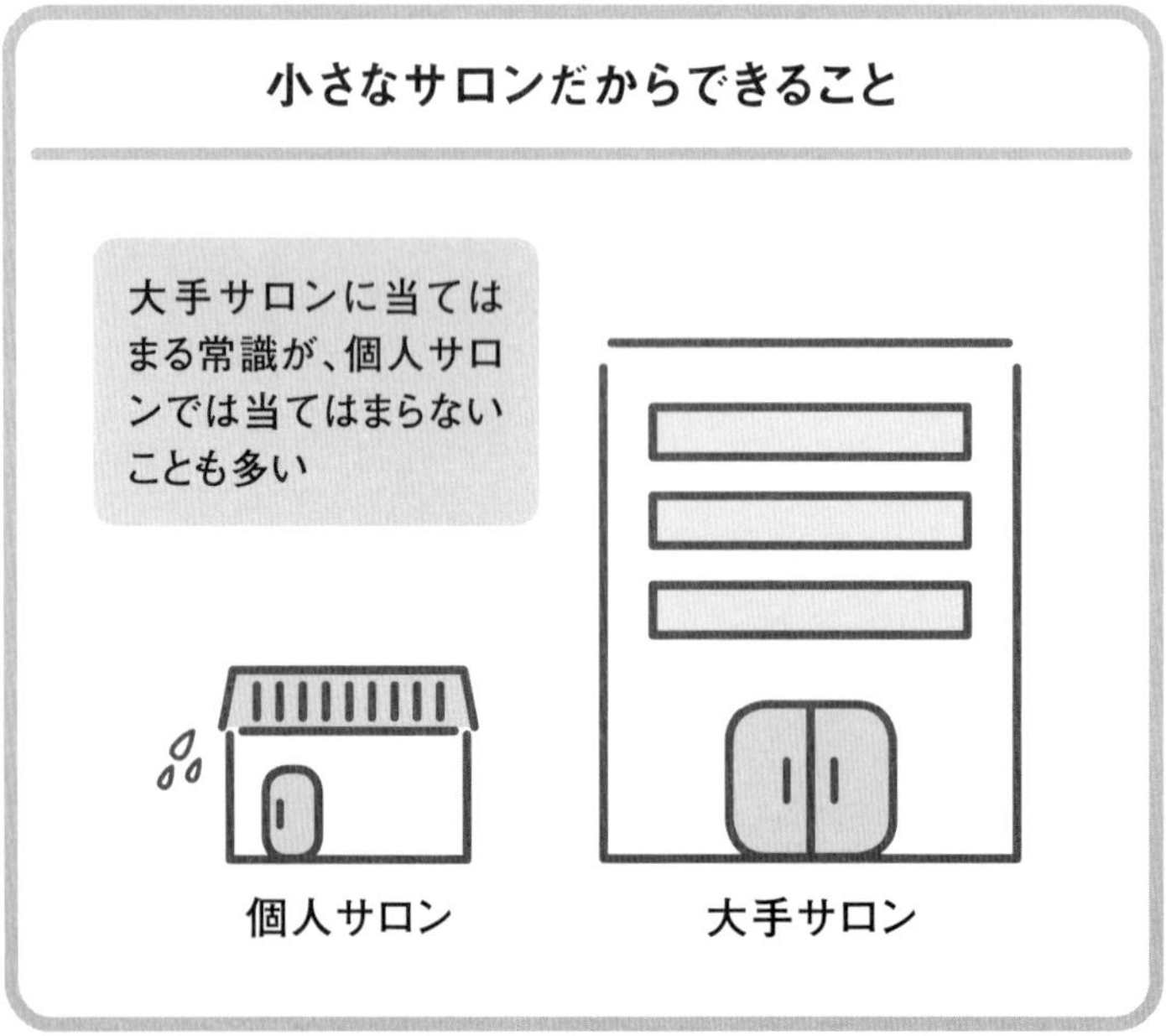
小さなサロンだからできること
大手サロンに当てはまる常識が、個人サロンでは当てはまらないことも多い
個人サロン
大手サロン

No.
04

# あなたにとってのサロンとは？

いよいよ次の章から本編がはじまりますが、ページをめくる前にまず、今一度**「あなたがサロンをはじめようと思った理由」**を思い返してみてください。

・自分の技術を試したいから
・お客様の笑顔を見たいから
・家庭生活をより豊かにするため
・自分にはこの道しかないから

理由は人それぞれだと思います。どんな目的でもいいのです。明確にあなたの中でその目的が定まっていれば、あなたが夢を実現する力は限りなく強くなるでしょう。その理由と共に「〜〜だから私は店を成功させる！」と紙に書いて、壁に貼ったり持ち歩いたりしてもよいと思います。

大事なのは理由を明確にし、ハッキリとした将来のビジョンを持つこと。それを持った上で本書を読めば、得られる効果は何十倍も違ってくることでしょう。

あなたにとってのサロンとは何なのか。それを考えたら肩の力を抜いて、いよいよ1章のはじまりです！

**目標に向かって進む時**

# 開業前の職業によって、繁盛サロンへの近道の方法は違う

これまで千以上のサロンの方を見せていただく中で、その人がサロンを開業する前にどんな職業に就いていたかによって、得意不得意やサロン発展への近道の方法に違いがあることがわかってきました。
もちろん人それぞれ個性がありますので、参考としてご覧いただければ幸いです。

◆専業主婦

あまり他の職に就いたことがない専業主婦の方の場合、徹底的に手技を磨くか、それほど技術を必要としないメニュー（美容機器などを使うもの）をメインにするとやりやすいでしょう。技術講習は、繁盛しているサロンのスクールで学ぶのがコツです。また、パソコンに苦手意識を持つ方も多いのですが、ＰＯＰづくりや売上管理などで使用する場面も増えてくるので、ワードやエクセル、お絵かきソフトなどを徐々に覚えていくとよいでしょう。

一方、金銭面でのバランス感覚に優れた方が多いので、収入と支出のバランスを見ながら、ダイナミックにチャレンジしていくのがよいでしょう。

◆会社員・ＯＬ・事務職

接客が未経験の方の場合、根本的な差が出てくるのが「会話」や「表情」です。特に表情は、日常生活と接客とでは大きく違います。鏡を見ながら、オーバーなぐらいの表情や動作を練習しましょう。技術講習と同じぐらい、接客やカウンセリングの勉強に力を注ぐのがコツです。パソコンスキルの高い方が多いので、ホームページやチラシ、店内に貼るＰＯＰなど、自分らしさを追求していくと優良なお客様をつかみやすくなります。

◆飲食店等の接客業

接客経験者の場合、お客様とのコミュニケーションはスムーズに進みます。サロンの場合、飲食店等よりももう一歩踏み込んだ距離の近い接客を意識すると、ファンが増えていくでしょう。ワンランク上質の接客を心がけ

るとお客様の層も上がっていきやすくなります。パソコンが苦手な方は苦手意識をなくすこと。得意なことを伸ばすことも大事ですが、苦手なところにこそ大きなチャンスがあることを覚えておくとよいでしょう。

### ◆理容師、美容師

元理美容師の方が独立する場合や、理美容室の方がフェイシャル等のエステに進出する場合、最大のネックとなってくるのが「客単価の差」と「物販の有無」です。また、これまでの業界のしきたりや常識が足かせになることもあるので、既成概念や固定観念をリセットする意識を持ちましょう。一方、国家資格を持っていることとは大きな武器になるので、最大限に活用していくとよいでしょう。

### ◆リゾートホテル内スパ等、セラピスト

リゾートホテル内にあるスパやエステと、個人規模の小さなサロンとの大きな差は「リピート率」にあります。一見さんが多いホテルのサロンよりも少しくだけた接客、もっと踏み込んで距離の近い接客を心がけるようにするとリピート率も上がりやすくなります。それができてきたら、お客様に必要な商品をご提案し、物販の強化を意識することで、お客様の満足度がさらに上がり、サロンも発展しやすくなっていきます。

### ◆大手エステ、エステティシャン

大手エステで働いていた方は、技術力も接客スキルも商品の販売力も高い方が多い傾向があります。ただ、今までの「やらされている」という感覚から、そこに対して嫌悪感や拒否反応のある方も多いのが現状です。特に強引なおすすめをするサロンで働いていた方は、「おすすめ＝悪」というイメージを持っている方もいることでしょう。「商品のおすすめは店の売上のためではなく、お客様の喜びのため」という事実を知り、お客様のために施術や商品をおすすめすることを心がければ、店は一気に繁盛へと向かっていくでしょう。

### ◆個人サロンスタッフ

個人規模のサロンでスタッフとして働いていた方は、他の職業で働いていた方に比べて、これから開こうとしているサロンに最も近い環境にいたと言えます。しかし、近い環境にいたからこそ気づけない点も多いので注意が必要です。特に予約の多い人気サロンで働いていた方は、集客の苦労をあまり知る機会がないため、自分で

サロンを出す際につまずくことが多い傾向にあります。接客・カウンセリング・施術といった表の部分だけでなく、集客・リピート化・客単価アップなどといった陰の努力の部分に焦点を当てることで、経営も軌道に乗りやすくなることでしょう。従業員と経営者というのは、交わることのない正反対の立場だと知ること。自分は一施術者ではなく経営者なのだと自覚することが大切です。

### ◆アパレル、販売員

繁盛しているサロンの方を見ていると意外に多いのが、洋品店の販売をしていたという方です。アパレルの接客スキルとサロンの接客スキルは似たところが多いからでしょう。特に、アパレルのほうが短時間でお客様の心をつかみ販売していく必要があるため、長時間じっくりと接客のできるサロンはやりやすいようです。施術の技術力をさらにつけ、身体や肌の知識、商品知識を磨いていけば鬼に金棒とも言えるでしょう。

### ◆化粧品等の美容部員

私が多くのサロンの方を見てきた中で、最強だと思ったのは実は元エステスタッフではなく、元化粧品会社の美容部員や健康美容商品の販売員の方でした。肌や美容の知識が深いことと共に、会話の説得力、物販商品の販売力が強いことが要因でしょう。施術者は、どうしても施術が商品だと思ってしまいがちですが、その垣根が低いことも成功しやすい要因だと思います。お客様のお悩みやその原因を瞬時に突き止め、最適なご提案をする。その長所を伸ばしていけば、さらにサロンは発展していくことでしょう。ただし、商品知識や成分の説明に走りすぎてしまう傾向もあるため、その点では注意も必要です。

このように、小さなサロンを経営していく上で、「自分がこれまでに得てきたスキル」というのは大きな役割を占めます。大切なのは、その長所を伸ばしつつ短所を補うこと。特に伸び悩んでいるサロンの場合、苦手だと思って避けてきたことにこそ最大のチャンスがあるということを覚えておくとよいでしょう。それらの点も踏まえて、ぜひ本編をお読みになってください。

Small Salon

# 1 章

# サロンをはじめると決めたらまずこれを!

No. 01

# オープン前からもう勝負ははじまっている

## ◆スタートは平等

初めてのサロン経営に向けて、技術を習得したり、物件選びや設備の手配、はたまた事業計画書や融資の申し込みなど、やることがたくさんで大変ながらも、充実した日々を送っていることでしょう。大きな希望で胸が高鳴っていることと思います。さて、これから案内する内容は、店の売上を上げていく方法に特化したものです。

「今はまだ売上のことなんて考えられない」

「売上のことは店がオープンしてから考えればいい」

など、様々な意見があると思います。確かにオープン前は準備で忙しく、なかなかそこまで頭が回らないのも当然のことでしょう。

ただ、ひとつだけ知っておいてほしいことは、店の経営をはじめようという人は誰でも同じように努力しているということ。**同じように一所懸命努力しても、うまくいく人とうまくいかない人がいます**。

その違いは何でしょうか。それは努力するポイントの微妙な差なのです。

## ◆今しかできないこと

サロン経営で成功するには、オープンする前から先を見越して戦略的に売上アップの種をまいておく必要があります。それは、オープンしたら二度と直せないことや、修正のためには莫大な労力と資金を要するものがあるからです。中にはそれが原因で立ち直れず、せっかくはじめた店をたたまなければならなくなる場合もあります。私の店が遠回りしながらも何とかここまでの成長を遂げることができたのは、その種まきができていたからだと言ってもいいぐらいです。それがなかったら、苦しい時期を持ち堪えられなかったことでしょう。

**オープン前にはオープン前の、オープン後にはオープン後の頑張るポイント**というのがあります。それは決してすぐに結果の出るものではないかもしれません。でもじわりじわりとあなたを成功へと導く足場となってくれるはずです。オープン前から勝負ははじまっている。本章では、オープン前の今しかできないポイントをお伝えしてまいります。

## オープン前の準備をしっかりと

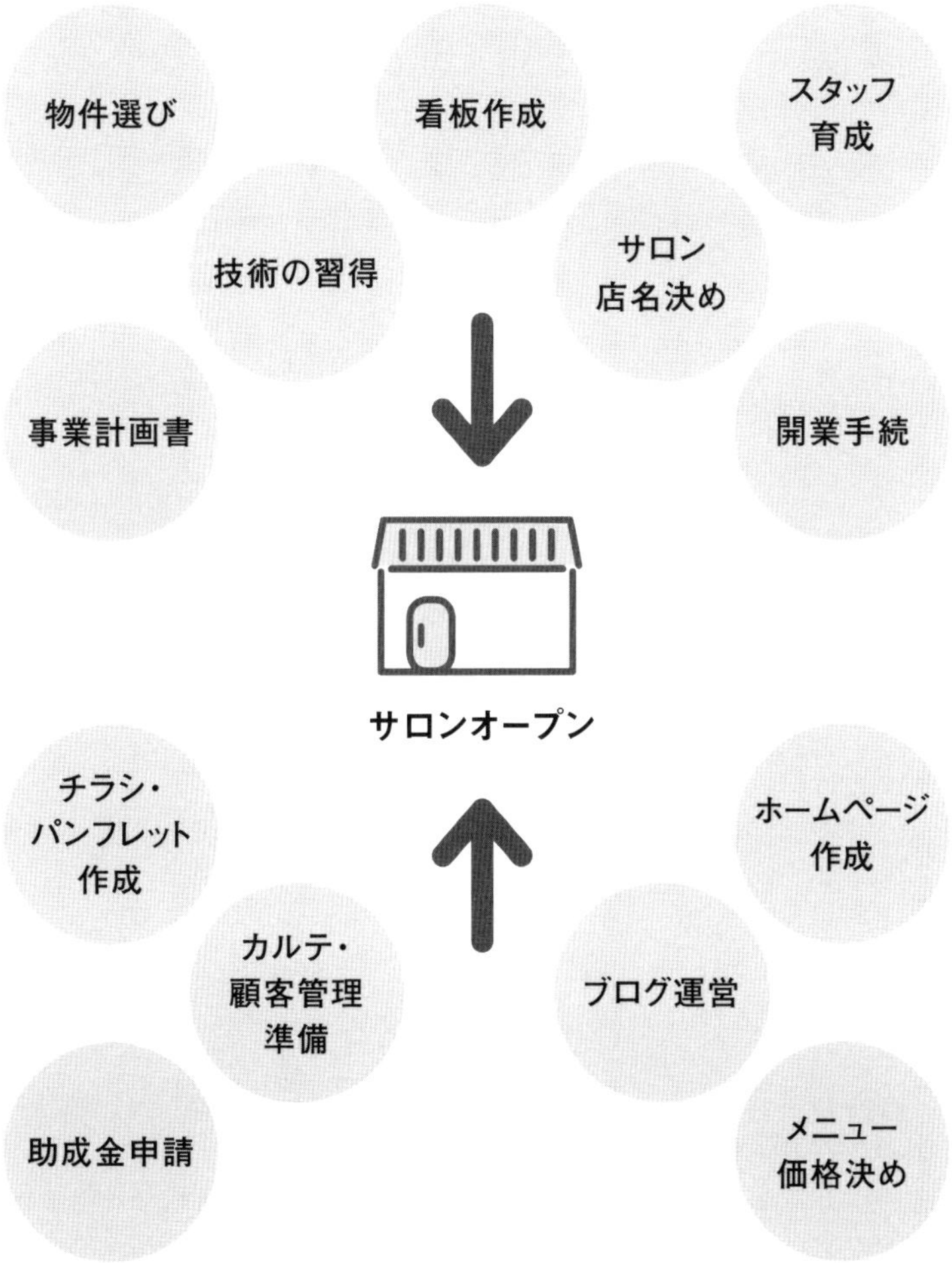


◆サロンオープンに向けてやることはたくさんあるけれど、売上を上げるための準備をオープン前から進めておけば、開店後に軌道に乗るのが早くなります。

No.

02

# あなたのサロンオープンを阻むもの

オープンに向けての大切なポイントをお伝えする前に、オープンに向けてまだ不安や焦りがある方にお伝えしておきたいことがあります。これを抱えたままでは、本気で開業準備に取り組むことができませんから、まずはしっかりとこれを取り除き解決しておきましょう。

## ◆理解と協力のもとに

あなたのサロンオープンに、あなたのまわりの方々は賛成でしょうか？　協力的でしょうか？　サロンを経営するにあたって最も欠かせないもの、それは「家族やまわりの人たちの理解と協力」です。これは断言できるでしょう。私達が夫婦で開いたサロンも、振り返ってみれば本当にたくさんの方々の応援や協力によって成り立ってきました。もしもそれがなかったら、はじめの半年ほどでサロンはつぶれていたかもしれません。

## ◆道を阻む3つの敵

人が何か新しいことをはじめようとした時、目の前に3つの敵が現われます。**夢を殺す人「ドリームキラー」**です。そのひとり目は**「あなたなんかにできるわけがないわよ」とバカにする人**。大丈夫、あなたの強い決意は決してこれぐらいで崩れることはないでしょう。ふたり目は少し厄介。**「大丈夫なの？　やめておいたほうがいいんじゃないの？」と心配してくれる人**。身内や親しい人が本気で心配してくれますから、「やめておいたほうがいいのかな」と心が揺らいでしまいます。

開業前の私がもし、身内から「店を持ちたい」と言われたら、きっと同じように止めたと思います。でも、今ならきっと「とことんやるべきだ」と言うでしょう。大変さも楽しさも、経験してきた今ならわかるからです。

同じように、「やめておいたほうがいい」と言う人がいたとしたら、その人がその道を通ってきたかどうかを確認する必要があります。その道は、あなたの道。成功するかどうかは、あなたが決めることだからです。

ただし、その人たちの理解や協力がなければうまくはいきません。理解してもらえるまで情熱を伝えられるかどうか、それもあなた次第です。そう、道を阻む3人目の敵。それは何を隠そう、「あなた自身」なのです。

## サロンオープンを阻む3つのドリームキラー

◆前に進もうとした時、3つの壁が現われます。バカにする人、心配する人、そして3つ目は「あなた自身」なのです。

No. 03

# ほとんどの店が間違っている！効果抜群な店名の決め方

サロン名や会社名にはとても悩みますよね。でも悩み所を間違っていたのではなかなかいい店名は出てきません。ここで言ういい店名とは**「店の売上につながる名前」**ということです。売上をアップさせる名前とはいったいどんな名前なのでしょうか？　そのつけ方とは？　それをこれから紹介していきます。

### ◆覚えやすい名前

最近よく見られる社名に、ＴＢＣやＯＣＮといったような「アルファベット3文字」の名前がありますが、これはやめたほうが無難です。よっぽどのメジャーになれば別ですが、普通はまず覚えてもらえません。単純で覚えやすそうな気もしますが、実は似たような名前がたくさんあるため、かえって区別がつきにくくなるのです。私の取引先でもアルファベット3文字の会社が数十社あるのですが、ここだけの話、実のところ私は2社ぐらいしか覚えていません。

また、英語やフランス語などを使った名前も確かにかっこうよくておしゃれなのですが、覚えにくさという点で考えると同じです。せっかくあなたの店を気に入った方がそれを友達に伝えようとした時に、店の名前を覚えていなければ台無しになってしまいます。あなたからの目線ではなく、**お客様から見て覚えやすいかどうかが大事**なのです。

### ◆全国で1位の名前

次に、特に個人サロンでよく見かける名前にハーブや花の名前をそのまま使ったものがあります。ラベンダーやローズ等々。この名前は覚えやすいですね。でもこれも実はよくありません。なぜでしょう？　試しにインターネットで「ラベンダー」と検索してみてください。お花がいっぱい出てきましたね。これは実際にあるサロンの名前なのですが、この検索ワードではお花ばかり出てきてサロン自体がなかなか表示されません。それでは、「サロン　ラベンダー」で検索してみます。するとやっとサロンが出てきますが、あまりにたくさんのサロンがありすぎて、自分が探しているサロンがどれなのか、まったくわかりません。

## よく見かけるサロン名

| | |
|---|---|
| アルファベット3文字 | 簡単で覚えやすそうに思えるが、似た名前が多く間違えやすい |
| ハーブや花の名前 | 覚えやすいが、インターネット検索では埋もれてしまう |
| 精油の名前 | こだわりは感じられるが、やはり埋もれやすい |
| フランス語など覚えにくい名前 | おしゃれ、可愛らしさなど長所はあるが、覚えにくい |
| 長すぎる名前 | インパクトはあるが、やはり覚えにくい |

◆上記のような名前は決して悪いというわけではなく、サロンの規模や知名度などによってはプラスに働く場合もあります。
ただ、個人規模のサロンでは、やはり覚えやすさとインターネット検索での優位性に重点を置いたほうが集客などで有利になりやすいのです。

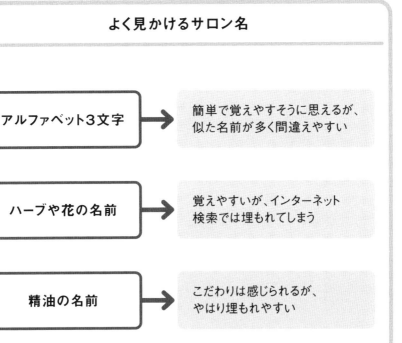

ここに、〇〇市などと地名を入れればかなり絞られて見つかりやすくなるのですが、そこまで行く間に多くの人は面倒くさくて探すのをやめてしまうでしょう。

今、多くの人は興味のある店をパソコンやスマホで検索して、じっくり見てから行くかどうか決めています。せっかく店名を覚えてくれたとしても、その店名で検索した時に店がなかなか出てこなかったら……。ましてはじめたばかりの店では「サロン　〇〇市」などの大まかな言葉（ビッグワードと言います）で検索しても、まずヒットすることはありません。

検索した時に上位に表示されるようにすることを「SEO対策」と言いますが、上のほうに表示されるほどホームページを見てもらえる確率は上がるのですから、せめて自分の店の名前で検索した時ぐらい最初のページの一番上に表示されるようにしたいものです。SEOで全国1位の名前を目指すのです。では、そうなるにはどうすればよいのでしょうか？

**◆唯一無二オンリーワンの名前**

簡単です。今現在、**検索しても表示されない言葉を探すのです**。店の名前が思いついたらとにかく検索してみましょう。同じ言葉がヒットしなければOKです。ヒットしない言葉がなかなか見つからなければ**2つの言葉を組み合わせてもいい**です。あるいは言葉の一部分をひらがなにしてみます。例えば「ローズラベンダー」という具合に、ローズとラベンダーをひとつの言葉にしてしまえば今のところ同じ言葉はヒットしません。または「ラベんダー」と一文字ひらがなに変えるだけでも同じ言葉はヒットしません。さすがに、これは今思いついた言葉なので店名には向かないと思いますが、この要領で考えていけば、いい名前にめぐり合えるはずです。私のサロンは当初「ローズマリー」とつけようと思っていましたが、この方法で「ロズマリ」と縮め、それでも他の名称がヒットしたため「ロズまり」と半分をひらがなにしました。これによって唯一無二の店名が完成したのです。社名の「ライジングローズ」も同じつけ方をしています。

ホームページの重要性については後ほどお伝えしますが、特にこれからの時代は**検索した時、いかに上位に表示されるかを意識した名前**が大切になってきます。

あとは、店のムードに合った名前、どんな内容の店なのかがイメージしやすい名前、パーソナルな意味の深い名前など、ご自分の好みに合わせて見つけていくとよいでしょう。店名の由来をお客様に聞かれることも多いので、何らかの由来があったほうがお客様の心に残っていくでしょう。

## オンリーワンの名前をつけよう

**店名で検索した時に1位で表示されると、**
**ホームページを見てもらうチャンスが増える**

↓

同じ名前がたくさんあると、競争が激しくなり、
表示の後ろのほうで埋もれてしまう

### そこで！

**他にはない、オンリーワンの店名を考えて名づける！**
**（かといって覚えにくいのは×）**

↓

よくある単語と
よくある単語も
組み合わせ方次第
ではオンリーワン

↓

カタカナを
ひらがなにしたり、
ひらがなを漢字に
してみる

↓

「キムタク」
のように
短縮して
まとめてみる

**その名前を検索してみて、**
**現時点で1件も表示されなければOK！**

No.

04

# ホームページは中途半端でもいいから公開しちゃいましょう

いきなりですが、結論から言います。ホームページ（HP）は今すぐにでもつくってください。店をオープンする日にちが決まっていなくても、今すぐにでもつくりはじめなくてはダメです！　そして**作成途中の中途半端な状態でもいいからすぐに公開してください！**

と、少し強い口調で言いましたが、そのくらいHPは大事なのです。チラシを配るにしてもクーポン誌に載せるにしても、それだけでは圧倒的に情報量が足りません。特にクーポン誌というのは載せられる文字数が決められていて、店のよさが伝わりません。だから価格勝負になってしまい、どんどん安売りをしていく結末となってしまうのです。

### ◆インターネットの世界のミソ

前項でもお伝えしたように、最近ではほとんどの人がHPから店の情報を得ます。特にサロンのような客単価の高い店はその傾向が高まります。だからこそしっかりしたHPをつくる必要があります。

「しっかりした内容を伝えるためだけだったら、店がオープンしてからつくってもよいのでは？」と思う方もいらっしゃるでしょう。ただ、ここがインターネットの世界のミソなのです。

私は店のオープンの2ヶ月前にHPを立ち上げましたが、実際にインターネットからの問い合わせが増えはじめたのは**半年以上経ってから**。インターネット上では、認知されるまでにそれぐらい時間がかかるということです。また、私のHPはすべて自作なのですが、それでも現在「エステ　〇〇市」など希望する検索ワードのほとんどで上位10位ぐらいの位置にいます（よい時は1位）。お金をかけてプロに頼んでいるHPよりもよい結果が出ているのです。

これにはインターネットの世界の複雑な要素も絡み合っていますが、大きな原因は**HPをつくってからの歴史（期間）が長い**、ということだと思います。もちろんつくり方や内容などによっても違ってきますが、少しでも早めにつくっておいたほうが有利ということは間違いないようです。

## ホームページの大切さ

新しいサロンを探している人

折り込みチラシ
クーポン誌
雑誌広告など

載せられるスペースや文字数に制限があるため、店のよさをしっかりと伝えられない。

店の特色やよさがわかりづらいので他の店と比べる判断基準がなく、結局は値段（安さ）で決めることになる。

**安さを求めるお客様が集まりやすい**

安さを求めて来店したお客様は他に安い店が現われれば、すぐにそちらに移っていく。
そのためさらに値段を下げ続ける、という悪循環に陥りやすい。

ホームページ
店頭チラシ
店内メニューなど

じっくりと店のよさやオーナーの思いを伝えることによって、安さではなく、店の価値観に共感したお客様が集まりやすい。

価格競争に巻き込まれることなく適正価格で運営を続けられる。

**値段よりも店のコンセプトに共鳴したお客様が集まりやすい**

店のよさを気に入って来店してくださったお客様は他に目移りすることが少なく、店の根強いファン（常連様）になっていただけることが多い。

◆よい店を探しているお客様は、クーポン誌や広告を見たあとに、ホームページをじっくり見る場合が多くあります。

**◆HP作成の注意点**

今はインターネット上に無料でつくれるHPや比較的簡単に自分でつくれるソフトなどもあり、HPをつくること自体はそれほど難しくないはずです。特に店のオープン時には何かとお金がかかりますし、プロに頼むにしても制作業者の見極めなども難しいと思いますので、できることなら、自分でつくってみることをおすすめします。どうしても自作が難しかったら業者さんや知り合いに頼んでつくってもらうという手もありますが、どちらの場合にしてもひとつだけ注意することがあります。それは**「独自ドメインを取得する」**ということです。

**◆ドメインとは、インターネットサイトのアドレス**

「http://www.〇〇.jp」の「〇〇.jp」の部分。インターネット上での住所や表札のようなものです。このドメイン、申し込めば年間数千円で自分だけのものを買うことができます。早い者勝ちなので、すでに使われている言葉や単語は無理ですが、あなたの**店の名前や会社の名前、個人の名前など、好きなものを取得できます**。無料で作成できるHPはこのドメインが自分のものでない場合が多いです。HP制作業者の場合でも、中には独自ドメインでなかったり、独自だったとしても期間限定だったりする場合もあります。そうするとどうなるかというと、簡単に言えば、いつまで経っても検索順位が上位に上がってこない、せっかく上位に上がったと思っても、期限切れになって落ちてしまう、ということになってしまうのです。なぜなら、実はホームページの歴史の長さや質というのは、このドメインで判断されるからです。

ここで、最初にお伝えした結論を言い換えると、**「独自ドメインのHPをできるだけ早く作成したほうが有利」**ということになります。また、制作業者によっては自分であらかじめ取得していたドメインを変えずにHPをつくりかえることもできますから、とにかく先にドメインだけは取得しておいて、自作のHPでしばらく続けたあとでプロに頼んで整ったものをつくってもらうという方法もよいでしょう。

店をはじめたらたくさんのHP制作業者が売り込みに来ますので、焦って決めてしまわずにじっくり何社も話を聞いて、一番条件がよい業者を選ぶのがよいでしょう(詐欺まがいのところも多いので要注意です。特にリースには気をつけてください)。

私は、**HPはもうひとつの店の顔**、いわば支店のようなものだと思っています。あなたの愛する店の本当のよさを余すことなく伝えてくれるのがHPだと思いますので、おろそかにせず、とことん活用していきましょう。

## ホームページの公開は早いに越したことはない

ホームページを見よう見まねで、自分でつくってみたけど……

- 難しくて全然作業が進まない
- 中途半端で見栄えが悪い
- そもそも店のオープン日が決まっていない

**そんな状態でも公開してしまったほうがよいのです。**
**なぜでしょう。**

インターネット上では、ホームページが認知されるまでには時間がかかるので少しでも早く公開しておいたほうがよい。

公開当初はほとんど誰も見ていない。見たとしても身内ぐらいなのでつくりかけでも気にしない。

公開してから徐々に修正していったほうが新鮮でもあり、更新回数が増えるためサイトの評価も上がりやすい。

◆とはいえ、いつまでもつくりかけではよくないので、チラシにアドレスを載せて配る頃までにはある程度は完成させておきましょう。

No.
05

# オープンまでの道のりをドキュメンタリータッチに演出

### ◆情報発信の場所

ブログ、ツイッター、フェイスブック、LINE、インスタグラム等々。インターネットの世界には様々な出会いがあります。私も自分のブログを通してサロンに携わる多くの方と知り合うことができました。その出会いが大きな力になることを実感しています。この小さな窓の向こうには無限の可能性が広がっています。

私がネット上で知り合ったサロン関係の多くの方は、サロンの情報をブログに載せたり日記を書いたり、公私を交えてコミュニケーションを図りながら店の売上につなげています。そんな中でも特に目を引くのが、店のオープンまでの道のりを綴った日記。店の場所を決めるまでの話や内装工事の様子、研修で疲れてくたくたになった本音のエピソードや熱い思い。思わず「ガンバレ!」と応援したくなってしまいます。

人間という生き物はこういった目的に向かって進んでいく話というのが好きなのでしょう。当然その輪が広がっていけばいろいろなアドバイスや勇気をもらえたり、中には**そこからお客様につながる人**も出てきます。そういう面から考えても間違いなくオープンに向けての状況はインターネット上で発信していくとよいでしょう。

### ◆オープン前にとどまらない

このブログが活きるのはオープン前だけではありません。オープンしたあともずっと、お客様との関係を維持し続けるためにブログはとても重要なツールとなりますから、そのまま継続していくのがベストです。

何年か経っても、そのブログの昔のページを見れば店誕生までの苦労話が載っているのです。新しくあなたの店のお客様になる人が読めば、当然その方は何も読んでいない人よりもあなたの店のファンになる可能性は高くなるでしょう。

**何の前情報もなしに来店するお客様と、店のことをよく知ってから来られるお客様の違い**、これが店の将来を大きく左右する場合もあるほどです。

何よりもこのブログやSNSのほとんどは無料でできるものですから、やらない手はありません。

## 店と自分のストーリーを公開しよう

**今の時代、あなたのサロン情報を発信していく道具はたくさん！**
**店オープンまでの物語は、とても多くの人の共感を得られます。**

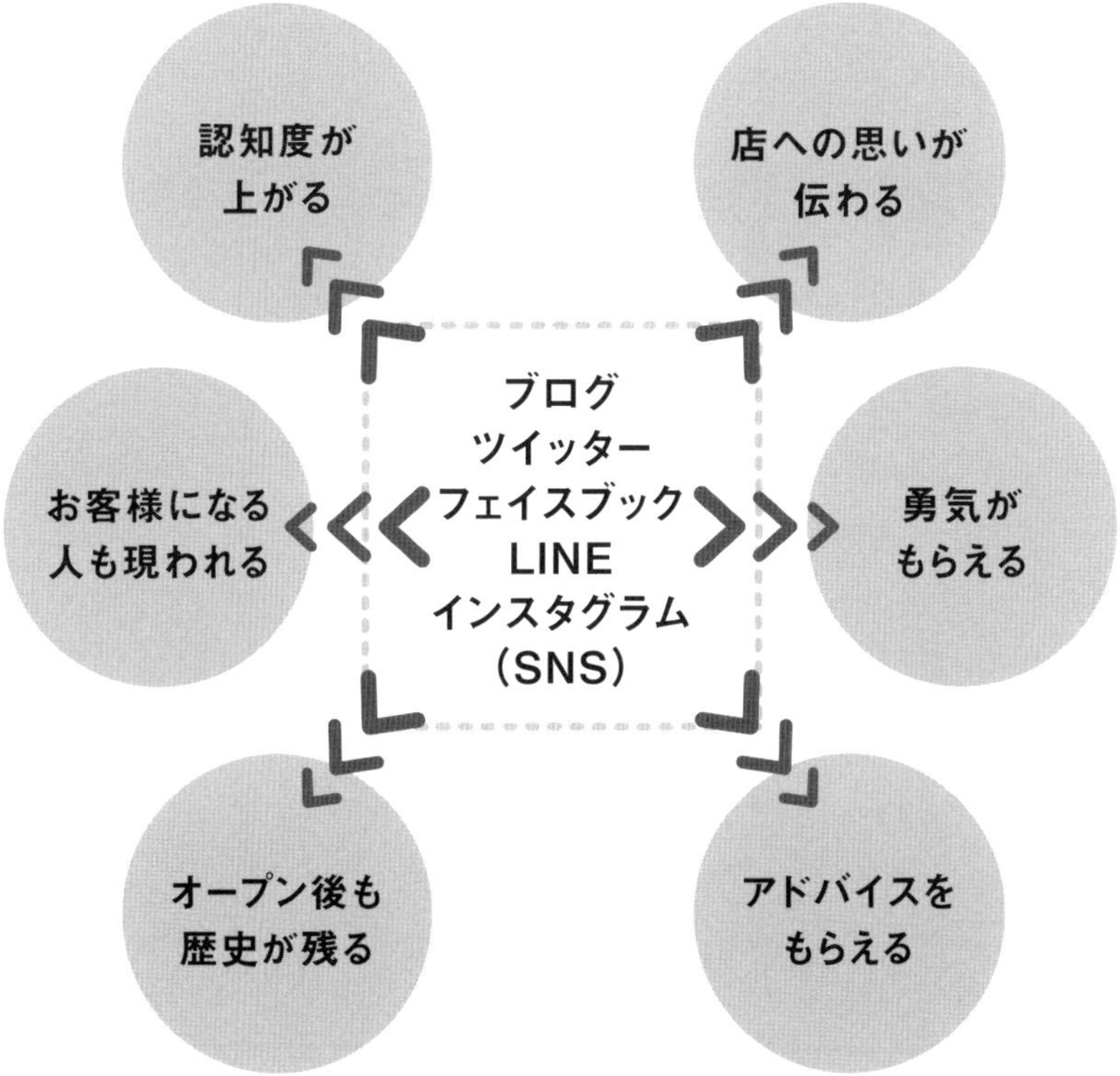


◆しかもこれらの長所は、ほとんどが無料でできるところ。お金をかけずに、有料のクーポン誌以上の効果が期待できるとしたら……。やらない手はないですね！

No.
06

# 私のサロンが検索で上位になる本当の理由

**◆「常に地域1位」の秘密**

私のサロンの自作HPが「エステ　○○市」で検索すると10位以内になるという話をしましたが、開業10年以上が経った今もほぼトップを維持し続けています。上位3つは巨大なポータルサイトなので、事実上、地域のサロンではずっと1位をキープしているということになります。大金をかけて対策している店よりも上位なのです。

この理由、ドメインの歴史が古いというのと、もっと決定的な本当の理由があります。「検索キーワード」の対策にも実はあまり力を入れていません。では、その本当の理由とは何なのか？　それはズバリ**「ページ数」**です。

私のサロンは、ブログをHPと同じドメインの中でつくっており、そのブログの記事が千ページ以上あります。わかりやすく言うと、HPのページが千ページ以上あるのと同じということです。Googleなどの検索エンジンでは、ドメインの古さとページ数が重要な要素になっています。通常のHPのページ数はだいたい10ページ程度。多くて100ページほどですから、それが千もあるというのがいかに強いかがわかると思います。ただし、むやみに無意味なページを増やしたのでは意味がありません。**価値のある文章のページが多いことが大切**なので、そういった意味でもブログは大きな意味を持っているのです。

よく他のサロンさんがアメブロなどでブログを書いているのを見かけますが、これらは取っつきやすく読者が増えやすい反面、HPの検索という面で考えるとほぼ無意味なものになってしまいます。そこでおすすめなのが、サイトもブログもつくれる「ワードプレス」。ここではHPのドメインでブログを書くことができるので、記事を更新するたびにHPのページ数が増えていくのです。

また、ひと昔前と違い、現在はスマホでサロンを検索・閲覧する人も増えています。ワードプレスには、スマホで見やすいように最適化（レスポンシブデザイン）してくれる機能のついているものも多いですから、そういった面でも、ブログやHPをワードプレスでつくるのは有効と言えるでしょう。無料からできるものもありますので、ぜひ試してみてください。

## 検索で上位に表示される

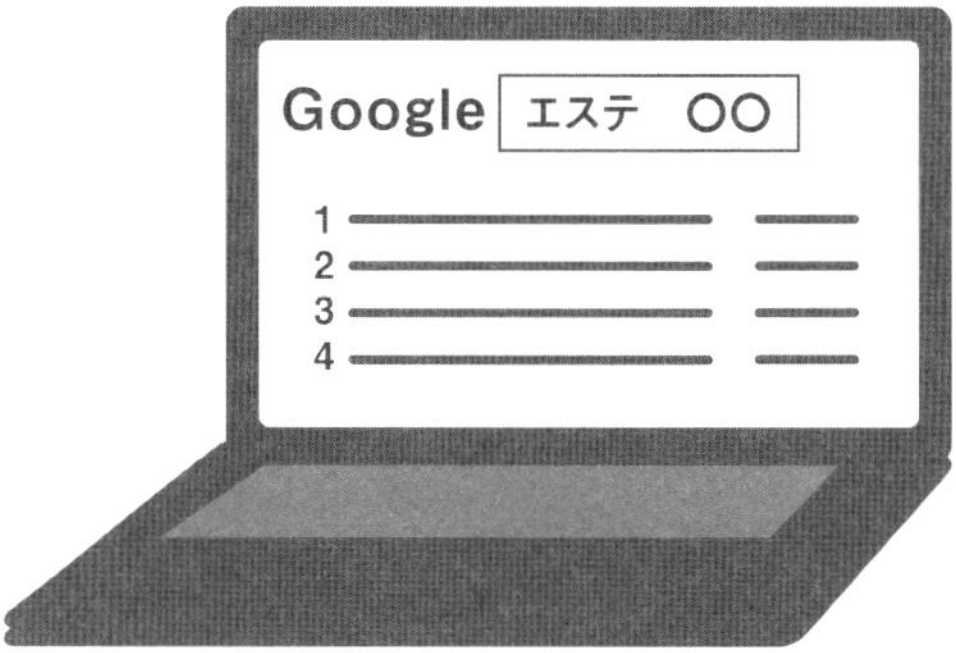


「エステ　○○（地名や駅名）」などで検索した時、
上位に表示されるほど見つけられやすく集客にもつながりやすくなる

### 検索順位が上がりやすくなるコツ

・ドメインの歴史が長い
・ページ数が多い
・内容が充実している
・タイトルや見出しが適切

◆他にも細かな対策法はありますが、素人には難しく、基準も常に変わるため、優良なホームページ上の記事をこまめに更新していくことが、実は確実な方法です。

No.
07

# アクセス、家賃、通行量——店の場所選びで優先すること

## ◆立地条件の常識

いざサロンを開くとなった時、通常一番はじめに悩むことになるのが店の場所、「立地」です。もちろん自宅の一部をサロンにする場合は悩む必要はないですが、店舗を借りる場合、駅からかかる時間、自宅からの距離、広さ、何階か、家賃、人通りの多さなど、考えなければならないことが山積みです。チェーン展開している大手になると、実際に何日もかけて交通量や近隣環境のチェックをして出店するかどうかを決めるそうです。

もちろん好立地に越したことはないですが、一般に言われているような条件ばかりにこだわっていると、見失ってしまうこともありますので注意が必要です。特に個人サロンの場合、常識が通用しないこともあります。

## ◆駅近（エキチカ）のウソ

「駅から徒歩1分」。いい響きです。大きな駅になれば人通りも多いですし、集客にも結びつきやすいでしょう。でも実際のところ毎月のように多くのサロンが出店してはつぶれているのもこの「駅近」なのです。なぜでしょう。第一に家賃です。一日に多くのお客様が出入りする美容室や飲食店のような業種ならまだしも、サロンの場合一日に施術できる人数は限られます。強引にスタッフを増やして回転率を上げようとしても、狭くなったり騒がしくなったり、満足度の低い店になってしまいます。根本的に駅から近いほど家賃も高い。店舗の広さと集客人数、家賃の差がアンバランスになりやすいのです。

## ◆無駄な競争は身を滅ぼす

そしてそれよりもっと問題になるのは**「競合店の多さ」**です。やはり条件がよいと言われる場所にはたくさんのサロンがひしめき合います。当然競争が激しくなり値下げ合戦に。資金力のない個人サロンは売上が成り立たず、つぶれる結果となってしまうのです。

私のサロンは駅から徒歩30分もかかる場所にあるため、まわりにはまったくライバルがいません。そんな中だからこそ価格競争という無駄なことに意識を奪われずに、お客様に喜んでいただくことだけに情熱を注いでいくことができるのです。

## 駅近での不要な競争は避けたい

**駅前はライバル店も多く、価格競争に陥りがち。**
**家賃に比例して空間も狭くなるので顧客満足度は下がり、**
**それらも客単価の低下につながる。**

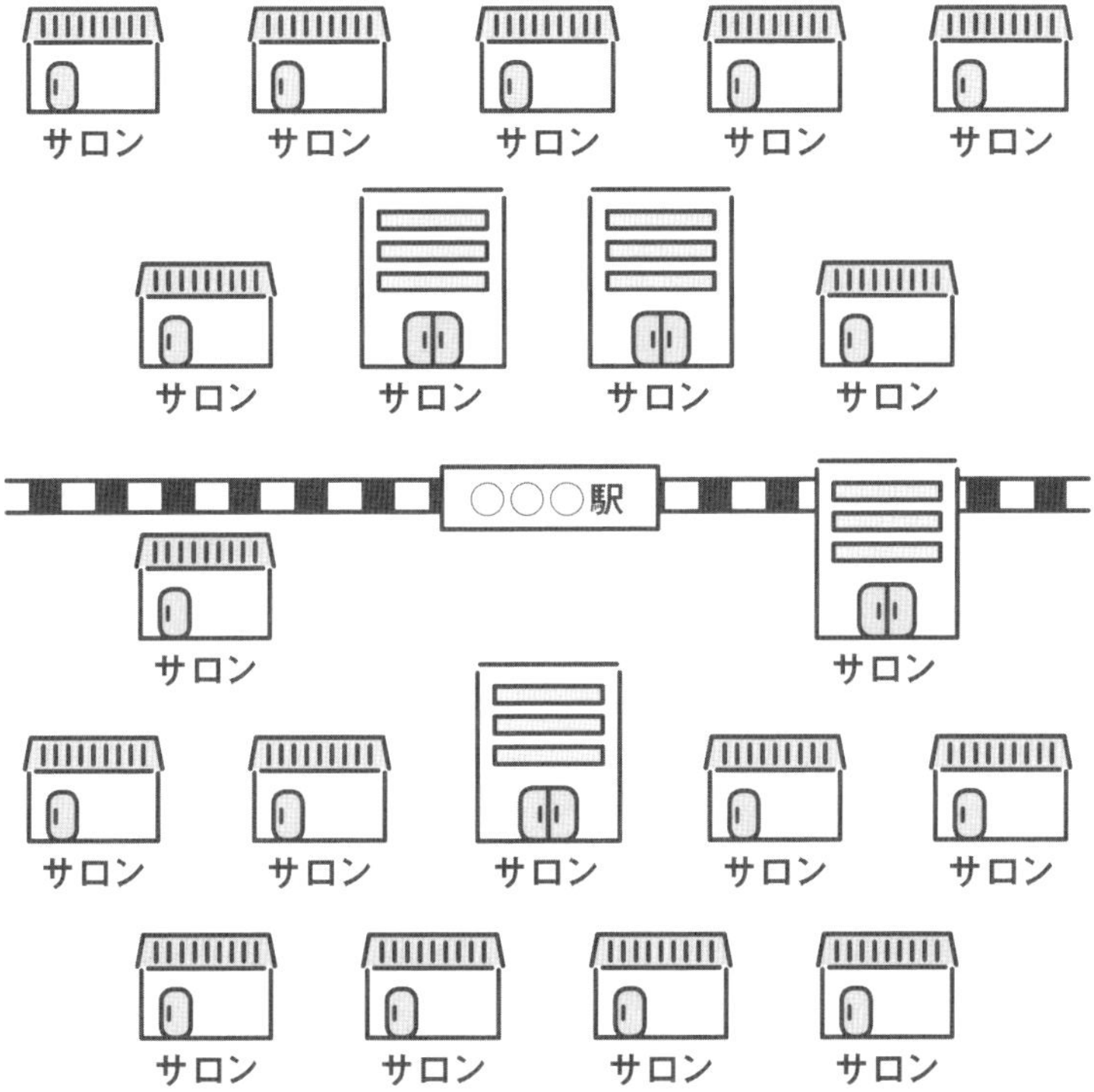


◆ 一日に施術できる数が限られている個人サロンでは、必要以上な好立地よりも、広さや静かさなど、顧客満足を優先させる立地を選んだほうが客単価も安定し、固定客がつきやすくなります。

No.
08

# 家賃はいつから払う？契約前にしっかり家賃交渉！

**◆交渉上手は商売上手**

前項でお伝えした以外にも、常識とされている視点を変えると、駅近じゃなくてもメリットがあります。それは**「家賃の交渉がしやすい」**ということです。交渉と聞くと抵抗を感じる人も多いと思いますが、商売をしていく上でお客様により喜んでいただくためには、取引先への交渉力もかなり重要になってきます。慣れるためにも最初のうちから行ないましょう。実際、私が選んだ物件は駅から遠かったため、半年以上も空き店舗になっていました。そうなると交渉がしやすくなります。当初の家賃より10万円ほど安くしてもらったのです。

**◆契約時の注意事項**

家賃というのはこれから店をやっていくに当たり、経費の中でかなりのウェイトを占めてきますから、とことんやり合ってほしい所ですが、月額家賃以外でもいくつか気をつけることがありますので紹介します。

まずは**「家賃発生時期」**。いつから家賃を支払うかということ。改装工事開始日からなのか、店舗オープンの日からなのかによって2ヶ月分ぐらいの差が出る場合もあります。実はこれ、最近では「店のオープン日から」というのが主流。工事の期間は家賃が発生しないということです。もしそうでない場合は交渉してみる価値は十分にあるでしょう。

もうひとつは**「エアコンの所在（管理者）」**。店に備えつけてあるエアコンは誰のものか、ということです。どういうことかというと、エアコンは必ずいつか壊れます。その時に修理代や買い替え費用は誰が出すのかということです。業務用だと数百万円もかかる場合もありますが、これについては契約が成立してからでは覆すことは難しいです。契約書の表現が曖昧な場合はしっかりと確認を取り、契約前にしっかり交渉しておくことが大事です。

あらかじめ「修理費は借主負担」と書かれていて交渉不可能な場合もありますが、それを事前に知っておけば心構えにもなり、あとになってもめる必要もなくなるので知らないよりよいでしょう。いずれも、契約が成立する前にとことん交渉してみることがポイントです。

## 家賃の支払い開始は工事後、店の営業を開始してから！

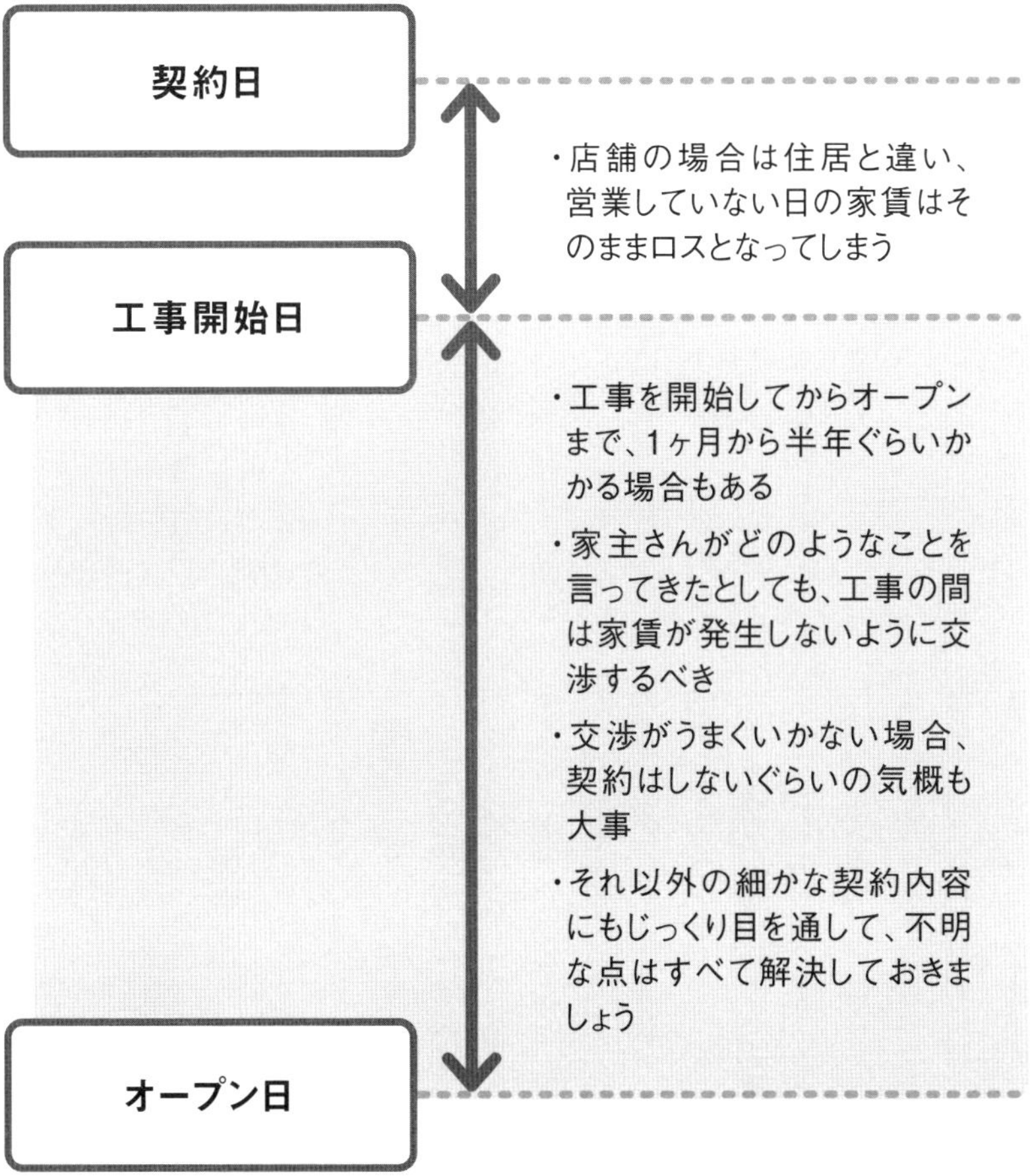
契約日
・店舗の場合は住居と違い、営業していない日の家賃はそのままロスとなってしまう
工事開始日
・工事を開始してからオープンまで、1ヶ月から半年ぐらいかかる場合もある
・家主さんがどのようなことを言ってきたとしても、工事の間は家賃が発生しないように交渉するべき
・交渉がうまくいかない場合、契約はしないぐらいの気概も大事
・それ以外の細かな契約内容にもじっくり目を通して、不明な点はすべて解決しておきましょう
オープン日

◆家賃の支払い開始は、工事終了後、店の営業を開始してから！
とはいえ、いくら家賃が発生しないからといって、いつまでもダラダラ工事が長引くとひんしゅくを買います。計画通りに工事が終了するよう、日にちの管理もしっかり行なっていきましょう。

No. 09

# 看板は重要だからこそ「こだわらない」

## ◆工事をはじめる時はまず看板からつくりましょう

店舗の場所が決まれば、内装や外装などの工事に入るわけですが、その際にとても大事なことがあります。

実は工事をしている期間というのは、近隣の住民に対してかなり**重要な宣伝期間**なのです。

「あれ？　工事してる。何ができるのかな？」と興味津々でのぞき込んだりします。あなたも近所を歩いていて工事現場を見かけた時に、興味が湧いた経験があるのではないでしょうか。

ところがこれが工事の終わったあとになると、とたんに日常の風景に戻ってしまいます。「あそこ、前は何が建っていたっけ？」程度の認識です。ですので、みんなが興味を抱くその時にこそ、わかりやすく**看板を掲示することで店の存在をその人にしっかりとインプット**しておいてもらうのです。

しかも、「入りたいけどまだ完成していないから入れない」というもどかしさが、さらに顧客心理をくすぐることでしょう。

ところで看板の内容についてですが、とにかく「わかりやすさ」が第一です。おしゃれさやイメージなどは後回しにして、かっこう悪くてもいいからわかりやすさを最優先しましょう。オープンして、お客様が増えてきたら替えればいいのですから。

## ◆「わかりやすさ」とは

まず、「何の店なのか」をしっかり表示します。エステなら「エステ」、ラーメン屋なら「ラーメン」。極端に言えば店名なんてなくてもいいぐらいです。よっぽどの有名店のチェーン店でもない限り、お客様は最初、店の名前など興味がありません。**店の名前よりも、何をしてくれる店なのかのほうが大事**なのです。

次に大事なのは「電話番号」。ただこれは、それほど即効性があるわけではないので、別の方法でフォローします。余裕があれば他の店との違い（差別化）を表現したキャッチコピーを入れるとよいですが、オープン前でまだコンセプトができあがってない場合は焦る必要もないでしょう。そして重要なことがもうひとつあります。

**工事に取りかかったら、まずは看板でアピール**

- **店の名前よりも業種を前面に押し出す**
- **おしゃれさよりもわかりやすさを優先**
- **電話番号やURLは直接的な効果は薄い**
- **わかりやすいイラストや写真などがあればなおよい**
- **色はたくさん使いすぎず、シンプルに**
- **覚えやすいキャッチコピーを入れる**
- **看板の下に、詳しいことを書いたチラシを置いて、持って行ってもらう**

◆極端に言えば、看板はチラシを持ち帰ってもらうための道具だと考えるといいでしょう。

## ◆看板だけでは足りない

意外にどこの店もオープン前にあまりやられていないことがあります。それは、**「看板の下にチラシやカタログを置く」**ということ。看板を見て店の存在を知り興味を持った人がいたとしても、実は多くの人が家に帰る頃には忘れてしまいます。また、運よく覚えていたとしても、さすがに電話番号までメモしていく人はほとんどいません。ですから、そういう人に持ち帰ってじっくり読んでもらうためのチラシを置いておくのです。これによって看板では書き切れなかった細かな情報なども伝えることができ、捨てられない限りはそのチラシを見る度に店のことを思い出してもらえます。

ここまででも結構な効果ですが、さらにこのチラシには利点があります。それは**クチコミ効果**です。新しい店ができると、それを誰かに話したくなるのが人の常。

「あそこの角の所に新しい店ができるよ！　マッサージの店だって！」

と、ついついまわりの人に話しているでしょう。その時、

「え？　どこ　どこ？」

と興味を示す人がいたとして、さて、どうやって説明しましょう？　皆さんもなかなか場所の説明ができなくて困った経験がありませんか。そんな時にチラシが一枚あればそれを見せるだけで簡単に伝えられるのです。

チラシに書く細かな内容はとても重要ですので後の章でじっくりお伝えしますが、オープン前の興味津々の時期にしっかりと店の内容が伝わり、連絡先や場所もわかって、オープンする日にちまで書いてあればその人の興味はオープン日まで持続し続けることでしょう。

また、人というのは不思議なもので、置いてあると持って行くのに、こちらから渡そうとするともらおうとしないという習性があります。仮に受け取ったとしても、渡されたものと自分で取ったものでは興味の大きさがまったく違います。よく、店がオープンしてから店頭などでチラシを配っている風景を見かけますが、実はとてももったいないということになります。**工事期間は一番の宣伝期間なのです！**

## ◆外装工事のできない店舗の場合は

ところで、自宅サロンやマンションの一室での開業など、大々的に外装工事をできない場合もありますが、その場合でも有効な方法があります。もちろん、小さくてもいいから看板は掲げてチラシは置いてください。

そこに目立つように、こう書いておくのです。

**「○○サロン只今工事中！」**と。

## 工事期間中はクチコミが広がるチャンス期間

◆チラシという「形の残るもの」が加わることによって、より一層お客様の記憶にとどまりやすくなり、来店につながる可能性が高まります。

No.
10

# 弱点も、見せ方次第で大チャンスに！

前項では店舗の立地について、駅の近くにこだわる必要はないと書きました。しかし、そのポイントも他の様々な要素が加わってこそ活きてくるもので、何も努力や工夫をしなければ、不利なままで終わってしまうことも多いので注意が必要です。

### ◆不利を補う工夫

私の店は主要駅から徒歩30分という不利な立地にあります。今でこそこの場所で大正解だったと言えますが、認知されるまでには苦戦を強いられました。当然、来店したくても気軽に歩いて来られる距離ではありません。そのため駅まで車で送り迎えをすることにしたのです。駅から遠いのが弱点なら、それを補うものを探して実行する、ということです。

ところが当初、車での送迎はそれほど反応よくありませんでした。確かにお客様にしてみれば、初めての店にいきなり車に乗せられて行くというのはとても勇気がいることです。当時のホームページや広告にはしっかりと**「電車でお越しのお客様は駅まで車で送迎いたします」**と載せていましたが、入客はなかなか増えませんでした。

### ◆補うだけでは足りない

「やっぱり駅から遠いのは不利だよなぁ」、そんなマイナスの気持ちが頭を支配しはじめた頃でした。ある日、発想の転換をしてみたのです。

それは、「送迎してくれるなんてお姫様気分ですね」というお客様からのひと言がきっかけでした。さっそく私は、その日からすべての広告関係の表現を変えてみました。**「送迎つきで優雅な気分に浸れるサロン」**と。

すると予約の電話が増えはじめ、変更前の10倍以上の新規集客につながったのです。変えたのは、たった一行の文章だけです。「電車でお越しのお客様は駅まで車で送迎いたします」というどちらかと言えばマイナスを補うような言葉を、「送迎つきで優雅な気分に浸れるサロンです」というプラスの言葉に変えただけ。それだけで大きな違いが表われたのです。

### ◆角度を変えてみる

ひとつの物事はいろいろな角度から捉えることができ

## 不利な状況を克服しチャンスに変える

例

不利な状況という事実 → **駅から遠い**

↓

不利を補うための工夫 → **駅まで送迎する**

↓

さらに見る角度を変えて、セールスポイントにする → **「送迎つきで優雅な気分に浸れるサロン」事務的だったものが魅力的な付加価値に**

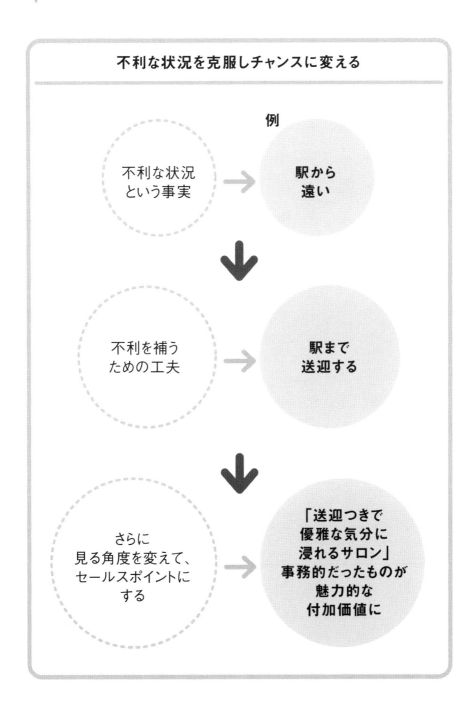

ます。悪い面もあればよい面もある。どんなに悪いと思っていたことも必ず何かひとつはよいことがあるものです。大手の店はマイナスだと思えることはあまりやりません。駅から離れた場所にサロンをつくろうという考え自体ないでしょう。逆に言えば、駅から近いから送迎はしていない。すなわち送迎していること自体が、他にはない「オンリーワン」とも呼べる差別化につながったということです。

欠点だと思っていたことが実はチャームポイントだったりすることがあります。**欠点=他がやらない=うちでしかやっていない、ということで、それがセールスポイントになる**からです。

他の例をいくつかあげてみると、「スタッフが自分ひとりしかいない」→「誰にも邪魔されない、貸し切りの優雅なサロン」、「高価な機器が置いていない」→「オールハンドにこだわったサロン」、「洗濯業者を利用していない」→「お客様に直接触れるものだから、一枚一枚を丁寧に手洗い」など。もちろん、「店内が汚い」とか「技術レベルが低い」などという努力で直せるものは改善しなくてはいけませんが、**努力しても変えられないものは視点と伝え方を変えてみる**とよいのです。

今あなたの店で「○○が店の欠点だけれど、変えられない」ということがあったら、それを別の角度から見てください。そしてその欠点を店のチャームポイント、特徴、差別化ポイントとして、大きくアピールしてみてください。ただ一言、一行の言葉を変えるだけで、劇的な成果をもたらしてくれるはずです。

### ◆マイナスをプラスに変える

少し話はそれますが、この発想の転換はお客様に対する接客やスタッフの教育においてもとても有効です。例えば、口うるさいお客様がいたとしても「細かな部分にまで気がついて指摘をしてくださる」と思い直したり、仕事が遅いスタッフには「一つひとつミスのないように丁寧にこなしている」と評価し直したり、自分が苦手とするものや心が重くなるものを全部プラスの言葉に置き換えてみるのです。そうすると本当に不思議ですが、欠点も許せるようになり愛着が湧き、こちらが心を開くことで相手も実際によい方向に変わっていきます。

人は皆、自分の発した言葉の通りに知らず知らずに未来を選んで進んでいくと言います。マイナスの言葉を使えばマイナスの方向に、プラスの言葉を使えばプラスの方向に。どんな時も常にプラスの言葉を使うクセをつけることは、店の売上にとどまらず、人生そのものを大きくプラスに転換していくことにもつながるでしょう。

## マイナス要素をプラスの解釈にしよう

| マイナス | プラス |
|---|---|
| 太っている | ・ふくよかで健康そう<br>・おおらかで優しそう |
| 背が低い | ・華奢で可愛い<br>・女の子らしい格好が似合う |
| 仕事が遅い | ・仕事が丁寧<br>・ミスが少ない |
| うっかり屋 | ・決断が早い<br>・愛嬌がある |
| 失敗した | ・よいことを学んだ<br>・次への楽しみが増えた |

◆物事には常にプラスの捉え方とマイナスの捉え方があります。いつもプラスの捉え方をすることで実際にプラスの流れが引き寄せられ、仕事も人生も好転していくものです。

Column

## 10年後の「ちいサロ」――❶

『お客様がずっと通いたくなる小さなサロンのつくり方』（通称：「ちいサロ」）の初版発売から７年。サロン開業12年目を迎えてみて、最新版発売にあたり、改めて各章ごとに書籍の内容を振り返ってみます。

１章では、サロン開業前にやっておくべきことについて書きました。サロンの名前、ＨＰのドメイン。これらはオープンしたあとではなかなか変えられないものです。コロコロ変えると顧客離れにつながるからです。そういった意味でも、10年以上経った今になっても、これは大正解だったと思います。むしろ、年月が経てば経つほどその重要性を感じます。カーナビで自分のサロン名を入力してパッと表示された時には、感動したのを覚えています。ぜひ、時間をかけて名前をつけてくださいね。

一方、看板については後々変えられるもの。むしろ店舗拡大や客単価が上がってきた段階で徐々にグレードアップしていくことで、お客様も新鮮味が増し喜んでくださいます。初期の段階では難しく考えず、デザイン性よりもわかりやすさ優先で意識してみてください。

Small Salon

# 2 章

# 待ちに待った
# オープンは
# すぐそこ

No.
01

# サロンをはじめる前につくっておかなければならない最も重要なもの

私が店をオープンした初日、いざお会計という時になって大変なものがないことに気づきました。それは、レジスターです。釣り銭も用意していなかったのです。

今となっては笑い話ですが、個人にせよ法人にせよ商売を行なっていくからにはお金（売上）の管理をしていかなくてはなりません。そのために帳簿を使ったり、パソコンの会計ソフトを用いたりすると思うのですが、その際に注意するべきことをお話ししたいと思います。

### ◆売上管理イコール顧客管理

開業検討・オープン準備の段階では実感はないかもしれませんが、そのまま読み進めてください。サロンにおいて（もちろん他の業種でも）売上管理というのは、お金の管理だけではダメです！「いつ」「いくら」だけでは、この先店が発展していくことはまず難しいでしょう。そこにプラス「誰が」という項目が必要になります。「何月何日に○○様が○○円ご利用になった」ということをわかるようにすることが大事なのです。

できれば、**後々、統計を出しやすいようにアナログではなくパソコンで管理する**のが望ましいです。それに対応した顧客管理ソフトを利用するのもいいですし、高いと思うようでしたら、少し勉強してエクセルを使ってご自分でつくることも可能です。これがないと数ヶ月後に絶対に後悔することになりますから、オープン前に必ず用意しておきましょう。

### ◆カルテの重要性

サロンというのは飲食店や小売店とは違い、比較的簡単にお客様の顧客情報が入手できます。これが最大の利点です。なぜなら、施術前にカルテを記入していただくのが一般的になっているからです。**飲食店の方などは、お客様の名前を知るだけでも多大な苦労をしているの**です。ですから、カルテはできるだけ立派なものを使用して、絶対にお客様には隅々まで記入していただくようにしましょう。

今はまだ知らなくてもいいです。ただ、これから得ていくお客様の**顧客情報は、何にも変えられない貴重な財産**になっていくことをこの先知ることと思います。

## 顧客情報は財産

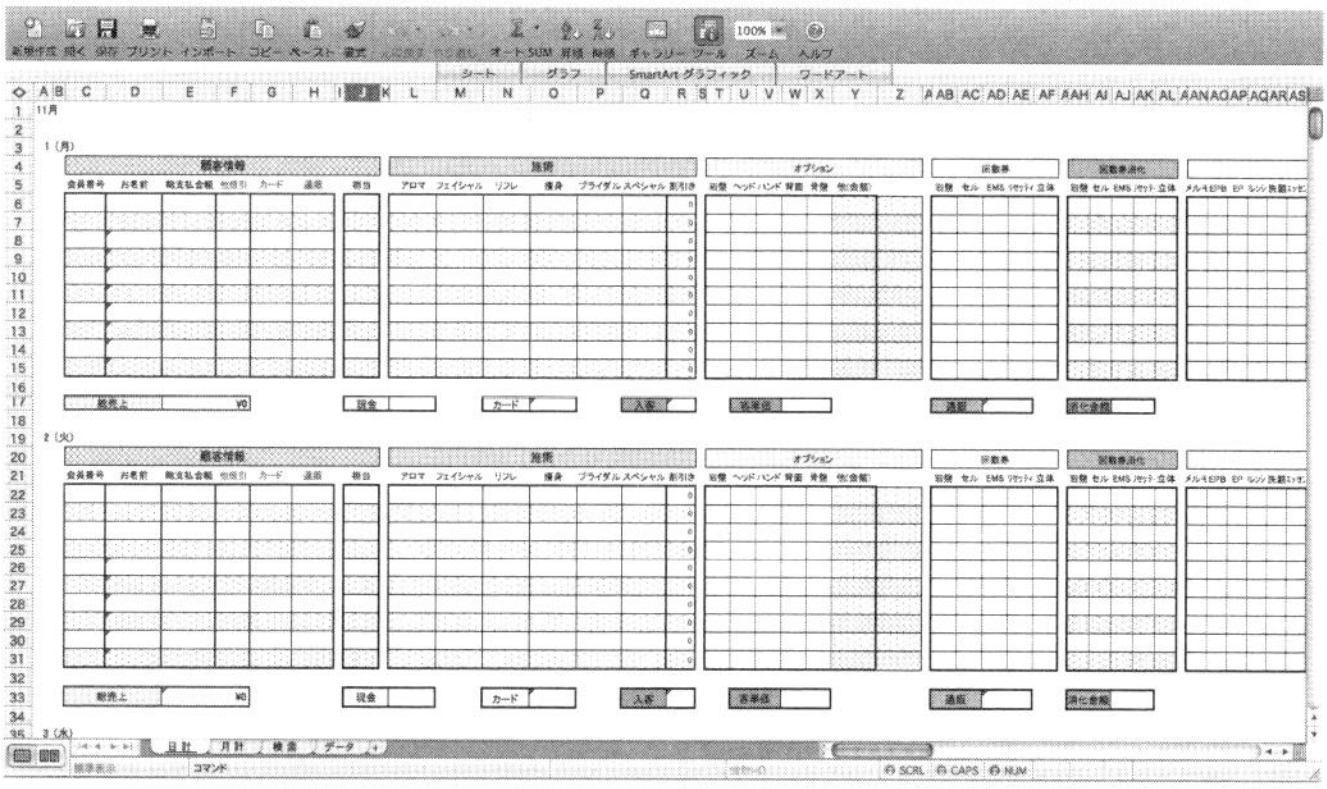

### 自作の売上&顧客管理ソフト

凝ったものをつくるのは大変ですが、単純なものなら自分でもつくれます。難しければ顧客管理ソフトを購入するのもよいでしょう。

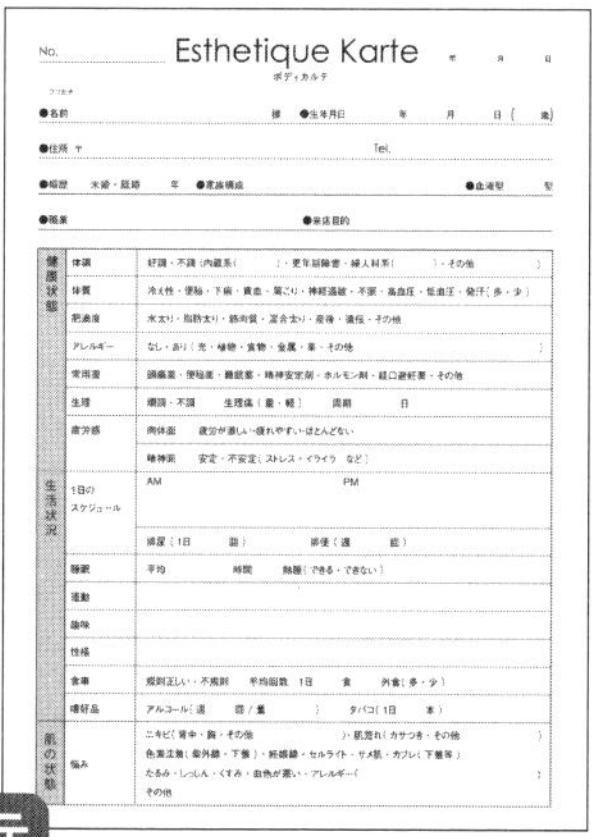


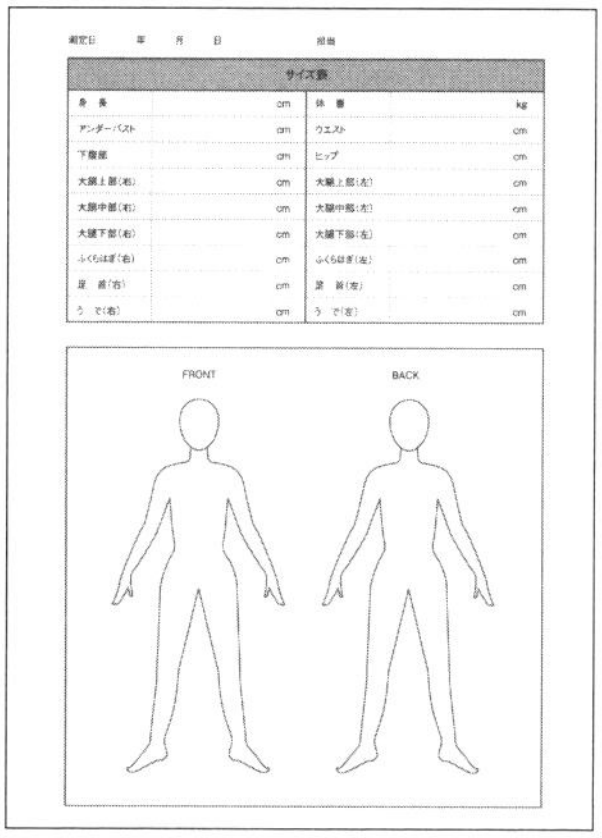


### カルテ

カルテは安価で買える他、インターネットで無料でダウンロードすることもできます。お客様にしっかり記入していただくには、高級な用紙のカルテを使用するのがコツです。メールアドレスなども書いていただきましょう。

No.
02

# そのチラシ、はたして効果はありますか？

店頭に置いたり、ポスティングに使ったり、駅前で配ったりと、オープン前もオープン後も常に活躍するチラシ。私も街を歩いていると、よくチラシをもらいますが、その内容が非常にもったいない場合が多く感じます。ちょっとしたコツで反応率がまったく変わってきますから、ぜひ皆さんもお試しください。

**◆チラシの紙は複数にする**

まず、根本的に紙は1枚ではダメです。人というのは不思議なもので「中を覗きたい」という心理を持っています。1枚だけだと、ひと目見て捨ててしまう場合が多いのですが、2枚3枚とあるとなぜかめくってしまうのです。紙は複数枚にし、中身を充実させましょう。

**◆それぞれに載せる内容**

1枚目には店舗の情報を載せます。内装の写真や店名、電話番号、HPやメールアドレス、サービス内容、店のセールスポイント等々。わかりやすく、派手になりすぎないように書くとよいでしょう。

さて、2枚目が肝心。ここには**あなたやスタッフの顔写真を載せる**のです。恥ずかしがってこれをやらない店がとても多いのですが、お客様にとって初めての店は入りづらいものです。しっかりと笑顔の写真とプロフィールを載せておくことで初めての人でも親近感が湧いてきます。お客様との距離が近くなり、スタッフのモチベーションが上がるという相乗効果もあるのです。

そしてもっと重要なのが3枚目。ここに入れるのは、**手書きのラブレター**です。

もちろん数百枚も数千枚も手書きするのは難しいですから、手書きで書いたものをコピーして入れます。

最近の人は活字の広告に慣れてしまっているので、あえて手書きで思いの丈をぶつけましょう。なぜ店をはじめようと思ったのか、店をはじめるまでどんな苦労やドラマがあったのか、どんな想いでお客様を迎えるのか。これらを書くことによってチラシの反応率は本当に大きく違ってきます。実際、私の店では、この方法に変えて40倍ほどの集客につながりました。どれもお金のかかるものではないので、ぜひ試してみてください。

## チラシを複数枚にしてきちんと伝える

枚数が多くなりそうなら、店情報と顔写真を1枚にまとめても可。
店のコンセプトやターゲットに合わせていろいろ試してみましょう。

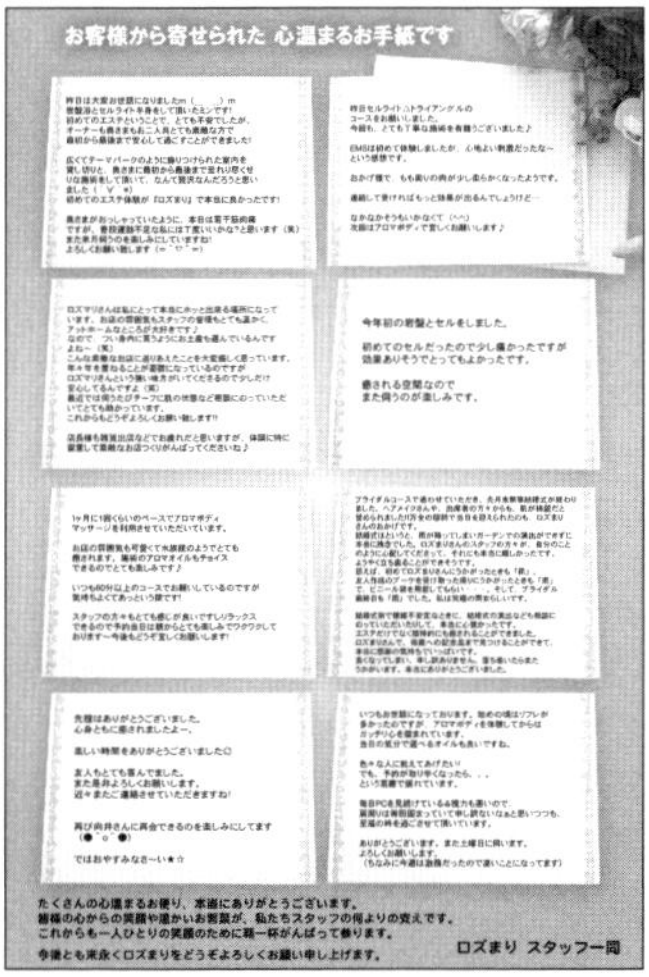


お客様の声が集まってきたら、それをまとめて同封するとさらに効果がアップします。

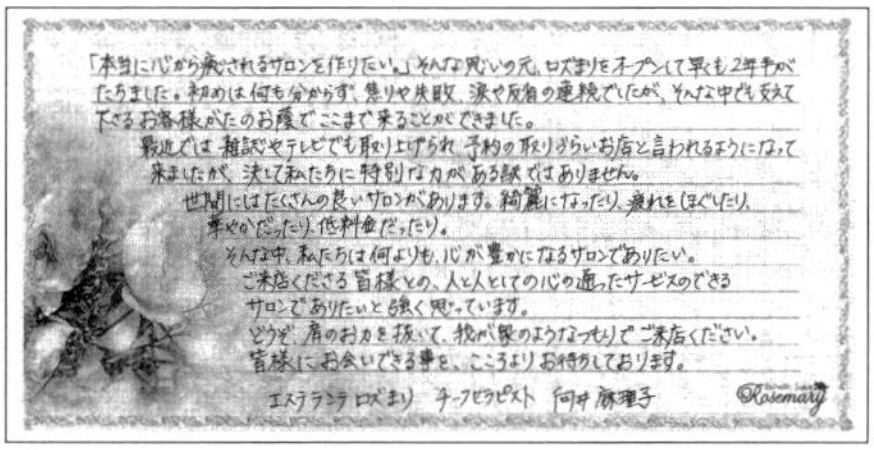


手書きの「ラブレター」は気持ちが伝わるツールです。お客様に親近感を持っていただけるように必ず入れましょう。

◆これらをまとめて三つ折りにし、透明のPP袋などに入れてお渡しするとスマートです。

No.
03

# チラシに入れたいけど、入れないほうがいいもの

### ◆割引券の意味

どこの店のチラシを見てもまず入っているもの、それは**割引券**。中には割引券だけを配っている店さえあります。確かに、前項でお話したチラシの中に、割引券を入れればさらに集客力は上がりそうです。

ですが、割引券は入れる前にじっくり考えたほうがいいのも事実です。例えばあなたが駅前を歩いている時に、ある店の割引券をもらったとします。もしもその割引券がその店に行くきっかけになったとしても、それは「割引券があったから行った」ということであり、逆に言うと、「割引券がなければ店に行かない」ということでもあります。

私は時々クーポン誌をチェックしますが、毎月毎月、何年も掲載し続けている店があるとちょっと悲しい気持ちになります。

実は、私の店もオープン当初、メジャーなクーポン誌に掲載したことがあります。まだ経営のノウハウも何も知らない頃です。**【オープン記念！　オール半額！】**と載せると、すごい反響で、スタッフの身体が壊れそうなぐらい連日満員でした。でも、**そこから、リピーターになったお客様はほんのわずか**。私の店は、今ではリピート率98％、当時でも60％ほどでしたが、クーポン誌で残った方は1割以下しかいなかったのです。

### ◆店の安定には固定客

これは後の章でも書きますが、店の利益を安定させるには、リピート客、固定客をいかにつかむかが大事になってきます。でも、割引目当てで来店したお客様は安いから来店しただけであって、店が気に入って来ているわけではないことがほとんど。他に安い店があればすぐにそちらに移っていきます。

そうかと思えば逆に**「値段などまったく気にしない」という方がいらっしゃるのも事実です。**

そこで考えてほしいのが、**「安いから来店して、あとに続かない人」**と**「値段は気にせず、店が気に入ればずっと継続して来てくださる方」**のどちらに来店してほしいかということなのです。現在当店では、集客のた

### どちらのお客様に来てほしいですか

**店のよさを知って**
来店したお客様

↓

店が気に入れば
常連客になりやすい

↓

常連客が増えれば新規集客
へのコストを減らせる

売上が安定すると共に、常連の方は店のファンになり、どんどん顔見知りになっていくので、仕事するのが楽しく、スタッフのモチベーションも上がっていく

**割引券やクーポンで**
来店したお客様

↓

価格だけで店を選んでいる
場合が多いので定着しにくい

↓

いつまでも高い経費を払って
集客し続けなければならない

回を重ねれば重ねるほどだんだん割引による効果も下がり、さらに値下げ、さらに経費をかけて他の広告を出すという悪循環につながっていく

めの宣伝広告費はほとんどかけていません。リピートの方とクチコミでいらっしゃる方でほぼ連日埋まっている状態です。かかる広告経費はほぼゼロ。一方、有名なクーポン誌は、掲載料が月平均9万円ほどかかります。反響があってもリピートしない人がほとんどなので、翌月も広告を出して新規客を集めます。またもやリピートしないので、その翌月も翌々月もずっと9万円を払い続けます。長い目で見るととてつもない悪循環につながっていきます。まして薄利多売のできる量販店とは違い、サロンは1日に施術できる人数が限られています。ですので、できる限り割引券なしでも集客につながるよう、価格勝負ではなく店の内容やスタッフの魅力で勝負していくべきなのです。

### ◆どうしても割り引く場合の注意点

ただ、客単価の高い店や、店内が見えづらく敷居の高い店などは、なかなかお客様が店内に入りづらく、割引によって、ある程度初回来店をしやすくしなくてはならない場合もあります。そんな、どうしても割引をしなくてはならない場合にもいくつかのコツとルールがあるので覚えておくと便利です。

・必ず期限を設ける（3章7項参照）
・割引金額は小さめに（確実に利益が取れる額か、最悪でもその金額でギリギリ赤字にならない程度）
・「○○％オフ！」よりも「○○円オフ！」のほうが効果的（％だと金額がわかりづらくお得感が少ない）
・**「割引券」よりも「金券」**にしたほうが高級感がでる（厚手のしっかりした紙を使うとなおさらよい）

### ◆あくまで最後の一押しとして

最後に、割引券（金券）をチラシに入れる場合、なるべく目立たないように入れることが大事です。よく、「どうだ！」と言わんばかりに前面に入れて割引をアピールしている場合がありますが、上記のような理由から、割引券目当ての人にはなるべくチラシを持って行ってほしくないのです。

**チラシを持って行ってもらうのが目的ではなく、来店して固定客になっていただくのが目的**ですから、手紙やプロフィールなどでしっかりと店のよさを理解していただいた上で「よくよく見たらこんな所に割引券が入ってる！」程度がちょうどいいのです。

「よさそうな店だけど、どうしようかな」と迷われている時に、そっと後ろから背中を押してくれるくらいの存在、それぐらいがベストなのです。

もしもあなたの店のチラシに割引券を入れるなら、これを意識して行なうとよいでしょう。

## 割引券は「もう一押し」する役割

**10%割引券**

割引券は安っぽく、特別感に乏しい。
また、10%では、実際にいくらなのか、
直感でわかりにくい

**同じ金額でも金券にすると高級感が出て、**
**価値が高く感じる**

有効期限は必ず設ける
（期間は短いほうが効果的）

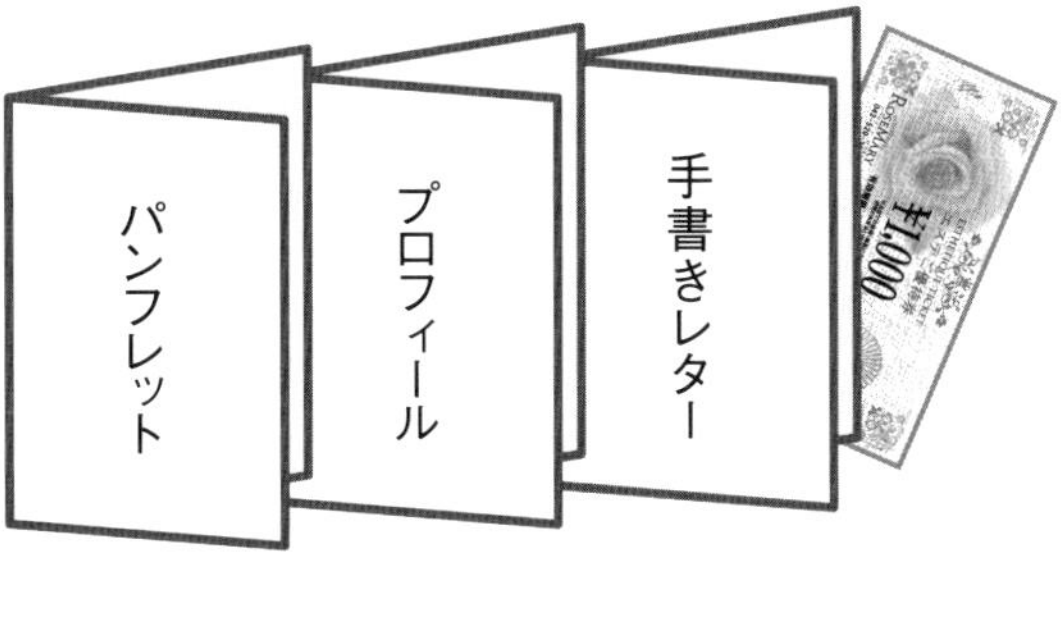


◆入れるのはチラシの一番目立たないところへ。メインではなく、あくまでもおまけという位置づけを心がけましょう。

No.

04

# 施術メニューのネーミングで注意すること

コースメニューや商品に名前をつけるのは本当に悩みます。では、どのようなことに気をつければよいのでしょう。効果的で売れるネーミングはあるのでしょうか。

## ◆わかりやすさ

そのコースがどんな内容なのか、一発でわかるかどうかはとても重要です。**明快でわかりやすいかどうか**を意識してみましょう。やりがちなミスとしては、まだ世間であまり認知されていないものを名前にしてしまうこと。例えば「炭酸」というのは最近でこそ美容効果が一般に知られてきましたが、まだ認知される前にいくら「炭酸」とうたっても効果は薄いのです。自分達にとってはわかりやすいことでも、お客様にはまったくわからないことも多いのです。客観的に世間はどんなことに注目しているのか、意識しながら名前を考えましょう。

## ◆意外性

人は、見慣れたものはスッと通りすぎてしまいますが、いきなり**違和感のある言葉**をそこにくっつけてみると、頭に残りやすくなります。例えば「ピリピリフェイシャル」。顔のお手入れをするのに、ピリピリって？と、興味津々になることでしょう。コツとしては、**正反対やまったく関係のない言葉**を当てはめてみること。もしくは「とてつもなく長い名前」や、「商品名なのになぜか疑問形」など、意外性は身近なところに転がっています。楽しみながら探していくことができます。

## ◆知りたいのは結果

これが一番重要です。**サロンに訪れるお客様は、ほぼ確実に何らかの目的を持って来店されます。**キレイになりたい。疲れを取りたい、癒されたい、痩せたい等々、高いお金を払うわけですから、当然それに見合った結果を求めて来られます。「フェイシャル60分」、それはわかっています。でも、お客様が本当に知りたいのは**「そのフェイシャルを受けたらどんなよいことが待っているか？」**ということなのです。「艶肌美人コース」「小顔フェイシャル」「美白パック」。はっきりと目的を表現した名前をつけ、その内容とお客様の欲望とが重なった時、驚くほどの反響が得られるでしょう。

## 施術メニューや商品のネーミングのコツ

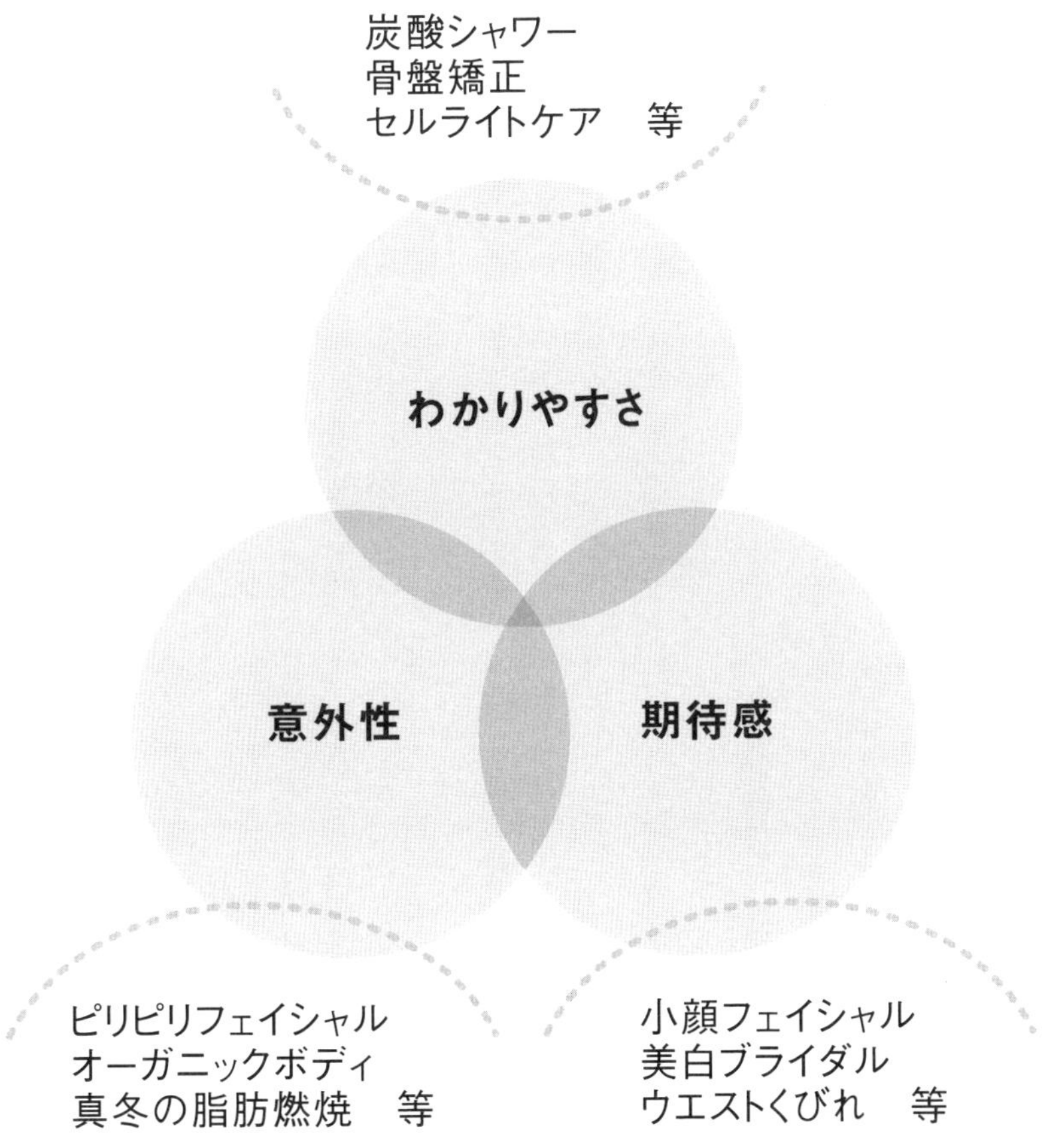


◆「すぐに目に留まり、理解しやすく、わくわくと興味を持つ」それを意識しながらネーミングすると、注文が増えるばかりではなく、その名前自体がクチコミとなって広がっていく場合もあります。

No.
05

# 施術メニューのネーミングでやりすぎないこと

前項で施術メニューのネーミングのコツについてお話ししましたが、美容業界に関しては今、法律で誇大表現に非常に厳しくなっています。「みるみる痩せる」や「病気が治る」など、絶対に使ってはいけない表現も多いので、しっかりと勉強して消費者側に立った表現を心がけなければなりません。

そこを注意しながらこれらのテクニックを使って施術の名前をつけていけば、確実に需要は増えるでしょう。しかし、これだけ凝った名前がよいと言っておきながら、実は私の店のメニューは、**「フェイシャル60分」「リフレ80分」**といった感じです。とてもシンプルです。……驚かれた方も多いと思いますが、これが最後のネーミングのコツとなります。

## ◆やりすぎない

当店でも当初はいろいろ凝った名前をつけていましたが、ある時期を境に徐々にシンプルに戻しました。なぜでしょうか？

それは**「売りたいコースをより目立たせるため」**です。どんな店でも利益率の高い商品とそうでない商品があります。お客様に、より一層喜んでもらうために特に受けていただきたいコースがあるはずです。

何でもかんでも凝ったネーミングにしてもお客様が目移りしてしまうだけです。通常メニューやそれほどおすすめでないメニューはシンプルな名前にし、**オススメコースや高級で満足度の高いメニューを凝った名前にする**。そうすることでお客様からの注目や注文を自分の希望するコースへ誘導することができるのです。さらには、メニューを絞り込むことによって店の差別化にもつながり、リピートやクチコミにも発展しやすくなります。

## ◆お客様任せは無責任

これから後の章で何度もお伝えしますが、商品やメニューは決してお客様に選んでいただくのではありません。あなたがお客様にとって最適なコースを考え、提供していくのです。そのために、ネーミングという小さな作業ひとつとってもあなたの意思を反映させていく仕組みづくりが必要になってくることでしょう。

## ネーミングの注意事項

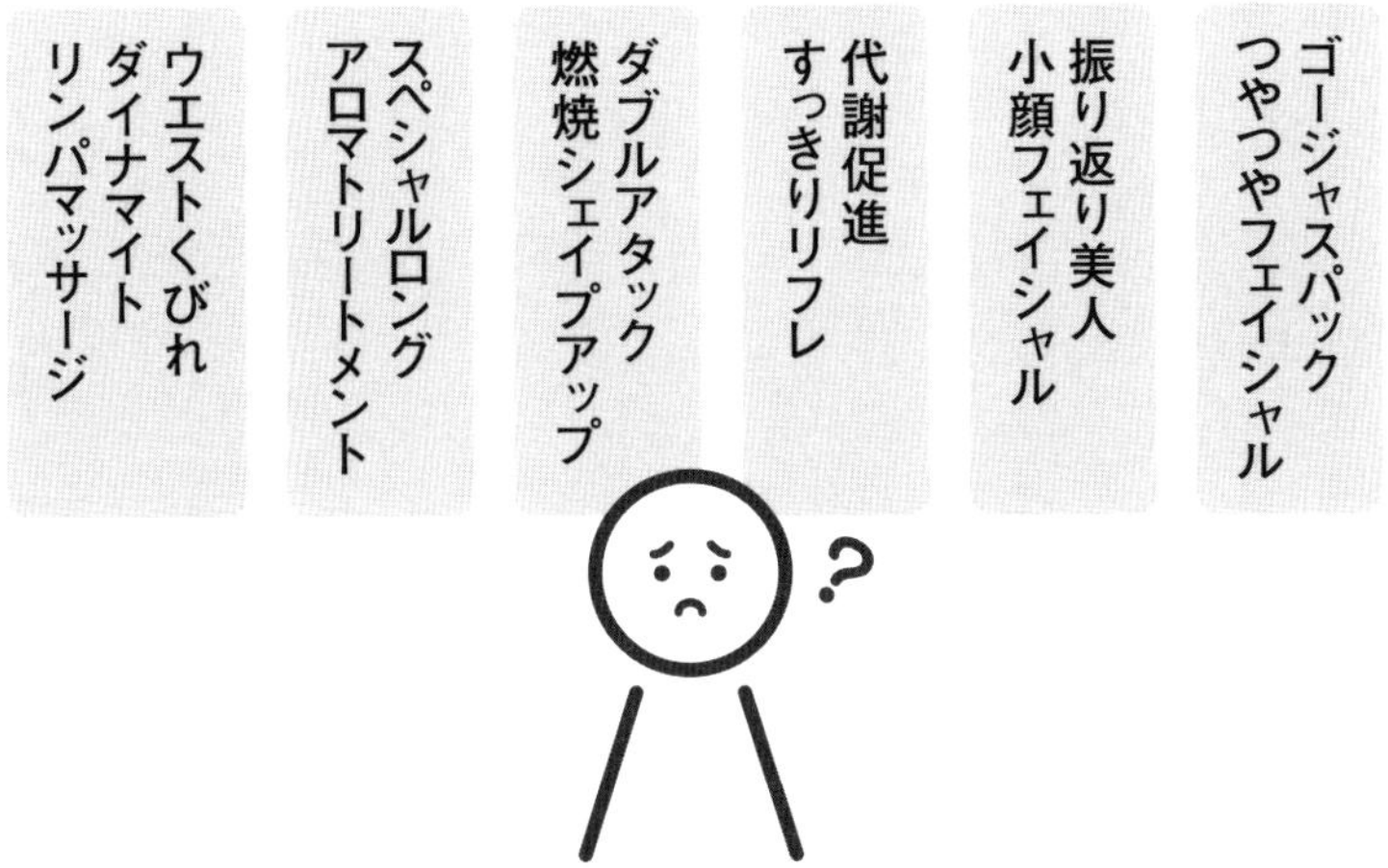


それぞれよくてもすべてに力を注ぎすぎると、
どれが売りなのかわかりづらく、目移りしてしまう

目的のものに絞ってネーミングすることで、
お客様が選びやすく、心にも残りやすい

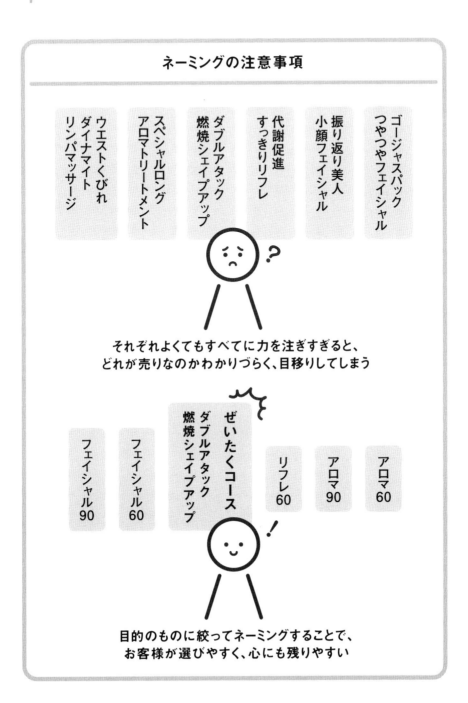

No.

06

# 長年にわたって苦労させられたメニューづくりの失敗と解決法

サロンの施術メニューをつくる上で、私のサロンで長年にわたって「これは失敗したな」と苦労してきた事例をお伝えしておきます。それは「メニューの数を増やしすぎたこと」。

エステティシャンやセラピストは技術者です。やはり技術をどんどん追求したくなる。その結果、私のサロンではメニューの数がどんどん増えていきました。アロマ、フェイシャル、痩身、ヘッド、リンパ、ハンド、ブライダル、骨盤、腸セラピー、スペシャルメニュー等々。細かなものも入れると、その数は最大時、50個以上にもなりました。メニュー数が増えるとお客様は喜ばれるような気もしますが、実際には2つの問題が起こります。

◆**増えすぎたメニュー**

ひとつは「**サロンの特色が薄れること**」。これは様々なところでも言われていることですが、メニュー数が増えれば増えるほど何の店だかわからなくなり、専門色が薄れていきます。アイスクリームやカツ丼、おでん、ピザまでもが売られている寿司屋と、鮨だけしかない寿司屋、どちらの鮨がおいしそうに感じるでしょうか？　もしかしたら実際の味は前者のほうがおいしいかもしれません。でも、ほとんどの人は後者のほうをおいしそうと感じるでしょう。サロンにおいても同じです。メニュー数が増えれば増えるほど私のサロンの特色は薄くなり、技術そのものも軽く見えるようになっていったのです。

そしてもうひとつの問題が「**スタッフの育成**」。メニューの数が増えると、その分教えるのに時間がかかるようになります。新しいスタッフを雇い入れても、すべての手技を覚えるのに1年以上かかり、それまでのコスト、失客、技術指導に費やす時間など、小さなサロンでは抱えきれないほどの労力を費やすようになりました。さらには、やっと教え切ったころの退職。1年かけて一所懸命技術を教え、やっと一人前になりそうだと思ったころにスタッフが辞めていく。何度も何度も、行く末を案じて途方にくれました。

◆**どのようにして解決したか**

では、これらの問題を解決するためにどうしてきた

## メニューの数が多すぎると……

| | | | | |
|---|---|---|---|---|
| アロマ○○ | アロマ△△ | アロマ□□ | アロマ×× | アロマ◎◎ |
| 痩身○○ | 痩身△△ | 痩身□□ | 痩身×× | 痩身◎◎ |
| フェイシャル○○ | フェイシャル△△ | フェイシャル□□ | フェイシャル×× | フェイシャル◎◎ |
| ヘッド○○ | ヘッド△△ | ヘッド□□ | ヘッド×× | ヘッド◎◎ |
| スペシャル○○ | スペシャル△△ | スペシャル□□ | スペシャル×× | スペシャル◎◎ |
| ブライダル○○ | ブライダル△△ | ブライダル□□ | ブライダル×× | ブライダル◎◎ |

◆メニューの数が多すぎると、お客様に対してもサロンのよさが伝わりにくく、スタッフ教育にも時間がかかりすぎるというデメリットがある。

か。一気にメニューを減らしたのでは、大切な顧客を失うこともあります。メニューが減ったことで大きく満足度を下げてしまうかもしれないからです。ですからまずは、お客様の需要の少ないメニューを一つひとつ吟味して少しずつ慎重に減らしていく。それと同時に、ホームページ上からは多くのメニューを削除し、大きく3つから5つぐらいに絞り込んで、痩身やフェイシャルの専門店として特色を出すよう見せ方を工夫しました。本当にメニューが3つしかないと、やはりお客様は少しずつ飽きていってしまいます。**ですから実際にはメニューはあるのです。ただ見せないだけ**。ユニクロが「ヒートテック」の専門店のような見せ方をしつつも、実際に店に行けばたくさんの商品が置いてあるのと同じです。そのように、表に見せるメニューと内側のメニューの数を変えることで、**お客様の満足度を下げずに、専門色や技術者としての価値も下げないことに成功**したのです。

では、スタッフの技術指導や育成はどのようにしたのか？　これは、技術の指導を段階的に行なうことによって多くが解決しました。

まずはひと通りの接客マナーや知識を教えた上で、サロンの中でも最も人気があり需要の高いメニューから教えます。そうしたら、そのメニューだけでサロンデビュー。ホームページ上のメニューが絞り込んであるので、新規のお客様のご予約も大体そのメニューで入れてくださります。ひとつのメニューに絞り込んで技術指導するので、新人とはいえそのメニューに関しては一流。自信を持って施術と接客にあたることができます。そして、ある程度顧客がつき、売上を上げられるようになってから徐々に、時間を見て他の手技も教えていくようにしたのです。トータルで見ると、**すべてのメニューを覚えるまでの期間は長くなりましたが、デビューまでの期間は短縮できるので労力は減っていった**のです。なお、今現在はスタッフの技術指導や接客指導も、なるべく外部の講師の方にお願いすることでうまく回っています。

### ◆同じ間違いを犯さないために

このように、私のサロンではメニュー数を増やしすぎたことによって、改善するまでに5年以上の年月がかかりました。技術者はついついたくさんの手技を追い求めてしまいます。それは向上心の表われであり間違いではありません。でも、先のことを見据えて、なるべくメニューは増やしすぎず、高単価で効果の高い技術に絞り込んで覚えていくことが大切なのです。少なすぎてもいけません。このあたりのバランス感覚がオーナーや経営者としてのセンスの問われるところなのでしょう。

**メニューを増やしすぎてしまったら……**

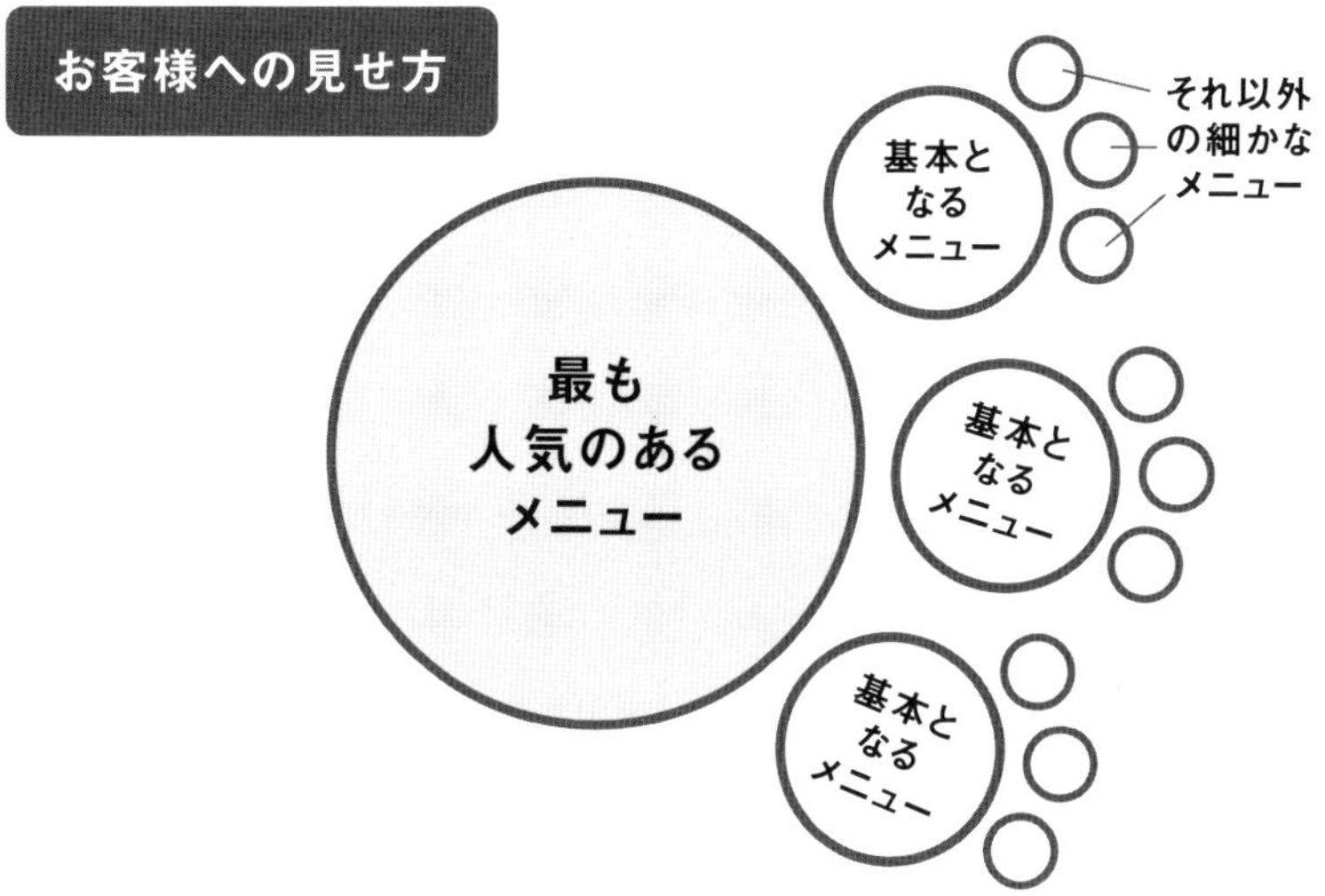


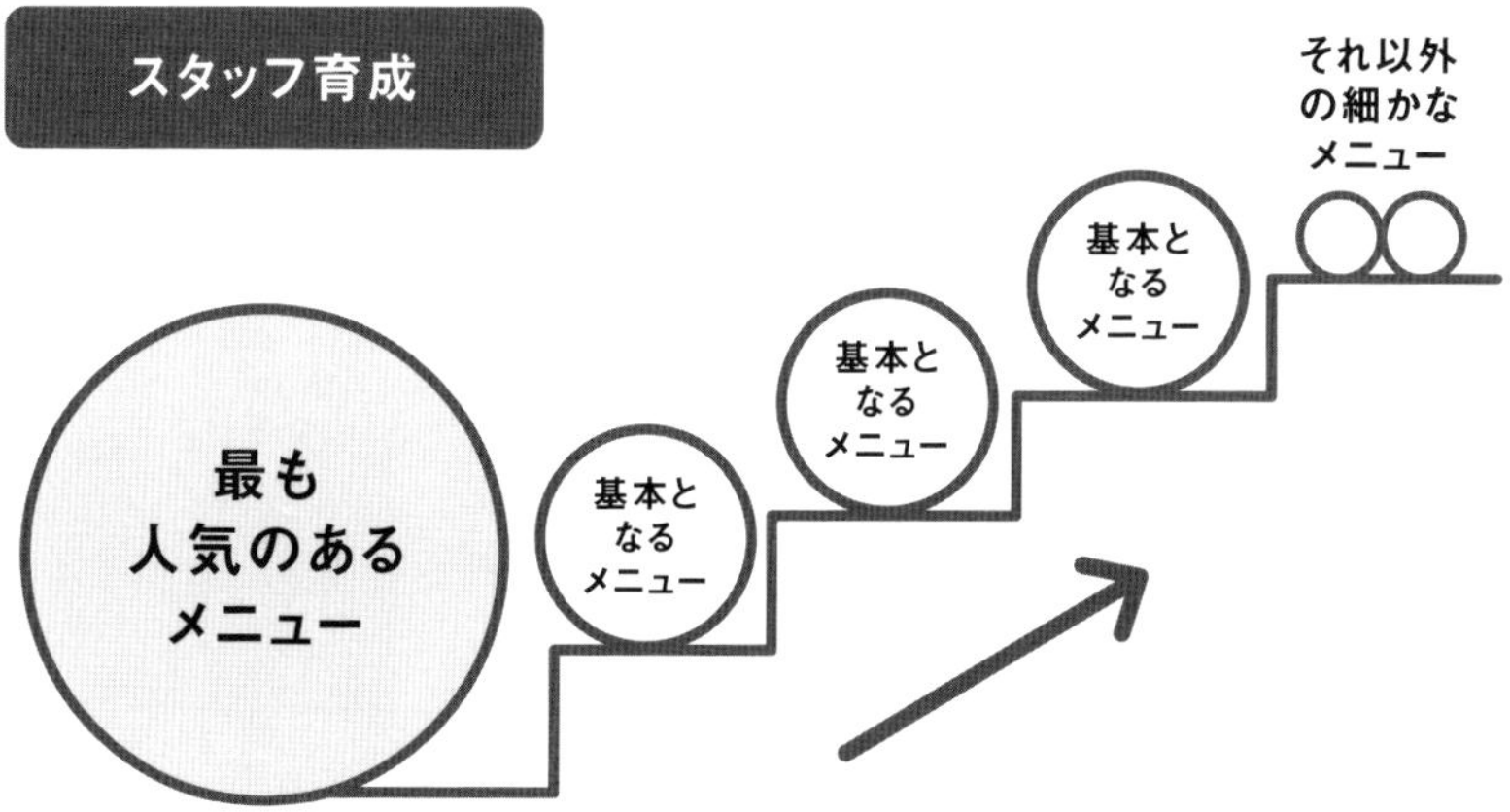


◆メニューが多すぎる場合、まずは最も人気のあるメニューから数個に絞り込んで見せ、教える時もそこから段階的に行なっていくことでデメリットを回避できる。

No.
07
# 技術で満足すると思ったら大間違い

### ◆自信を捨てる

これからサロンを開こうと考えているあなた。独立しようというぐらいですから自分の技術には自信を持っていらっしゃることでしょう。苦労してスクールや他のサロンで手技を学び、身につけていらしたのですから本当に素晴らしい技術をお持ちだと思います。

ただし、店のオープンが近くなるにあたり、一度その自信は捨ててください。いえ、自信をなくして臆病になれということではありません。

自信を自ら捨て去るのです。なぜならこれからあなたのサロンを訪れる**お客様のほとんどが、技術だけを求めて来られるわけではない**からです。もちろん、技術は大事です。でも、技術はどこのサロンの人も持っています。技術はあって当然。お客様はプラスアルファの部分であなたの店を選ぶのです。技術に必要以上の自信を持っていると、そのことに気づかなくなってしまいます。

### ◆本当のお客様満足を考える

私が店をオープンする際、絶対に妥協したくなかった点がひとつだけあります。それは**待合室の広さ**です。これまでいろいろなサロンに行きましたが、施術を受けている最中は満足でも、大抵の店では終わってから狭い所に通され、まわりから丸見えのような場所でお会計するのがとても不満でした。お客様にとっての満足度は施術だけではなく、電話応対から来店時の接客、終わってから店を出るまでと、すべてが満たされて初めて高い満足を感じます。特に終わってから店を出るまでの時間は、「終わりよければすべてよし」という言葉の通り、とても重要な時間だと私は感じていたのです。

### ◆満足度の高さがリピートにつながる

そんな思いから、自分がつくるサロンは、待合室をできるだけ広く設け、ふかふかのソファーを置いて施術が終わったあともお客様にゆっくりしていただけるようにしたのです。

もちろん、回転効率は落ちます。世間にはわざと椅子を硬くしたり冷房を強く（寒く）したりしてお客様の回転率を上げようという店もあるぐらいですから、利潤を

## サロンの印象は最後が決め手

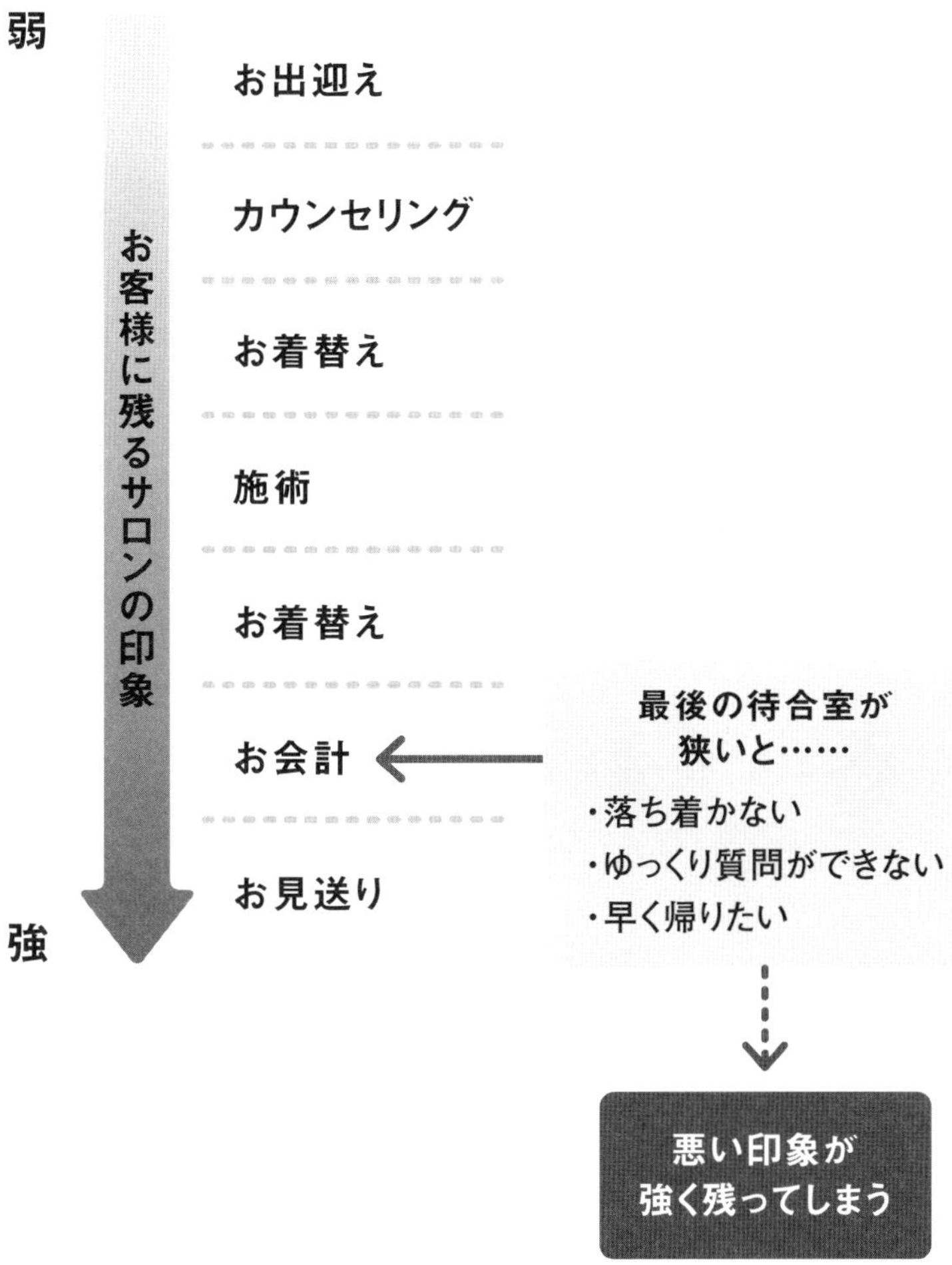


◆もちろん施術も大事ですが、最後の印象が悪いとそれまでのすべてが台無しになってしまいます。

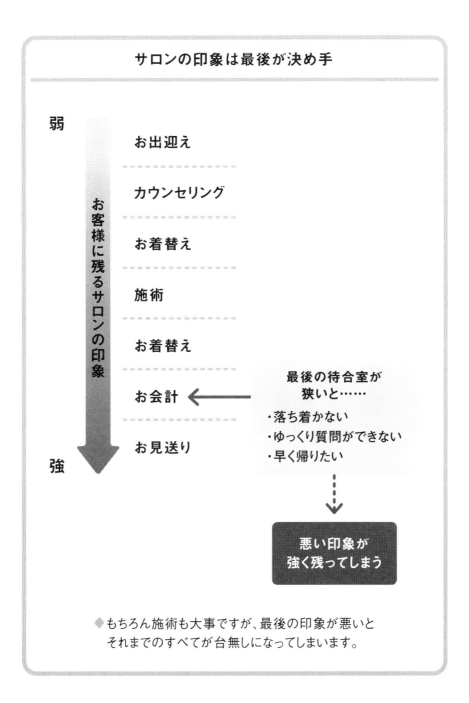

求める、特に大手の店からしたら私のしたことは馬鹿げた行為でしょう。当然のように当時のコンサルタントやいろいろな人からそういった指摘を受けました。

しかし、本書を読み終わる頃にはあなたは、個人サロンにおいて回転効率はほとんど重要でないことを知ることになります。回転効率を落として1日のお客様の数を減らしてでも得なければならないものがあるからです。それが**お客様の満足度とお客様との信頼関係**です。

実際、お客様にとっては施術が終わったあとというのが一番感動している時間であり、名残惜しく余韻に浸って満足している時間なのです。そしてさらに店やスタッフに対して心を開いている時間でもあります。特に初めてご来店されたお客様というのは、施術前は緊張していたり警戒していたりということが多いですから、本当にお客様と密なコミュニケーションが取れるのは終わってからお会計までのわずかな時間なのです。

実際に何千人ものお客様をご案内してきて、最もメニューの内容を聞かれることの多い時間がこの施術後です。緊張や警戒がほぐれて満足し、余韻に浸っている時間というのは店への興味も増し、他のメニューへの興味も湧いてくるということなのでしょう。

そんな時にスタッフがそっとお声がけをします。強引な勧誘やおすすめをしなくても当店のリピート率がとても高いのは、この**最もお客様が満足して心を開いている時間に適切にお客様にアドバイスを行なっている**からでしょう。これが、狭くて落ち着かない場所だったら、感動は一瞬で冷め、いきなり現実に引き戻され、店員の言葉を押し売りと捉えるケースが増えてしまいます。

## ◆客観的に見ることが大事

以上、施術後の満足度のお話をしましたが、これはあくまで一例にすぎません。店のBGM、清潔感、お客様へのアフターフォロー等々。自分の技術を過信してしまうと見えなくなってしまうことは山ほどあります。多くのサロンが不幸にもつぶれてしまう元凶はここにあるといっても過言ではないでしょう。

これは料理店などにもよく言われることなのですが、料理人（つくる人）と経営者（売る人）は別々のほうがうまくいく可能性は高くなります。料理人は自分の料理を過信して客観的に見られなくなってしまい、それ以外の重要な努力を怠ってしまうからです。もしもあなたがひとりでサロンを開こうとしているなら、技術者と経営者の両方の視点を持たなくてはなりません。

「私の技術なんて高が知れている」と思っているぐらいでちょうどよいのです。

## 施術後の余韻が満足度を上げる

◆ゆったりくつろげる待合室にすると、満足感の余韻に浸れる、他のメニューも見たくなる、コミュニケーションが取りやすくなる、といったメリットが出てきます。

No. 08

# 価格設定でほとんど誰もが犯してしまう重大なミス

さて、メニューの名前が決まったら次は価格決めです。まずはじっくり他の店の価格帯を調査してみましょう。これはインターネットでも調べられます。実際に調べてみると、価格に開きがあるのがわかると思います。地域や店の規模によっても違いますし、使用する商材によっても違ってきます。その開きはどこから来るのか、理由を探っておくとよりよいでしょう。

そしてだいたいの相場がわかったら、それを自分の店のメニューに当てはめていくのです。どうでしょうか、だいたいの金額が決まりましたか?

では、ここで断言しておきます。

**「あなたが今、思い描いた価格、それでは安すぎます!」**

その価格の1・2倍～2倍でよいぐらいです。

サロンをはじめるほとんどの人が、必ずと言っていいほど価格を安く設定してしまいます。なぜでしょうか。理由は次の3つです。

### ◆自信がないこと

自信を持っているつもりでも、潜在意識では自信がないことも多く、それが価格に表われます。そんな場合はとことん練習や勉強をし、それに見合ったレベルまで上げていこうという覚悟が大切です。

**決して自分を安売りしてはいけません。**安売りした時点であなたの向上心は止まってしまうと考えたほうがよいでしょう。

### ◆安いほうがお客様は入りやすいという錯覚

多くの場合それは事実かもしれません。しかし、それと同時に世の中には逆の価値観の方もいらっしゃるのもまた事実です。**安いと不安を覚える人**です。

ある整体院では、60分3000円という価格で治療していました。技術もかなりよく、相当安いのにもかかわらずお客様は一向に増えない。どうしたらよいかと相談を受けたので、私は**「価格を倍にしてみてはどうでしょう」**と提案しました。

その時は「ますますお客様が来なくなりますよ! つぶす気ですか?」と言われましたが、実際に変えてみた結果、売上は倍に増えたのです。

## メニューの価格を決める時

お金儲けは
悪いこと

自分の技術に
自信がない

安いほうが
お客様は
入りやすい

などという思い込みからついついメニューの
価格を適正価格よりも安く設定してしまう

**しかし！**

↓

つぶれたら
悲しむのは
サロンのお客様

あなたは
勉強を
積んできたプロ

安さより
価値観を
求める人がいる

◆しっかりとプロとして、適正の価格をいただくことが今後のサロンの発展にもつながります。
値段を安くすることは、あなた自身の値段（価値）を下げているのと同じなのです。

もしもダイヤの指輪が500円で売られていたら、絶対にニセモノだと思いますよね。また、どんなによい洋服でも価格があまりに安いと着たくないと思います。「あの人、あんな安い服着てる」と思われたくないからです。**「安かろう悪かろう」**という考えは、やはり確実に存在するのです。

### ◆間違った良心

最後に「間違った良心」です。これはどういうことかというと、「いっぱいお金をいただくこと＝悪いこと」だと無意識に思ってしまっているということです。お金を稼ぐために起業したり独立したりしたはずなのに、心のどこかで**「お金儲けをすることは悪いことだ」**と思ってしまっている。これが、自然に成功へのブレーキを踏んでしまいます。そんな時、さらに耳元でお客様にこう言われるのです。

「この店は安いのが魅力よねー」

「どこそこの店はお金儲け主義に走ってしまったから行くのをやめたわ」

私も、オープン当初はこの言葉を真に受けていました。でも、これは間違っていると気づきました。

考えてみてください。どんなに安くて喜ばれても、あなたの店がもしつぶれてしまったら。最終的に悲しむのは、あなたでもスタッフでもなくお客様なのです。

### ◆安くしてはいけない本当の理由

さて、これらを踏まえた上で、価格を高く設定しておいたほうがよいもっと大きな理由があります。それは、

**「あとから価格を上げるのは、相当難しい」**

ということです。高くしすぎたものを安くすることはそれほど難しいことではありません。でも、安くしすぎたものを上げるという行為は、並大抵の苦労ではありません。

何を隠そうこの私も、最初は価格を安くしすぎてしまった者のひとりです。それを正常な価格帯に戻すまでには、肉体的にも精神的にも相当な苦労を強いられました。3年以上の歳月をかけて何とか客単価を3倍までに修正してきましたが、これからサロンを開こうとしているあなたが、私と同じ道をたどることは絶対に得策ではないでしょう。しかし……。

ここまで書いても、人はどうしても安い価格設定をしてしまうものです。あるいは、今現在すでにサロンをオープンしていて、価格が安すぎて困っている方もいらっしゃることでしょう。そんな方のために、5章で客単価をスムーズに修正していく方法をお伝えします。ぜひ、このまま読み進めてそちらも参考にしてください。

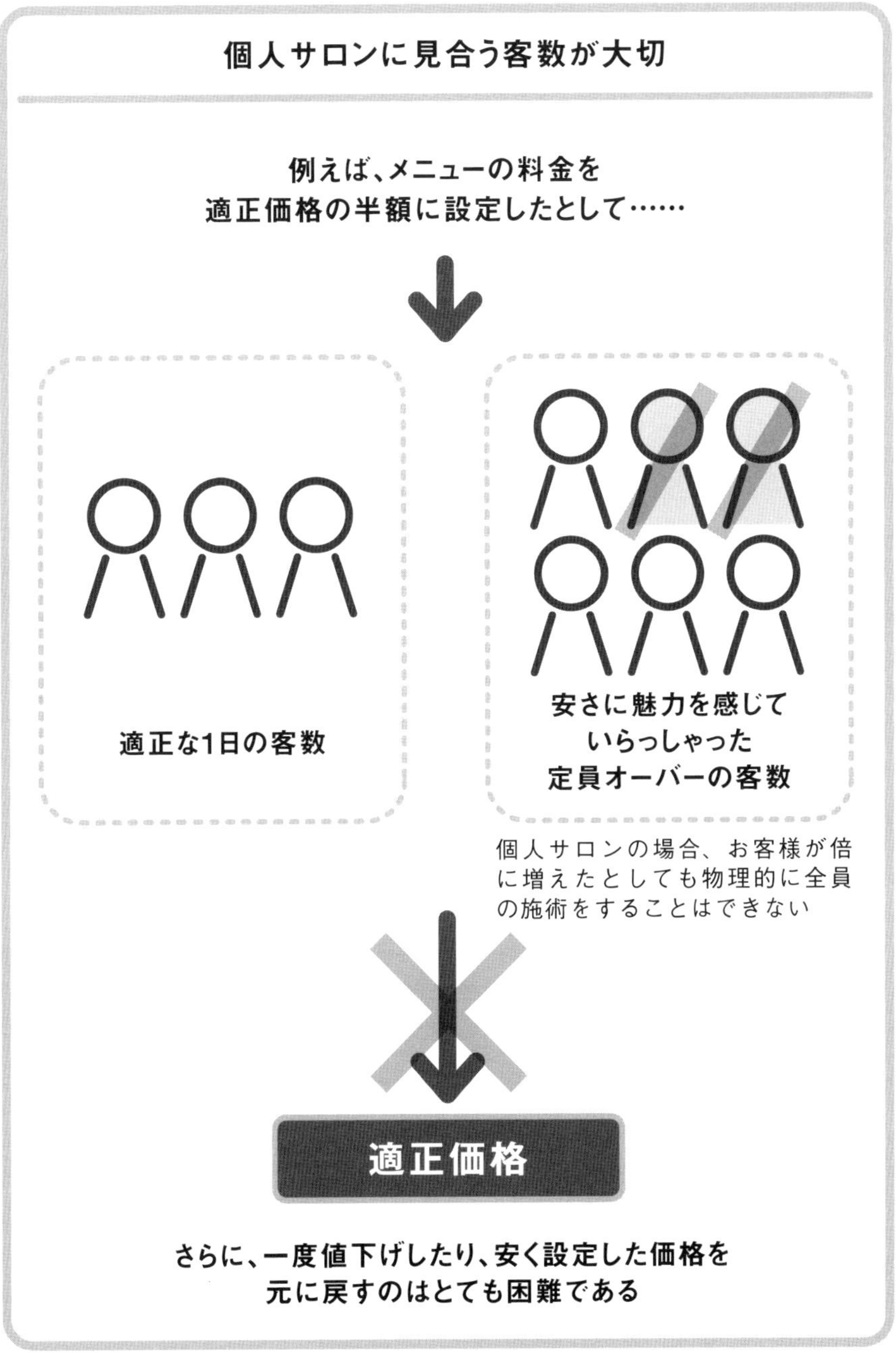
個人サロンに見合う客数が大切
例えば、メニューの料金を
適正価格の半額に設定したとして……
適正な1日の客数
安さに魅力を感じて
いらっしゃった
定員オーバーの客数
個人サロンの場合、お客様が倍
に増えたとしても物理的に全員
の施術をすることはできない
適正価格
さらに、一度値下げしたり、安く設定した価格を
元に戻すのはとても困難である

No.
09

# あなたの店の本当の売りもの

無事にメニューができあがったところで、大事なことをお伝えしておきましょう。それは「そのメニューがあなたの売りものではない」ということです。

### ◆メニューでしか選べない

施術をすることでお金をいただくので、施術者にとっては施術メニューが売りものだと思うのは当然のことです。しかし実はお客様は、それを買いに来ているわけではありません。よくサロンのチラシやパンフレット、HPなどを見ると、メニューの名前と価格ばかりが目立つものや、それしか載っていないものなども見かけます。お客様が本当に知りたいのはそこではない。なのにそれしか載っていない。仕方がないので価格で選ばなければならない状況に陥ります。つまり、**あなたの店の本当の売りもの（魅力）が伝わっていないから、価格で選ぶ人ばかりが集まってくる**ことになるのです。さて、では本当のあなたの店の売りものとはいったいなんでしょう。

その答えを言う前に、そもそもなぜ、メニューが売りものだという固定観念が生まれてしまったのかを考えてみましょう。それは、大手のサロンを見本にしてしまっているからです。大手サロンには多数のスタッフがいます。資金力もあり最新鋭の機器を揃えることもそれほど苦ではありません。だからそれを売りものにできる。しかし、個人規模の小さなサロンでは、到底そこに勝つことはおろか、同じ土俵に立つことすらもできないでしょう。なのに、それを模倣してしまっているのです。

### ◆小さなサロンならではの強み

そんな大手のサロンにも、実はできないことがあります。それは**「スタッフ一人ひとりを売る」**ということ。店舗数も多くスタッフ数も多い。担当が入れ替わることもよくある大手では、一人ひとりを売ることはとても手間がかかり、コストに見合わないということもあるでしょう。それをやっているところはほとんどありません。だからこそ、小さなサロンではそれを売りにする。

そう、密なサービスのできるあなたのサロンの最大の売りもの、それは**「あなた自身」**なのです。あなた自身の魅力を最大限に伝えていきましょう。

### 小さなサロンならではの売り物

◆小さなサロンは、メニューや設備では大手に太刀打ちできません。しかし、逆に大手はスタッフを売りにするのが難しい。あなた自身の魅力を伝えることで、お客様はあなたのサロンを選んでくださるようになります。

No.
10

# いよいよオープン！ 初日は焦らない

ここまで、あなたの店が人気サロンになるためにオープン前に注意するべき点はほぼ伝えました。いよいよめでたくオープンの日を迎えます。

地道にチラシを配って回ったり、挨拶回りや慣れないホームページの管理、実に頑張ってきました。さぞかし初日はお客様で溢れ返っていることでしょう！

……ところが、お客様が現われません。

### ◆なぜお客様がまったく来ない？

そのような状況も十分にあり得ると思います。よっぽど大きなメディアで取り上げられたならまだしも、はじまったばかりの先のわからない店に、人はなかなか飛びついては来ないものです。

ただ、ここで決して慌てないことです。焦って急いで価格を下げたりしたのでは、今までの苦労が台無しです。現状に慌てふためくのではなく、じっくりとその先を見て戦略を立てることが重要です。

### ◆サクラ審査員

「サクラ」というとあまり聞こえはよくないですが、初日は家族や友達にお客様になってもらうのがよいです。初めての店舗運営、どんなに綿密にシミュレートしても、様々な不具合や足りない部分もあらわになってくるはずです。これが本当のお客様なら大変なこと。二度と来店してくれなくなるかもしれません。細かな失敗はできるだけ身内の前で済ませておいて、**気づかない部分も指摘してくれる審査員になってもらう**のです。

### ◆仮に予約殺到したとして

プレオープンとはオープン前に行なう予行演習のことですが、それをオープン日にしてしまうということです。プレオープンも何かと労力や費用がかかり、個人の場合負担になってしまいますから、このような形でじっくりと現場に慣れていくことが大切です。

ところで、そうやってのんびり構えていたら予想外に来客や予約がきてしまった場合。その場合、身内ではなくあえてお客様のほうをお断りしてしまいましょう。もったいない気もしますが、「混んでいる」という演出になり、改めて予約をしてくださる場合も多いのです。

## 家族や友達に率直な意見をもらうチャンス

◆オープン初日は、知り合いや家族をお客様として迎え、実際に運営していく中で、足りない点、修正すべき点を見つけていきましょう！
実際にお客様目線に立って、厳しくチェックを入れてもらうとよいでしょう。

Column

## 10年後の「ちいサロ」――❷

２章は、集客前の準備とメニュー（価格設定）について。やはり価格設定に関しては、日本中のサロンさんからたくさんの反響をいただきました。

「価格を上げたところ、お客様が離れていくどころか『むしろ今までが安すぎたのよ』と言っていただけてホッとしました。本当によかったです」

「今までなかなか売上が上がらなかったけど、価格の調整で苦しみから抜け出すことができました」

本当の悩みが実は集客ではなく、価格にあったのだということに気づいた方が多く、私もうれしく思います。

私自身も、初期の価格設定で失敗したひとり。当初５千円ほどだった客単価も今では５万円にまで上がっています。あきめかけていた「子どもを持つ」という夢も、客単価を上げることで労働時間が減り、実現できています。

単価が上がることで、お客様も価値を感じて喜んでくださる。お客様の喜びと自分自身の夢の実現。そのためにも、ぜひ価格設定についてじっくりと考えていただければうれしく思います。

Small Salon

# 3章

# お客様を呼び込む数々の魔法

No.
01

# 友達はあくまで友達だ!

店のオープンおめでとうございます。これからあなたの店は、いつもお客様でいっぱいの素敵な店へと発展して行きます。希望に胸を膨らませ、毎日を輝きながら生きていきましょう。

### ◆今までの生き方と友への感謝

とはいえ、まだ最初の一歩を踏み出したばかり。あなたの店のお客様は、家族や友達、昔の職場の仲間ばかりかもしれません。一所懸命に知り合いを誘って来てくれる友達や身内たちに本当に感謝の毎日です。友達ってこんなにありがたいものなのだと、改めて人生を考え直す瞬間かもしれません。私もそれまで好き勝手に生きてきて友達をそれほど大切にしてこなかったはずなのに、とその温かさに隠れて泣いた日もありました。

### ◆友情から商売への線引き

でも、いつまでも友達に甘えてばかりいるわけにはいきません。商売をやろうと決めた以上、**まったく初対面のお客様に対して、プロとしてサービスの提供をしていかなければなりません。**もちろん友達はそのまた友達を紹介してくれ、そのまた友達がまたまた友達を紹介してくれるなど、人の輪はどんどん広がってはいきます。友達の友達の友達ぐらいまでいくと初対面の人も少なくはありません。それでもやはり純粋な初めてのお客様とは何かが違うのです。まったく会ったことのない、何ひとつコネもつながりもない、純粋に店に興味を持って来られるお客様。これは感動です。私は11年が経った今でも、初めての本当のお客様が来られたその日を鮮明に覚えています。おそらく、一生涯忘れることはないでしょう。

### ◆シビアな世界の幕開け

そして、ここからがいよいよあなたが試される時です。あなたがオープンのために準備したサービスは? 空間は? 技術は? 空調の温度は? それらは大丈夫だろうか。ほこりが積もっていたり、やり忘れたことはないだろうか。

知り合いというひいき目のない、真の評価が下されるこの瞬間。ここがすべてのはじまりなのです。その緊張感と感動をいつまでも忘れずに、真の扉を開けましょう。

## 「本当のお客様」を広げていこう

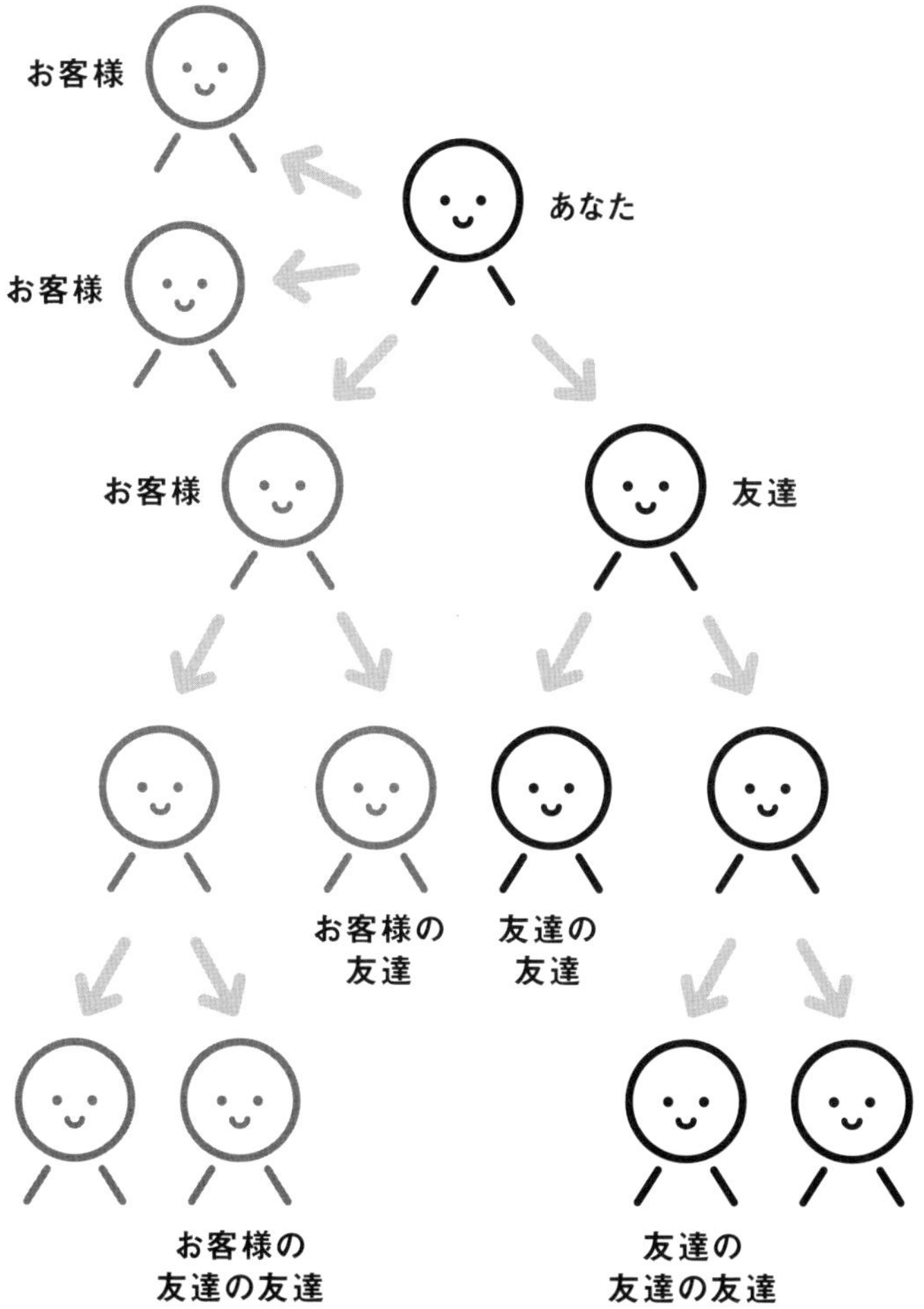


◆たとえ初めて会う人でも、友達からつながったお客様は他人ではありません。本当に客観的なサロンの評価を受けられるのは、純粋に集客して来られたお客様からの輪です。

No.
02
# 入客のない時にはとにかくこれをやりましょう

感動のお客様の初来店から数日。徐々にお客様は入りはじめたものの、まだまだガランとした日が続きます。こんな時あなたは何をして過ごすでしょうか？　ブログやホームページの更新？　チラシやPOP作成？　それとも、近所を回ってチラシのポスティングに行きましょうか？　やることはたくさんあります。その中でも、集客に効果的な作業をご紹介しておきます。

## ◆朝は店頭の掃除

あなたの店が一階でも二階でも、あるいはずっと高層階でも構いません。**手が空いた時間はとにかく店頭（建物の玄関）の掃除**をしましょう。これは多くの先輩やコンサルタントも同じことを言います。風水の世界でも似たことを言いますね。もちろん気の流れや精神への作用なども関係しているかもしれませんが、他にもしっかりと理由があります。

まず何といっても**透明性が高まる**ということ。チラシやホームページに顔写真を載せるとよいという話をしましたが、スタッフが店頭に出て掃除しているのを見せることも、同じようにお客様からの店に対する不透明さや不安感を取り除くことができます。もちろん、しかめっ面やダラダラした態度で掃除していたのでは逆効果ですので、さわやかな優しい笑顔で隣の店のゴミまでもきれいにするつもりでいるとなおよいでしょう。

次に**客観的に店を見られるということ**。自分の店というのは思い入れもあり、なかなか冷静に見ることができません。玄関や前の道を掃除しながらお客様と同じ視点に立つことで、普段見えなかった意外な欠点が見つかる場合があります。

最後に、やはり掃除した**本人のモチベーションが上がる**ということです。真剣にやってみるとわかるのですが、朝、通り道を掃除するというのはとても気持ちがよいもの。本当に心から感謝の気持ちと清々しさが溢れてきます。お客様がその店を気に入るかどうかは、実はほんのわずかな差の場合が多いと言います。晴れやかな気持ちで接するのとそうでないのと、一年続けた時の差ははたしてどれほどのものか、想像はたやすいでしょう。

## 店頭を掃除するメリット

◆午前中ならば、近隣の人に明るく「おはようございます」と声をかけ、気持ちよく朝の光を吸収しましょう。

No.
03

# 「来るもの拒まず」は拒まれる

店頭もきれいになり、お客様をお迎えする準備はできました。ここまできて、やはり避けては通れない道があります。それは**「お客様を呼びに行く」**という作業です。半年から数年して店が軌道に乗ってくればわざわざこちらから呼びに行く必要は少なくなってきますが、はじめはじっとしていても仕方ありません。店の外、街に飛び出してお客様を探しに行きましょう。

## ◆理想とするお客様像を決める

その前に、ひとつだけ心に決めていただきたいことがあります。この部分がブレていると、効果が薄まるどころかかえってマイナスになってしまう場合もありますのでしっかり心に焼きつけておくべきでしょう。それは、

**「来てほしくない人は呼ばない」**

ということです。どういう意味かわかりづらいと思いますが、言い方を変えれば「あなたの店に来てほしい人を明確にする」ということ。チラシを配るにしても声をかけるにしてもポスティングするにしても、来てほしい人が定まらないまま闇雲に行なっても、時間やチラシの無駄になるばかりか、効果が確実に下がってしまいます。入客の少ない時期や自信のない時は特に、「少しでも多く、どんな人でもいいから来店してほしい」と考えてしまいがちですが、実はこれが逆効果なのです。

## ◆そこの日本人の方

わかりやすく具体例を示します。街行く人に声をかける時に「誰にでも喜ばれるサロンです」と言うよりも、「40代の働くＯＬの方に喜ばれているサロンです」と言ったほうが反応率は高まります。さらには「40代のＯＬさん限定です！」とすれば、ますます反応はよくなるでしょう。**対象を細かく絞れば絞るほど、それに当てはまる人の反応がよくなる**という習性があるのです。

逆に大まかな分類では、たとえ自分に当てはまっていたとしても気にも留めず見向きもしないでしょう。「その日本人の方！」と日本で叫んでも、呼ばれた人は日本人でありながらも自分のこととは思わないのです。誰でもかれでも呼ぼうとしても反応は下がる一方だと覚えておきましょう。

## 店のターゲットを決めよう

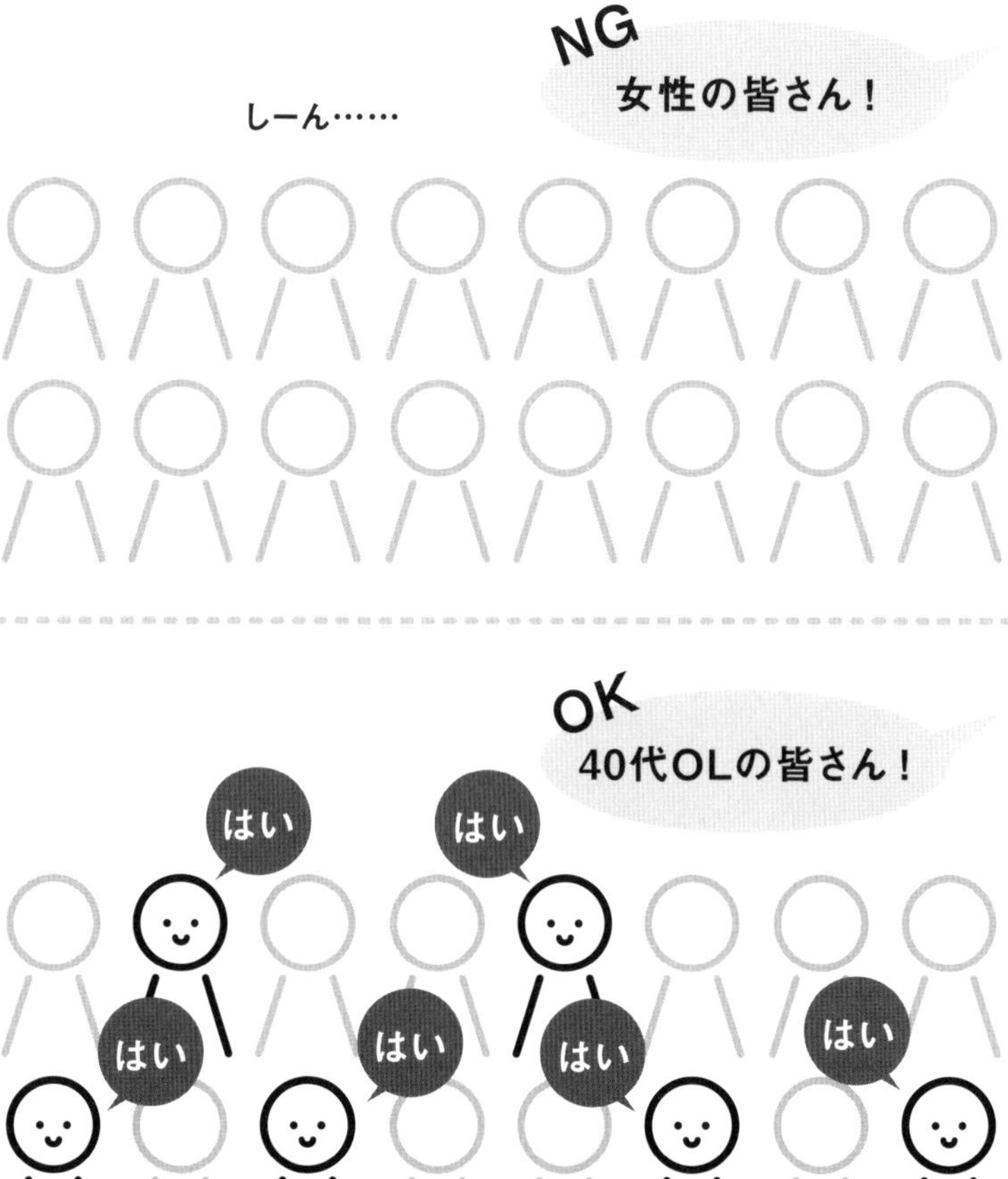


◆人は自分に当てはまっている場合でも、自分以外にもたくさん当てはまる人がいる場合は、自分のことだと思いにくいもの。
絞り込んで、絞り込んで、自分にしか当てはまらないような場合には、とても共鳴し、反応を示しやすくなります。

No.
04

# 駅前のチラシ配りにアルバイトを使わない

根本的に私は商売をする上で、**「自分が客の立場だったらどう思うか」**ということを常に考えています。駅前でのチラシ配りにしてもそうです。強引に押しつけるようにポケットティッシュを渡してきたり、なんの笑顔もなく不機嫌そうに配っていたり、別のスタッフとおしゃべりしながら等々、すべての人がそうではありませんが、そういった光景をよく目にします。

### ◆実は店の総代表

資金の多い店や会社はそれで問題ないのか、目が行き届いていないだけなのか、とにかく私には何とも釈然としない光景です。アルバイトとはいえ、お客様に直に接する以上、店の看板を背負っているわけです。あなたがもしチラシ配りをアルバイトや外部に委託しようと考えているなら絶対にやめるべきです。

あなたは相当な決意と覚悟で店を開いたはずです。そして絶対にその店を失敗させたくないという思いで今、本書を読んでいるはずです。その思いと情熱を、些細なアルバイトの行動ひとつでつぶしてしまうようなことがあったら。大げさかもしれませんが、アルバイトにチラシを配ってもらうメリットはあまりにも低いです。

### ◆立場の違い、考え方の違い

なぜならチラシを配る目的は**「お客様に来店していただき、喜んでもらう」**こと。そのためにわざわざお客様を絞り込んで精度を上げようとしているわけです。

でも、アルバイトの目的は違います。**「チラシを配る」**のが目的。そうです。チラシさえ渡し終えれば、その後お客様が来ようが来まいが関係ないのです。店のお客様には絶対に似つかわしくないような人にまで平気でチラシを配るのです。

一方で、お客様はチラシの内容よりも、**配っている人の人柄で来店するかどうかを決める**ことも多いです。だからこそチラシは絶対にあなた自身が愛を込めて配るべきです。

当店でもオープン時、私自身が駅前でチラシを配りました。その日から11年間、今でもずっと通い続けてくださるお客様がいらっしゃいます。

## チラシを配るのではなく「気持ち」を配る

◆小さな店の場合、チラシ配りの印象が店の印象のすべてとなる場合が多いのです。

No.

05

# ネット、雑誌、テレビ——広告はどれが効果的？

ホームページを公開し、電話帳に店の電話番号を掲載すると、急激に電話が殺到します。それは、お客様ではなくほとんどが業者関係です。お客様からの電話だと思って喜んで出ると営業電話。がっかりします。

その営業電話には、ホームページ作成かＳＥＯ、広告関係が多いのですが、毎回お客様ではなく業者だったりすると、段々不安に思えてくるものです。「うちもやっぱり、大々的に広告を打ったほうがいいのかな」と。

本書ではなるべくお金をかけずに集客する方法を載せていますが、やはりお金をかけて広告を打ったほうが知名度を上げたりするのには有利なことはたくさんあります。ただ、闇雲に何でもやればよいというわけではないので、ここではそれぞれのメディアについて、その特徴や向き不向きについてお伝えしたいと思います。

### ◆インターネット

いわゆるポータルサイトと呼ばれるもの。美容関係や飲食店など、業種ごとにたくさんの店を紹介してくれる場所です。**歴史、人気、価格、客層など多岐にわたります**が、人気のないサイトからは本当にまったく問い合わせすら来ません。

また、安いからといっていくつものサイトに登録するとメニュー変更時などの管理が大変なので、メジャーな所を数箇所に絞り込んで掲載するのがよいでしょう。

### ◆雑誌

雑誌といっても、割引店舗ばかりを集めたクーポン誌と呼ばれるものと、**取材系**と言われるものがあります。クーポン誌は安さ目的のお客様が多いのでリピートに結びつきにくいです。もちろん中にはそうでないお客様もいらっしゃいますが、掲載費用に対する効果を考えれば継続掲載をしないほうがいい媒体と言えるでしょう。

取材系は特集記事や人気のスポットなど取材形式で掲載する雑誌で、読んだ人の来店に結びつく率はかなり高いと言えます。どちらかというと瞬発的な人気ではなく、じわりじわりと反響が出てくるタイプです。中には通常の広告を、取材したかのような形で掲載してくれるパターンもありますが、個人店にとっては考えられない

## メディアや広告媒体の種類と特徴

### インターネット
### ポータルサイト

・集客効果はサイトによって大きく違う
・情報がある程度多く載せられるため、それほど値引きに頼らなくても済むが、リピート率は△
・自店のホームページにリンクを貼ることで、SEO対策にもなる
・たくさんのサイトに掲載しすぎると、管理が大変なので数を絞る

### 雑誌
### クーポン誌

・載せられる情報量が少ないため価格勝負に
・リピート率はかなり低い

### 取材系

・有名雑誌の場合、店の価値が高まる
・有料記事広告の場合、個人サロンでは回収不可能なほど値段が高い
・集客効果はジワジワと息が長い

### テレビ

・放送直後の反響はかなり大きい
・一人ひとりの電話には応対できないため、折り返しかけ直すようにする
・流行に敏感なお客様が多いため、長く常連になってくださる可能性は少ない
・テレビ終了後も、テレビ取材を受けたことが店の宣伝に使える（信用度が上がり、来店しやすくなる）

ほど高額なので、本当に無料で掲載してくれるチャンスを待つほうがいいかもしれません。

◆**テレビ**

テレビを甘く見てはいけません。私の店もテレビの取材を受けたことがあります。ローカル局の番組だと高をくくっていたのですが、何と放送途中から電話が鳴り止まず、切っても電話、切っても電話という状態でした。それぞれのお客様がメニューなども知らずに電話してくるわけですから一から説明しなければならず、丸一日電話応対に追われていました。その間ずっと電話がつながらず、あきらめたお客様も多かったようです。

ですからテレビの放送が決まったら、回線を増やすとか電話番号だけをうかがって後日折り返す形にするなどの策を練っておいたほうがよいです。もちろん取材という形の場合、料金もかからず、後々の店のブランド効果にもつながりますので、チャンスがあれば出たほうがいいと思います。

ただ、悲しいことにその時のテレビを見て来られた方の中から常連客につながったのは皆無。たまたまだったのかどうか、次の機会に検証していこうと思っています。

◆**総合的な注意点**

以上が代表的な広告媒体になりますが、もちろん店の形態やお客様の層、タイミングなどによって向き不向きやその効果は違ってきます。あなたの店の状況をしっかりと考えた上で検証していただきたいと思います。ではどのような点を注意して見ればいいのでしょうか。

◆**掲載費用を上回る売上があったかどうか**

これはとても重要ですが、気をつけるのは**短期間で考えないこと**です。集客人数が少なくても、リピートするお客様が多ければプラスになります。その後は段々広告を減らしていっても成り立つほどになります。

広告媒体の特色によってもお客様のリピート率はかなり違ってきますので、そのあたりを考えながら検討するとよいでしょう。

◆**お客様の層は合っているか**

実を言うと、これは長い目で見れば売上が上がったかどうかよりも重要になってきます。せっかくたくさんのお客様が来られても、店が騒がしくなってしまったり、時間にルーズなお客様が増えてしまったり。それによって常連のお客様が減ってしまう場合もあり得ます。後の章でじっくりお伝えしていきますが、売上が一時的にどれほど伸びたとしてもこれでは大失敗です。

集客は単に売上だけを見るのではなく、広い視野で長い目で成功かどうかを見極めていく必要があるのです。

## 広告掲載の効果を検証する

広告を掲載する場合は直後の集客数だけでなく、
リピート率や既存のお客様への影響などを
総合的に見て成功かどうかを判断しなくてはならない

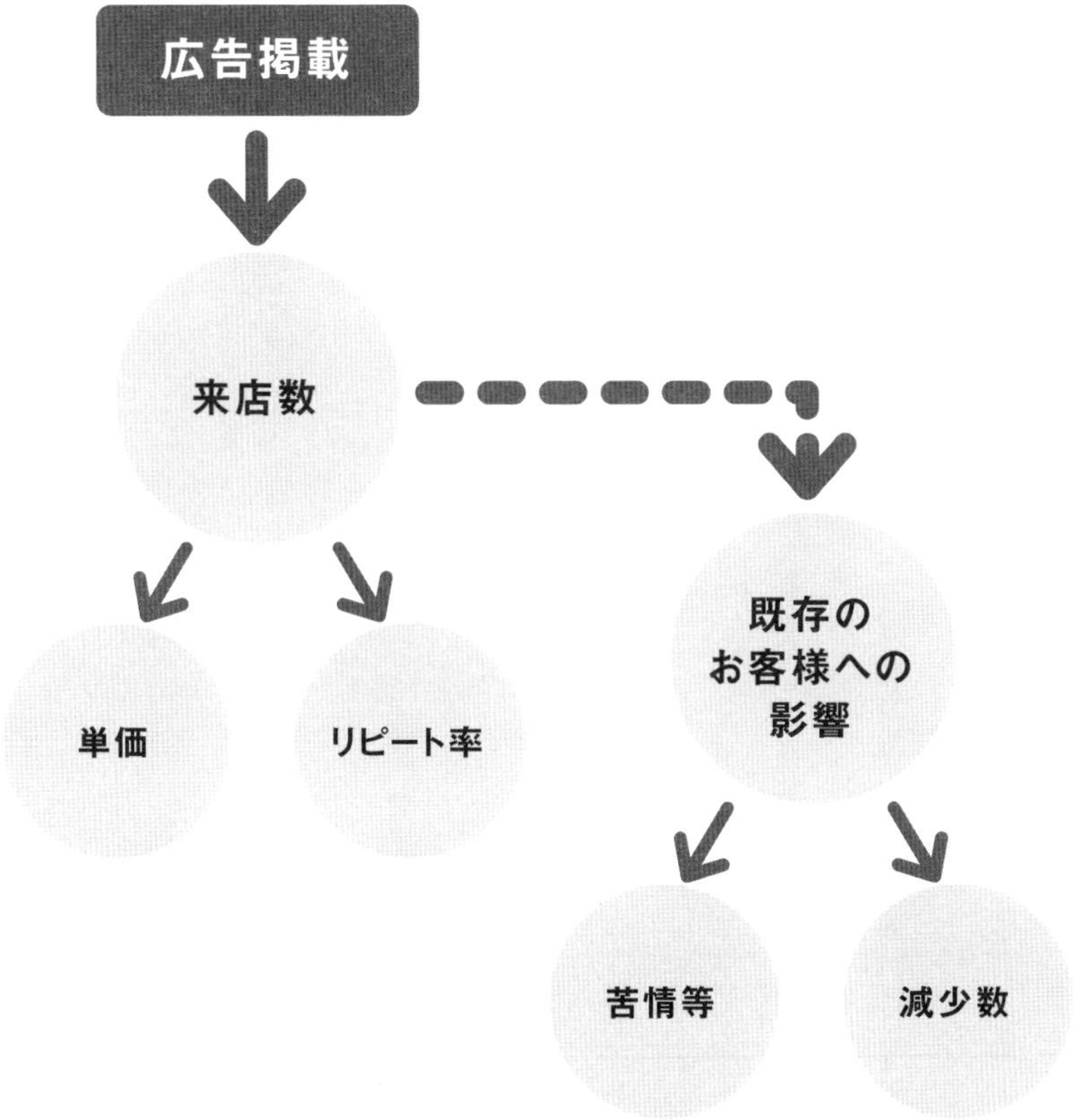


◆新規集客の際には、客単価が高く、何度もリピートをしてくださり、他の常連のお客様に迷惑をかけないようなお客様を獲得できる方法をめざすのがベストです。

No. 06

# 釣り堀にマグロ漁船で乗り込む

私はよく集客を釣りにたとえます。お客様を魚にたとえるなんて失礼な話ですが、そういう意味ではなく、考え方や仕組みが釣りに似ているということです。「釣った魚にエサはやらない」という言葉はまさにそうでしょう。集客する時は一所懸命にお金をかけたり割引したりするのに、来店したあとはほとんどお金をかけなくなる。それによってどんどん魚が逃げ出してしまっている状態のサロンをよく見かけます。

### ◆本当に釣りたい魚

また、集客サイトに莫大な費用を費やしているサロンを見ると、私はふと、釣り堀に大きなマグロ漁船で乗り込んでいる光景を思い浮かべてしまいます。

とてもよく釣れるのです。鯉、ヘラブナ、ニジマス。網を使えば一網打尽、爆釣です。小さな囲いの中に放流された魚ですから、当然といえば当然でしょう。だから皆、安心してしまいます。ところが何かが違う。釣れども釣れども、何度網を投げても、一向にマグロは釣れません。**本当に釣りたいのはマグロのはず**なのに、釣れるのは鯉やニジマスばかり。しかもキャッチ&リリース。釣っては逃がすの繰り返しです。それでも取りあえずは釣れるから、「まあいいか」と安心してしまっているのです。マグロは海に行かなければ釣れないのに。

### ◆明確にするべきもの

あなたのサロンにとって理想のお客様とはどのような方でしょう？　本章の3項で「あなたの店に来てほしい人を明確にする」のが大事だと書きましたが、それはどのようなお客様でしょう？　安売りを求める方でしょうか。気が向いた時にフラッと来られる方でしょうか。そして、その理想のお客様がサロンを探す時、どんな方法で探すでしょうか。

今後必ず必要になってきますので覚えておいてください。**「理想のお客様を明確にし、理想のお客様の場所で集客する」**。これこそが、遠回りでありながらも繁盛サロンになるための最も確実で近道な方法です。そこをしっかりと意識しながら、この先を読み進めていきましょう。

## 小さな釣り堀に巨大なマグロ漁船

◆釣り堀にマグロ漁船で乗り込めば、小さな魚は大量に獲れるでしょう。
でも、そこではマグロは釣れません。

No.
07

# 割引するならその先を見なきゃダメ

2章では、「価格を安くしてはいけない」と書きましたが、それでも多くの人は「安くしないとお客様が来ないのでは」とジレンマに陥っているることでしょう。

確かに客単価の高い店になるほど敷居が高くなり、初めてのお客様は入りづらくなります。高いために来店のチャンスを失い、店のよさを知っていただく機会を逃してしまうことも起こり得るでしょう。特にまだオープン間もない知名度の低い店にとってはなおさらです。

では、どうすればいいのでしょう。やはりある程度敷居を下げて初めてのお客様に入りやすくする必要があります。そのためにはやむなく値引きをするのですが、ただ闇雲に安くするのではなく、以下の点に注意しながら行なっていくようにします。

### ◆名目を必ず設ける

「名目」が曖昧になっている店が多いですが、かなり重要ですので絶対に行なってください。「なぜ安くなったのか」をハッキリさせるのです。これから店をはじめる場合は「グランドオープン特別価格」のような名目がよいでしょう。これがないと**値引きそのものの効果が薄れ商品自体の価値も下がってしまいます。**

### ◆必要以上に値下げをしない

「初回千円」や「初回無料」という破格な設定をたまに見かけますが、ここまで行くと犯罪に近いものがあります。お客様に「このあと、強引な勧誘が待っているのではないか」と勘ぐられるような値引きはしてはいけません。

ギリギリでも利益を保ちましょう。

### ◆有効期限を設ける

期限がないほうが来てくれるチャンスが増えそうですが、実は逆です。期限を設けることによって来店の後押しをしてくれます。

### ◆目的をハッキリさせる

何のために値下げをするのか、値下げすることによってどのようになりたいのかという目的を持ちましょう。新規のお客様を何名増やしたい等、成功のビジョンがないとイベントそのものが意味のないものに終わってしまいます。

## 割引をする場合の注意点

### 何の割引なのか理由を明示する

特別な名目や意味のない割引は反応がよくないばかりか、人気がないものだと思われて価値を下げてしまいます。

### 利益を確保できない割引はしない

割引で出た赤字を補うのは最終的には他のお客様ということになります。割引狙いの人ばかりが得をするイベントは絶対に避けるべきです。

### 有効期限を必ず設ける

有効期限がないと「そのうち行こう」と思ったきり、ずっと来ない場合が多いです。また、期限間際の入客が増えることを利用して、繁忙期を調整することもできます。

### 何のためにやるのか目的を明確にする

店のよさを知っていただくためや商品のよさを知っていただくため等、割引は常にその次につながるように、目標を設定しなければなりません。

◆一番問題なのは、お客様が来なくなるのが怖くて何となくダラダラと割引を続けてしまうこと。そうなってしまったらもう、それは割引ではなくて定価だと思われても仕方ないでしょう。

No.
08

# お客様の声を至るところに載せましょう

たくさんのお客様に来店していただくには、まず何よりあなたの店のよさを知っていただかなければなりません。チラシ、ホームページ、雑誌、ブログなどで、様々なツールを駆使してよさを伝えていることでしょう。弱点や欠点を長所として伝えていく術も学びました。他の店に比べてきっと伝わりやすくなっているはずです。

しかし、それはあくまでオープンから直後までの話。オープンしてからしばらく経つと、それだけではもの足りなくなってきます。お客様に本当のよさを知っていただく最も重要なものがまだ揃っていないのです。それが「**お客様の声**」です。

## ◆第三者の意見ほど信憑性のあるものはない

最近はネット通販などでもお客様の声を紹介するのが一般的になってきました。皆さんも購入の際に参考にした経験があると思います。通販は目に見えない相手との取引ですから、安心感を持たせるためにもとても必要なものだと思います。では、あなたの店の場合はいかがでしょう？　お客様にとっては初めての店というのは入るのに勇気がいるものです。どんなにホームページやチラシでよいことが書かれていても所詮それは店の人の言葉。お客様としては完全に信じきることができない場合もあります。そんな時、他のお客様からの言葉が書かれていたらどうでしょうか？　安心してサービスを受けることができます。ですから、1日も早くアンケートなどをつくってお客様の声を集めてください。「あなたからの店への感想をいただけると励みになります！」という文章を添えて記入欄を設けるといいでしょう。そして、集まった声を随時一覧にしてチラシやホームページに載せていくのです。そのアンケートに対する店側からのお礼や対応文なども載せるとなおよいでしょう。手書きだとさらによいです。なかなかアンケートに答えてくれない場合は、アンケート記入してくださった方に特典プレゼントなどをすると効果大です。

とにかく、お客様の声は**質よりも量**です。少しでもたくさんの声をいただいて掲載していくことで、飛躍的に来店数は伸びていくことでしょう。

## アンケートは必ずいただきましょう

### アンケートのご協力をお願いいたします

本日はご来店いただきまして誠にありがとうございました。
当店の施術・サービスにご満足いただけましたでしょうか？
お客様からの温かいお声が私達の何よりの励みです。
今後のためにぜひ感想をお寄せくださいませ。

オープン当時よりお世話になっております。
他店との違いは1番に店内の清潔さ。ここまで
行き届いたサロンは出会ったことがありません。
自宅からはすこし離れてはいますが、近所の
サロンよりこちらを選んでしまいます。
最初は月1回の自分へのごほうびと思っていました
が、すっかり自分に甘くなり現在は月2回のペースで
利用しています。いつも丁寧な施術でとても
満足しています。なによりも癒されます。郊外の
オアシスとでも言いましょうか。
スタッフの皆様、これからも末永いおつきあいを
宜しくお願い致します。

※ あなた様の声を、ホームページなどでご紹介してもよろしいですか？ ☑はい □匿名で □ダメ

| | | | | | |
|---|---|---|---|---|---|
| お名前（イニシャル可） | | 年齢 | 43 | 職業 | 会社員 |
| 施術名 | メラニンデトックス オーガニック・アロマ | 店舗名（必須） | ロズまり | 記入日 | 21年9月22日 |

No.
09

# チラシやパンフレットを他の店に置いてもらう

◆お金をかけずに宣伝をする

チラシを配ったり、広告を打ったりするのは人件費や掲載料など何かとお金がかかりますが、これらを簡単にクリアできる方法があります。それは、**「他の店にチラシを置いてもらう」**という方法です。さすがに近隣の同じ業種では難しいですが、アロマサロンの場合は美容院やあるいは飲食店など、別の業種であれば相手の店も案外すんなりOKしてくれる場合が多いです。条件としては相手のチラシを自分の店にも置くこと。相互に宣伝し合って協力し合うということです。お互いにとってメリットとなることなので、ぜひ積極的に行なっていただきたいと思います。

ただ、この場合も注意点があります。闇雲に行なってもそれほど損をするようなことはありませんが、より効果的に行なうために以下の点に注意してみてください。

◆客層の同じ店に

たとえ近所の店だったとしても、客層があまりにも違うと効果はほとんどありません。例えば女性専用のエステサロンに対して男性客メインの牛丼屋。これはもう説明するまでもないと思いますが、同じ女性をターゲットにしていたとしても富裕層とそうでない層など、店によってお客様の層が違ってきます。例えば高級サロンに通うような方はあまり100円ショップには行きませんから、100円ショップにいくらあなたの店のチラシを置いても、来店してくださる方は少ないでしょう。

では、どうやって他店の客層を知ればいいのでしょうか。簡単です。今あなたの店に通っているお客様にさり気なく尋ねてみればいいのです。**「普段どんな店に行かれているんですか」**と。

◆割引券・招待券にする

ただ店にチラシを置くだけでは効果も薄いですから、お互いの店で「○○円以上お買い上げのお客様にサービスで割引券や招待券を渡す」など、限定のサービスにしておけば、「寿司屋で1万円分食事したらエステ割引券がもらえた」等、お客様はよりお得感を感じ、集客効果はアップすることでしょう。

## 客層が同じ店と協力して販促する

◆無料でもらったものではなく、お金を出して購入したものという認識が、お客様の「使わなければ」という感情を刺激します。タダのものはいつでももらえるという認識から、すぐに捨ててしまうことが多いのです。

No.
10

# 初めてかかってきた電話を切らせないテクニック

ついに、念願のお客様からの予約の電話。感動の瞬間です。でもなぜか問い合わせだけで予約を入れずに終わってしまう。「ちょっと考えてみます」と言われたきり、かかってこなかった、などという経験があると思います。他の日は空いているのになぜか同じ日時に予約が重なって「じゃあいいです」と断られてしまった、ということもよくあります。電話はよくかかってくるようになったのになかなか予約に結びつかない。これは、電話応対のほんのちょっとした違いでそうなっている場合が多いのです。ここでは、そんな電話応対のテクニックをお伝えしていきます。

## ◆お客様はドキドキしている

これはよく覚えておいたほうがいいことです。店にとっては電話がかかってくるのは普通の出来事でも、**電話をかけるお客様にとってみればとても勇気のいる行動**。声ではそれほどわからなくても、実は受話器の向こうではドキドキしている場合がほとんどなのです。ですから何よりもまず、お客様を安心させてあげなければなりません。**ワントーン高い柔らかい声で、口角を上げて笑顔で話します**（顔は見えなくても笑顔かどうかは声の感じで伝わります）。そして、これが一番重要なのですが、**「ゆっくり話す」**のです。接客や施術の合間の場合、焦っていることもあるでしょう。お客様をお待たせしてはいけないとつい早口になってしまう場合もあるでしょう。でも、店員の口調が早いと、お客様は無意識にそれを察知し、早く切らなければと思ってしまいます。本当はもっと聞きたいのに、予約を入れたいのに、「じゃあいいです、また電話します」となってしまうのです。

自分ではゆっくりすぎると思うぐらいのスピードで話してみましょう。すると不思議とお客様は心を開いてくださるのです。心理学的にも、会話のテンポを合わせると心を開きやすいという法則があるのですが、お客様にこちら側のゆっくりしたテンポに合わせていただくことにより、お客様の心を落ち着け、通じやすい状態をつくり出すのです。あとはじっくりとお客様の悩みをお伺いし、信頼感を持っていただくようにします。

## 電話応対・予約受付フローチャート

お電話ありがとうございます。サロン○○でございます。

↓

お客様「予約をしたいのですが」

| | |
|---|---|
| 日にち | ありがとうございます。<br>お日にちはいつがよろしいですか? |
| 時　間 | お時間は何時がよろしいですか? |
| コース | ご希望のコースはございますか? |
| お名前 | お名前をお伺いしてよろしいですか? |
| 電話番号 | 念のためお電話番号もお願いいたします。<br>〈電話番号を伺うのは、ドタキャン防止にもつながります(5章7項参照)〉 |
| 注意事項 | 当日のキャンセルの場合、キャンセル料がかかってしまう場合がありますので、<br>キャンセルされる際はお早めにご連絡ください。 |

↓

ご予約ありがとうございます。ご来店、心よりお待ちしております。

◆電話は明るくハッキリ「ゆっくりと」話す。
◆ワントーン高い柔らかな声で。口角は上げる。
◆お客様は、電話応対で店の印象を判断します。
「この店、感じ悪い」と感じたら二度と電話をかけてきません。

### ◆否定的な言葉を使わない

電話に限らず、すべての営業、対応に言えることなのですが、とにかくマイナスの言葉や否定的な言葉は使わないことが大切です。

例えばお客様の希望した日のその時間だけが埋まってしまっていたとしたら、「すみません、この時間は埋まってしまっています」と言うと、たいていの場合、「ああそうなんですか、じゃあいいです」と断わられてしまうことが多いのです。

しかし、これを、「大丈夫です。この時間は埋まっていますが、こちらの別のお時間はいかがですか?」という具合に伝えると、お客様としては「ああ、その時間でもいいわ」、「その時間は無理だけど別の時間はどうなの?」と、代替案を出しやすくなります。

この**「大丈夫です」**というのが大事で、お客様は実は別の時間のことはあまり考えておらず、とっさに考えるのは面倒なのです。そこに、肯定的な言葉が入ることで、せっかくだから、もったいないから、他の時間を考えてみようかなと思うわけです。

### ◆しゃべりすぎない

もちろんお客様からの質問に対して言葉が足りないのはいけませんが、逆に店員側がしゃべりすぎてしまうのもどうかと思います。

業種によってはよいのかもしれませんが、基本的にセラピストはお客様のお悩みをとことん聞いて差し上げるのが仕事。自分からどんどん話すのではなく、お客様が話しやすい環境をつくってあげることに徹するのがよいでしょう。

### ◆無理にクロージングしようとしない

中にはお客様を逃したくないあまり、無理に会話をつないだり強引にでも予約を入れようとしてしまうサロンもあります。ただこれもしゃべりすぎ同様、お客様に不安感を与えることになってしまい、よくありません。あくまでお客様に来たいと思っていただくことが大事です。

そう、**来ていただくのが目的ではなく、来たいと思っていただくのが目的なのです。**もしその場で予約まで結びつかなかったとしても、その時の印象がよければきっとまた電話してきてくださることでしょう。

考えてもみてください。今お電話してくださったお客様は、何万もある店の中から、近隣だけでも何十何百とある店の中からあなたの店を選んでくださったのです。そんな方に感謝しないはずはありません。心からの感謝の気持ちを持って、この方に喜んでいただきたいと思いながら接することが大切なのです。

## 電話の印象は店の印象

**電話は相手から顔が見えないからと、いい加減な態度で受け応えしていたのでは失格です。

正しい姿勢、笑顔、おじぎなど普段お客様に接するのと同じように振る舞いましょう。**

◆ほんのわずかな対応のニュアンスの違いによって結果は大きく変わってくることを忘れないでください。

No. 11

# だけど私のサロンは電話に出ない

前項でお客様からの電話を切らせない方法について書きましたが、実は私のサロンでは、お客様からの電話には出ないことがほとんどです。それはなぜか？

## ◆誰がサロンにとって最も大切か？

私は、自分自身もマッサージを受けるのが好きで、開業前も現在も、よく施術を受けに行きます。その際に、時々とても嫌な瞬間が訪れます。

「このまま少々お待ちください」

そう。施術を受けている最中に電話が鳴り、その電話に出るために施術者が手を止めてベッドを離れるのです。もちろん文句は言いません。じっと同じ姿勢で電話が終わるのを待ちます。でも内心は、それが最も嫌な瞬間なのです。

ですから自分がサロンを開業する際、絶対にそれはやらないようにしようと決めました。繁盛サロンになる前から、それは徹底しています。当然ながら、電話に出なければ予約のチャンスを逃してしまうかもしれません。売上が低い頃には喉から手が出るほどほしいチャンスです。でも、本当に大切なのは「今、目の前にいてくださるお客様」です。その**お客様にとことん満足していただけなければその先の繁盛はない**、そう考えたのです。また、プロの施術者にとって施術は芸術。そんな誇りもあります。「空気感」「間」「一連の流れ」――それらが一体となって、初めて完璧な施術はできあがる。そう考えた時、施術中に手を止めるという選択肢は出てこなかったのです。

## ◆電話に出られない対処法

とはいえ、専門の電話受付係を雇うにはコストがかかります。頻繁に予約が入るわけではない小さなサロンならなおさらでしょう。ですから、それに対応するため、**ウェブからの予約**をメインにするようにしました。ほぼ9割は予約フォームやメールでの予約。残り1割の電話でのご予約には、ナンバーディスプレイで折り返すようにして対応しています。その場で入りたいというお客様には対応できませんが、その分、先の予約を入れてくださる方が増え、リピート率アップにつながっています。

## 施術中にかかってきた電話

電話をかけてきた新規のご予約のお客様も大切だけど、
今、目の前にいてくださるお客様のほうがもっと大切

### 目の前のお客様を大切にするために

・電話予約よりもなるべくウェブ予約を促す
・かかってきた電話はナンバーディスプレイを使って、施術後に折り返す

◆新規のご予約よりもさらに目の前の常連様を大切にすることで、リピーターが増え、サロンは繁盛していきます。

No.
12

# お出迎えとお見送りは店の外まで

### ◆笑顔の出会い

ついに予約が確定し、お客様がご来店される日が来ました。もうすぐ予約した時間。ドキドキしてきました。ひと通りの準備が済んだら忘れずにやってほしいことがあります。それは**「お客様のお出迎え」**です。

店頭の掃除と同じで、10分前になったら必ず店の外に出てお客様をお迎えしてください。お客様はもしかしたら初めてで店の場所がわからないかもしれません。早めに来てしまって気を遣って外で待っているかもしれません。店の外であなたが優しく笑顔で迎えてくれたらどんなにうれしいことでしょう。そんなあなたとの初めての出会いはお客様の心に深く刻まれるに違いありません。

### ◆別れ際の印象

そしてお出迎えと同じように、お客様がお帰りの際には店の外までお見送りをしてください。お客様は玄関で、「ここまででいいですよ」とおっしゃるかもしれませんが、店の外までお見送りし、お客様の姿が見えなくなるまでおじぎをするのが基本です。

お客様にとって最後の印象というのはとても大事です。**最後の印象**がすべてと言っても過言ではありません。お客様の満足度が高まれば、次回また来店しようと思ってくださるに違いありません。

### ◆外まで出るもうひとつの意味

さて、本章のテーマはお客様を呼び込む方法です。ですから、このお出迎えとお見送りには実はもうひとつの意味があります。それは**「外にいる方へのアピール」**です。店の中に閉じこもっていたのでは、あなたの店や人柄のよさは外を歩いている人に伝わりません。外に出ることであなたがお客様に喜んでいただくために行なっている行為はきっと他の人にも伝わり、共感を呼び、クチコミから来店へとつながっていくでしょう。

ただ、ここまで書いても実際にやらない人も多いかもしれません。「他の店はやっていないじゃない」と。そんな時は、今一度考えてみてください。何事においても、まだ他店があまりやっていない今こそが最大のチャンスなのです。

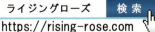

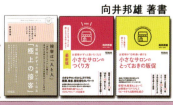

## 最初と最後の印象がすべてを決める

◆お出迎えとお見送りは、店の外まで出て行ないましょう。お客様にも喜んでいただけ、近隣の方にも店の様子をアピールできます。

No.
13

# お客様は名前でお呼びしましょう

### ◆一流ホテル並みのサービス

一流ホテルなどに泊まると「○○様」と名前で呼ばれます。特別扱いされているようで気持ちがよいです。せっかくサロンにはカルテという強い味方があるのですから、これを真似しない手はないでしょう。来店後に限らず、最初の電話での問い合わせの段階でも、**お名前を伺ったらその後はずっとお名前で呼ぶようにするべき**です。そうすることによってお客様との壁が取り除かれ、お互いに距離が近くなるのを感じることでしょう。

ご予約をいただいた時、再度確認などでご連絡いただいた時、ご来店時にお出迎えに行った時、施術中、お見送りの時などすべてをお名前で呼ぶことにより、お客様は心を開きやすくなります。まず自分の名前を覚えてくれていることに喜びを感じ、名前で呼ばれることにより昔からの知り合いのような気分になり、心を開いてくださり、**信頼関係も深まり**ます。ホテルや病院などに並んで、名前や連絡先などの情報を教えるのが当たり前の慣習となっているエステ・アロマ業界はそれだけ恵まれているのだということを改めて認識しておかなくてはなりません。中には予約の際、お名前や電話番号を伺うのは失礼だから何も聞かないというサロンもあるようですが、とんでもない。お客様の身体や心に触れて改善に導いていくのが私達の役目なのです。ご連絡先を教えてくださらない方には心からの施術ができないので、お断りするというぐらいの気持ちがあってもよいでしょう。

### ◆一流ホテルを超えた接客

将来的にお客様との信頼関係が築けて何度かリピートしていただくようになると、あることに気づくと思います。「家族や親友みたい」と。本当にありがたいお客様になると週に4回のペースで毎週、毎月、ずっと通い続けてくださる方もいらっしゃいます。そんな方は極端に言えば、友達や離れたところに住む家族よりも多く会っているわけですから、そのような感情も湧いてくるでしょう。私達はそのようなお客様には一流ホテルでもやっていない、さらに上を行く呼び方をするようにしています。それは、**苗字ではなく「下の名前」で呼ぶ**ことです。

## 名前で呼んで、信頼関係を築く

「お客様」と呼ぶよりもお名前で呼ぶことにより、親近感を覚え、心を開いてくださる。お名前で呼べるのはサロンの特権

さらに常連のお客様には下の名前で呼ぶようにすると、まるで子どもの頃から知り合いだったかのように、お客様は大きく心を開いてくださる

No. 14

# まずは自分から心を開く

## ◆お客様が心を開くために必要なこと

本章では、お客様に店に足を運んでいただくための方法をいくつか書いてきました。実際、私のサロンでは現在、お金をかけた集客はほとんどやっていません。それでも新しいお客様が一定の割合でご来店くださるということは、店に興味を持った方が来店に結びつく確率が非常に高いということになります。

そのために大事なのは「お客様の心をつかむ」、そして「お客様に心を開いていただく」ことです。そしてそれをやるためには「自己開示」が必要になるのです。

## ◆自分から心を開くとは

チラシやホームページ、ブログ等に顔写真を載せる。手書きで本音の手紙を添える。常に店の外に出て店員の顔を外部の人にわかるようにする。これらはすべて結果的には店のことをわかっていただく、店の情報をお客様に開示するということにつながります。サロンという場所は、お客様がちょっと食事をするために来る場所ではありません。人には言えない心の悩みや誰にも見せたくない身体の悩みをさらけ出して、一大決心をして来られる場所なのです。それなのに、サロン側のスタッフが一切、顔すら表に出さないというのはどうなのでしょう。お客様はそのようなサロンに心を開きたいと思えるでしょうか。お客様に心を開いてほしいと思ったら**まずは自分から心を開く**。それはカウンセリングや施術中はもちろん、お客様が来店される前の段階にもとても必要なことです。あなたが心を開けばきっとお客様も心を開き、多くのお客様が集まってくださることでしょう。

ただ、これだけのことを行なって新規のお客様が増えたとしても、もしすべてのお客様が一度きりしか来られなかったら、きっといつまで経ってもあなたのサロンは楽にならないことでしょう。そしていずれ売上が成り立たなくなり、店を閉めなければならない日がやってくることになります。

それはなぜなのでしょう。またどうすればそれを回避できるのでしょう。その答えはこの後、4章以降で詳しく書いていきたいと思います。

## お客様はあなたが誰か知らない

◆誰か知らない人に心は開きにくいものです。まずはあなたが心を開いてお客様を迎え入れてください。驚くほどお客様が心を開いてくださるのがわかるはずです。

Column

## 10年後の「ちいサロ」——❸

私がサロンを開業した当初、まだポータルサイトやクーポンサイトといったものはほとんどなく、「クーポン誌」と呼ばれる無料雑誌が業界での集客のメインでした。当然、限られた紙面の中、載せられる情報も少なく、価格競争は激化していました。

その後、インターネット集客の時代が訪れ、激安サイトの「おせち問題」などが起こった影響もあり、現在はポータルサイトの質も徐々によくなってきているように感じます。しかし、サイト側のモラル的な問題などもあり、そこに依存しすぎてしまうのは危険に感じます。

また、この数年で大きく変化したのは「スマホ」の登場。ガラケー全盛だった頃に比べ、お客様がサロンを探す手段も大きく変わってきています。当時はＬＩＮＥなどありませんでしたし、今後それはアプリへと移っていくことでしょう。

時代の流れを予測する。それが難しければ敏感に察知し行動する。そういう考えも大切になってきます。

Small Salon

# 4章

# お客様の心をつかんで離さないサロン

No.

01

# 顧客管理がなぜ必要か？

あなたの努力により、徐々に来店するお客様も増えてきました。でも決してここで安心はできません。むしろここからがさらに大事になってきます。新規の集客よりも大事なことがあるからです。それはズバリ**「お客様にリピートしていただく」**ことです。この考え方はこれからあなたが店をやっていく上で、最も重要になるものですので絶対に忘れないでください。

## ◆リピート率を上げるということ

なぜ新規集客よりもリピートしていただくことが大事なのか、答えは簡単です。「集客にかかるコストが安くなるから」です。一般的に**再来店を促すコストは新規集客の5分の1で済む**と言われています。それどころか、多くのお客様が常連になってくだされば、宣伝広告にお金をかけなくても常に店は予約が埋まる状態になっていきます。集客したお客様にリピートしていただき固定客になっていただく、つまり常連様になっていただくことが店で最も大事なことなのです。本章ではその方法について書いていきたいと思います。

## ◆お客様をよく知る

そのためにまず、最低限あなたが把握しておかなければならないことがあります。それが**「顧客情報」**です。2章の最初でも触れましたが、「いつ」「誰が」「いくら」ご利用になったのか、そのお客様が1ヶ月間でいくらご利用になったのか、1回あたりの料金はいくらかなど、しっかりとそのお客様のことを知り、管理していく必要があります。管理するというとあまり聞こえがよくありませんが、お客様は一人ひとり血の通った人間です。店側に都合のよいように管理するのではなく、そのお客様に最高のサービスが提供できるよう、また心のこもったおもてなしができるようにするために、情報を整理し、まとめていく必要があるのです。

これを「顧客管理」と言います。美容業界では多くのサロンが顧客管理を行なうようになってきています。やっていないところはあっという間に取り残されてしまいますので、まだやっていない方はすぐに、今日からでもはじめてください。

## 来店していただくためのコスト

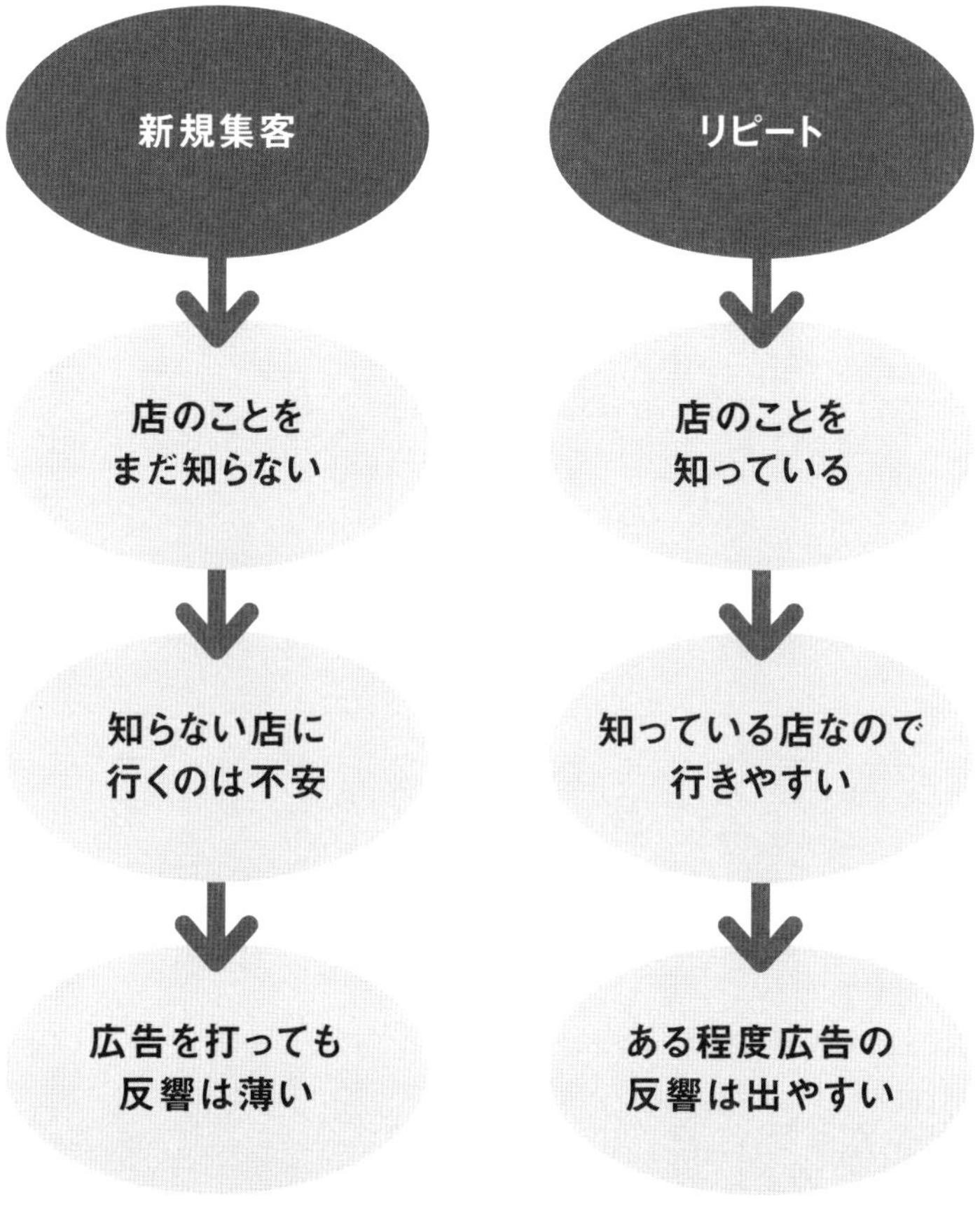


◆ ずっと新規の集客ばかりに力を注ぐよりも、ひとりでも多くの方にリピートしていただき、常連様になっていただくほうが店にとっていいことなのは明白です。
常連様を増やすにはしっかりとお客様の情報を管理し、リピートしていただくための努力をすることが重要で、「一度来ていただければお客様は満足してまた来てくださる」というのはまったくの思い違いです。

No.
02

# お客様が本当にほしいのは「感動」です

### ◆勘違いしやすいこと

お客様が店を気に入ってリピートしてくださるために、まずお客様が何を求めて来店されるのか、何を求めて商品購入されるのかを知っておく必要があります。これは間違えやすいので皆さん注意してください。

サロンで言えば、お客様のほしいものは「キレイ」なのか「癒し」なのか、ということです。

……実はこれらは**すべて間違い**です。この間違いに気づかなければあなたの店がよい方向に変わることはないでしょう。

### ◆最大の付加価値

例えばあなたがお腹を空かせた時、空腹を満たすためだけならコンビニのおにぎりで十分のはずです。ではなぜレストランに行くのでしょう。また、あなたがお肌の荒れが気になった時、市販のクリーム等で済ませることも多いでしょう。でもなぜ、サロンに行こうと思うのでしょう。それはきっと、コンビニのおにぎりや市販のクリームでは味わえない、何か別の価値をそこに求めているからではないでしょうか？

それは安心感であったり、優越感であったり、あるいは人とのつながりであったり、どちらかというと精神的なものだと思います。そう、その商品やサービスそのものではなく、それによって得られる**心の動き**、つまり**「感動」**を求めているのです。

### ◆何となく気に入られない店

もし、サロンの店員が施術だけしかしてくれなかったら、再び行きたいというお客様はいるでしょうか。もちろん、それで不満に感じるというわけではないでしょう。クレームが来るというわけでもないでしょう。でも、何となく物足りなさを感じるかもしれません。お客様がその店を気に入るかどうかは、実はこの「何となく」がほとんどだったりします。何となく満足できずに店をあとにされた方は、二度とその店を利用しないでしょう。

ではどうすればいいのか、それは簡単です。「どうすればお客様が感動し喜んでくださるのか」。いつもそれを考えながら、お客様に接して行けばいいのです。

## サロンに来店される本当の理由

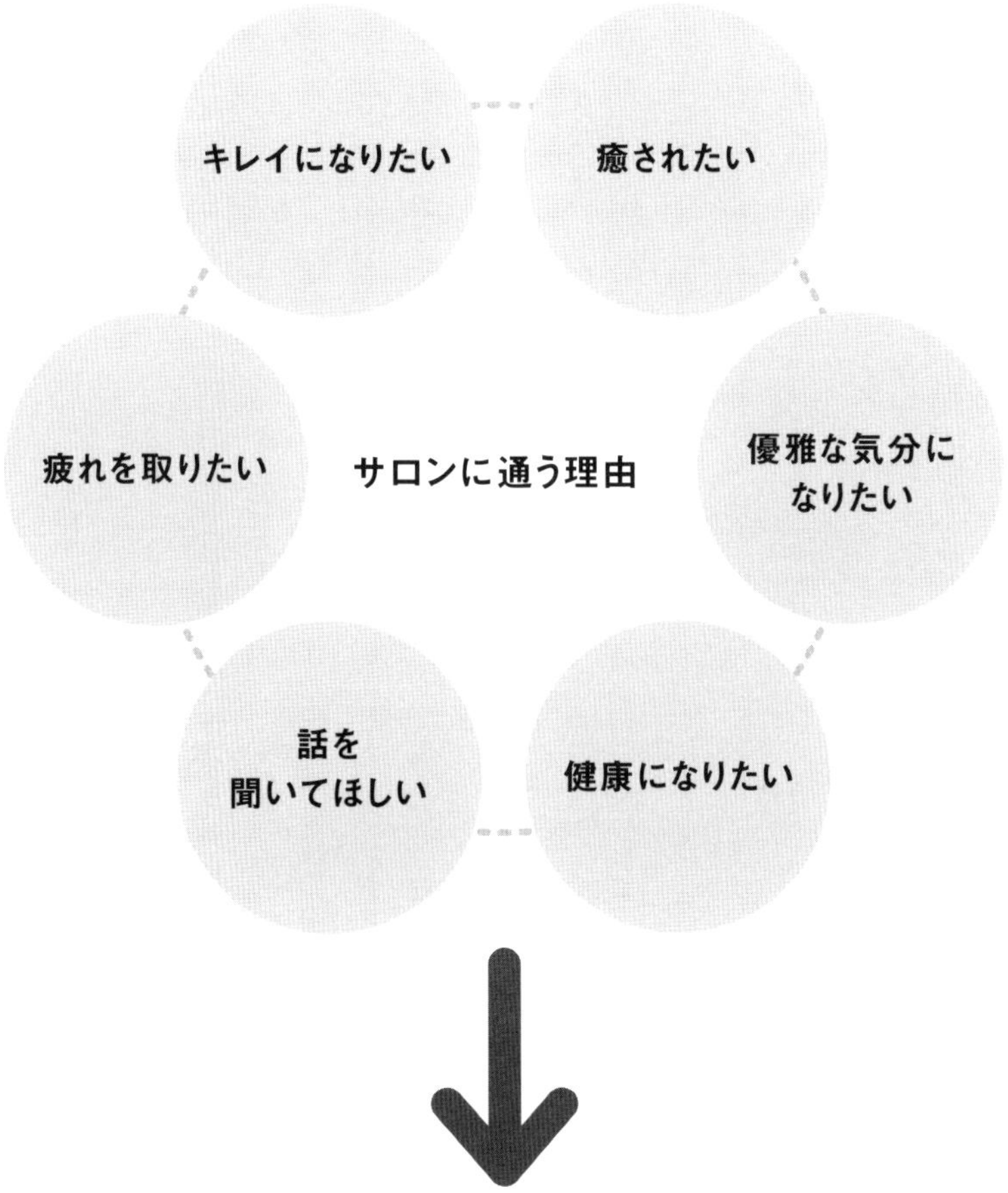


**これらはすべて表面的な理由であり、なぜきれいになりたいのか、
なぜ癒されたいのかなど、とことんまで追求していくと、
最終的にはひとつの理由にたどり着きます。
それは、「感動したい」ということ。**

No.
03

# 小さなことでも書いて残す

## ◆カルテだけでは足りない情報

サロンで使う施術カルテには多くのお客様情報が記載されています。これを基にカウンセリングや施術等を行なっていきますが、それだけでは足りない場合も出てきます。会話の中で出てきた話題やその方の趣味嗜好など、お客様に感動していただく上で知っておいたほうがよい情報は山ほどあります。例えば「この間はお嬢様の運動会、いかがでしたか?」など、些細な会話のやり取りだけでもお客様の感動は違ってきます。**話の続きをしたくて次回また来てくださる**方もとても多いものです。

お客様の情報は来店する度に蓄積され、常連の方になるとその量も多くなってきます。ましてそれが数十、数百名ともなると、整理するのにもひと苦労となるでしょう。もちろん世間には、お客様のパーソナルな情報までは覚えない店もたくさんあります。中には予約する度に名前から住所、電話番号まで全部言い直さなくてはならないサロンまで存在します。そういったサロンが悪いとは言いませんが、あなたの店はそのようにならないよう気をつけてください。

## ◆お客様は覚えている

お客様がほしいのは感動です。**店員にとってはたくさんのお客様の中のひとりでも、お客様にとってはたったひとりの店員さんなのです。**店員が覚えていないことでもお客様は鮮明に覚えている場合がほとんどです。「でもすべてのお客様の細かな情報なんてとても覚えられない」という方、大丈夫です。覚えられないことは紙に書いて記録しておけばいいのです。私のサロンではお客様一人ひとりに大学ノートを用意し、そこにどんどん書いていくようにしています。そうすることでより深い接客に結びつけられるのです。最近ではパソコンでこれらすべてを管理できるようなシステムもありますが、それなりにお金がかかりますのではじめはアナログのノートで十分だと思います。大切なのは、とにかく細かく書き込んで行き、何度もそれを読み直し、スタッフ間で共有すること。そうすることで確実にお客様の満足度は上がり、常連になってくださる方も増えていくでしょう。

## お客様の情報は小さなことでも書きためていく

- お名前
- 誕生日
- 家族の誕生日
- ペットの種類
- 趣味
- 特技
- 最近の悩み
- 近い将来の予定
- 好きな食べ物
- 好きな芸能人
- 洋服の趣味
- 子どもの頃のニックネーム
- ご結婚の馴れ初め
- お子様について
- 恐怖体験
- 行なっている美容法
- よく行くお店
- ご職業
- うれしかった話
- 等々、何でも

◆お客様情報は少しでも多く、その日話したことを何でもいいから書き込んでいきましょう。
上記はほんの一例です。思いついたままを書き出して行きましょう！　ただ、常連のお客様が増え、情報量が増えてくると、どうしてもアナログでは管理しきれない時が来るのも事実です。

店の規模が大きくなったら、デジタルで管理することも視野に入れるとよいでしょう。

No.
04

# もう一度ご来店していただくためには

## ◆あなたの店のリピート率を知る

お客様にリピートしていただき、常連様になっていただくことが店の繁盛のために重要だと書きましたが、実際にはどれくらいの方がリピートしてくださっているのでしょう。開店後3ヶ月ぐらい経ったら、カルテなどを基に再来店率を調べてみるとよいでしょう。これまでのすべてのお客様を「一度しか来られていない方」と「2回以上来られている方」に分けてみるのです。はたしてどのような割合になっているでしょうか？

その結果に、ほとんどの方が驚かれると思います。通常の店ではなんと**おおよそ7割、10人中7人もの人が一度きりしか来店されていないのです**。10名来られて3名しかリピートにつながっていないということになります。店によって違いはありますが、もしもこれと同じぐらいか、これよりも悪い数字だったらかなり危険な状態と言えるでしょう。大至急改善が必要です。もちろん店内が汚い、接客が悪いなど明らかにリピートしたくない店は論外ですが、現実にはそれほど悪くない店や、お客様が十分に満足されたにもかかわらず、リピートしていただけない場合のほうが多いのです。

## ◆リピートしていただけない本当の理由

これはなぜなのでしょう。改善するためにはまずその原因を知っておく必要があります。お客様が店を気に入ったのにリピートしていただけない理由。

それはズバリ**「なんとなく」**なのです。

お客様はあなたの店に満足し、また来たいと思いながら帰られました。でもしばらく経つうちについつい行きそびれ、よい思い出も次第に薄れ、ついには店を思い出すことさえなくなってしまう。これが現実なのです。

ショックではないでしょうか。逆に言ってしまえば、サービス内容や接客をいくらよくしても無意味だということになります。ではどうすればいいのでしょう。それをこれからお伝えしますが、基本的に、店をよくする努力とリピートしていただく努力は別のものだと考えたほうがよいでしょう。店のクオリティはしっかり保ちつつ、リピートしていただくための努力をしていくのです。

### リピート率の現状

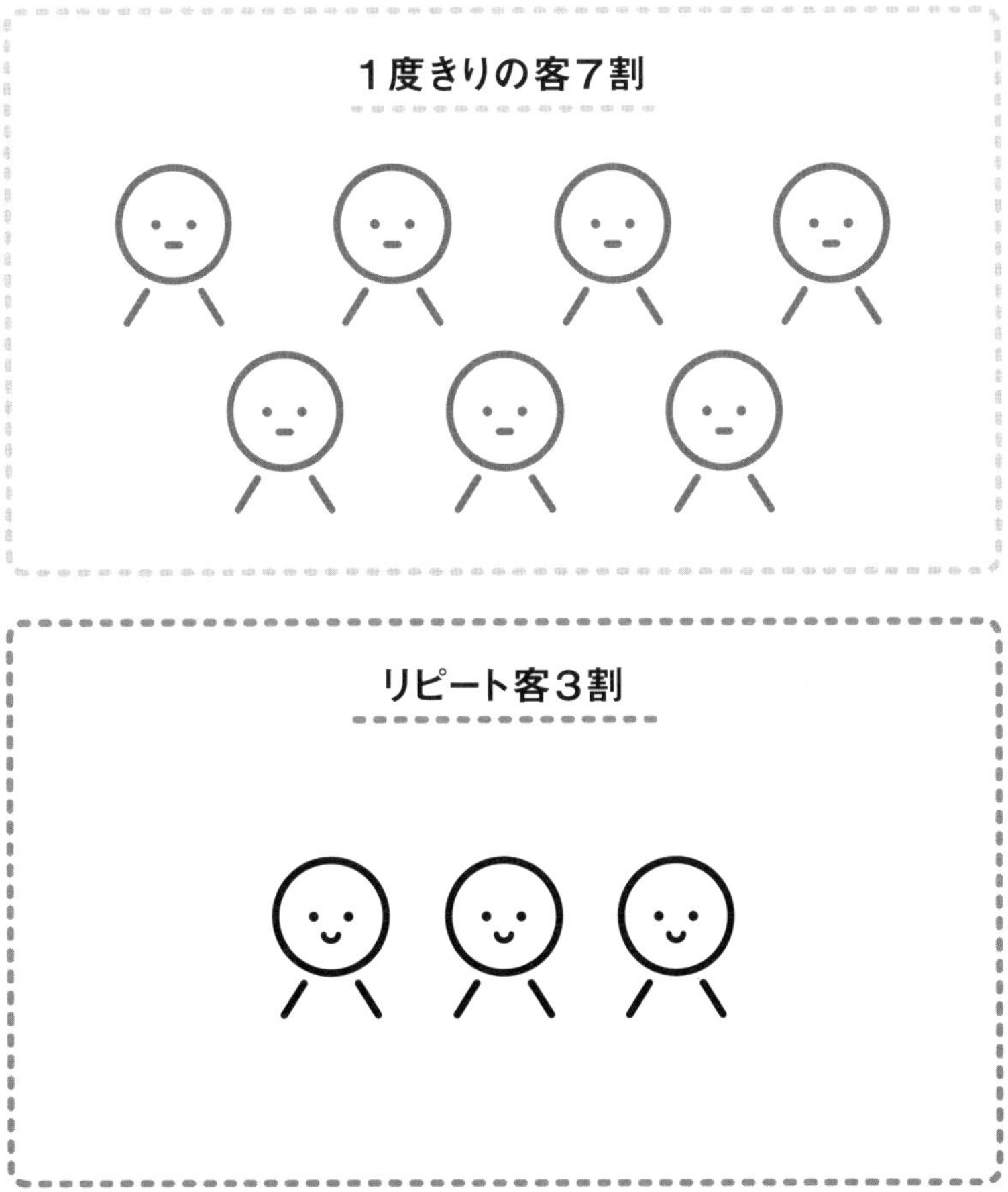


◆通常、どんなに満足度の高い店でも何もしないでいると、10名中たった3名しかリピートされないと言われています。技術や商品、設備に甘んじるのではなく、リピートしていただくための仕組みづくりをしていくことが必要です。

No.
05

# 次回の予約は感動の消える前に

7割のお客様が感動して店を気に入ったとしても**家に帰る頃には感動も薄れ、数日後には忘れてしまいます。**そんな悲しい現実をどのようにして食い止めればよいのでしょう。それには大きく2つの方法があります。

## ◆感動の消える前に対策を打つ

お客様の感動は、店を出て家に着く頃には夢から覚めるように消えていきます。ならば、家に着く前に次の来店へのアプローチをかければよいわけです。施術が終わって満足して、余韻に浸り、「また来たい」という感動に酔いしれている。この時こそ最大のコミュニケーションを図るチャンスです。ただし今の時代、お客様のエステやサロンに対する目はとても肥えています。少しでも強引に何かを売ろうとすれば、すぐに押し売りや勧誘などと取られてしまいます。ですから、無理に引き止めるのではありません。待合室を落ち着ける空間にし、お客様に「まだ居たい」と思っていただくようにするのです。ゆっくりお茶を飲んでいる間に、大抵のお客様はメニューを見たり店内を見渡したりします。すると、疑問点や質問したいことなどが出てきます。そこでそっとお声をかけます。「今日はいかがでしたか?」来店前とは違って、初めての方もこの時点でだいたいは心を開いていますから会話も弾みます。接客や技術、設備に問題がなければほとんどの方はこうおっしゃるでしょう。「はい、とても気持ちよかったです」。そうおっしゃっていただけたら、とにかく素直に喜びましょう。「ありがとうございます。お客様に喜んでいただけてとてもうれしいです」、心からそう思うことが重要です。

お客様が警戒したり不安に思うことというのは、実は「売りっぱなし」「金儲け主義」「ノルマ達成」など店本位なことで、逆に望んでいることは「私のことを思ってくれる」「心配してくれる」「喜んでくれる」など、**お客様本位**なことです。実際はとてもシンプルで当たり前のことなのです。ご来店から施術、お会計に至るまで、終始この気持ちを忘れずに接客を行なえば、必ずお客様は心を開いてくださるでしょう。信頼関係が生まれます。そこであなたが何かをおすすめしたとしても、勧誘とは

## 感動の消える前に

**お客様の感動は「店を出た瞬間」から徐々に薄まっていく**

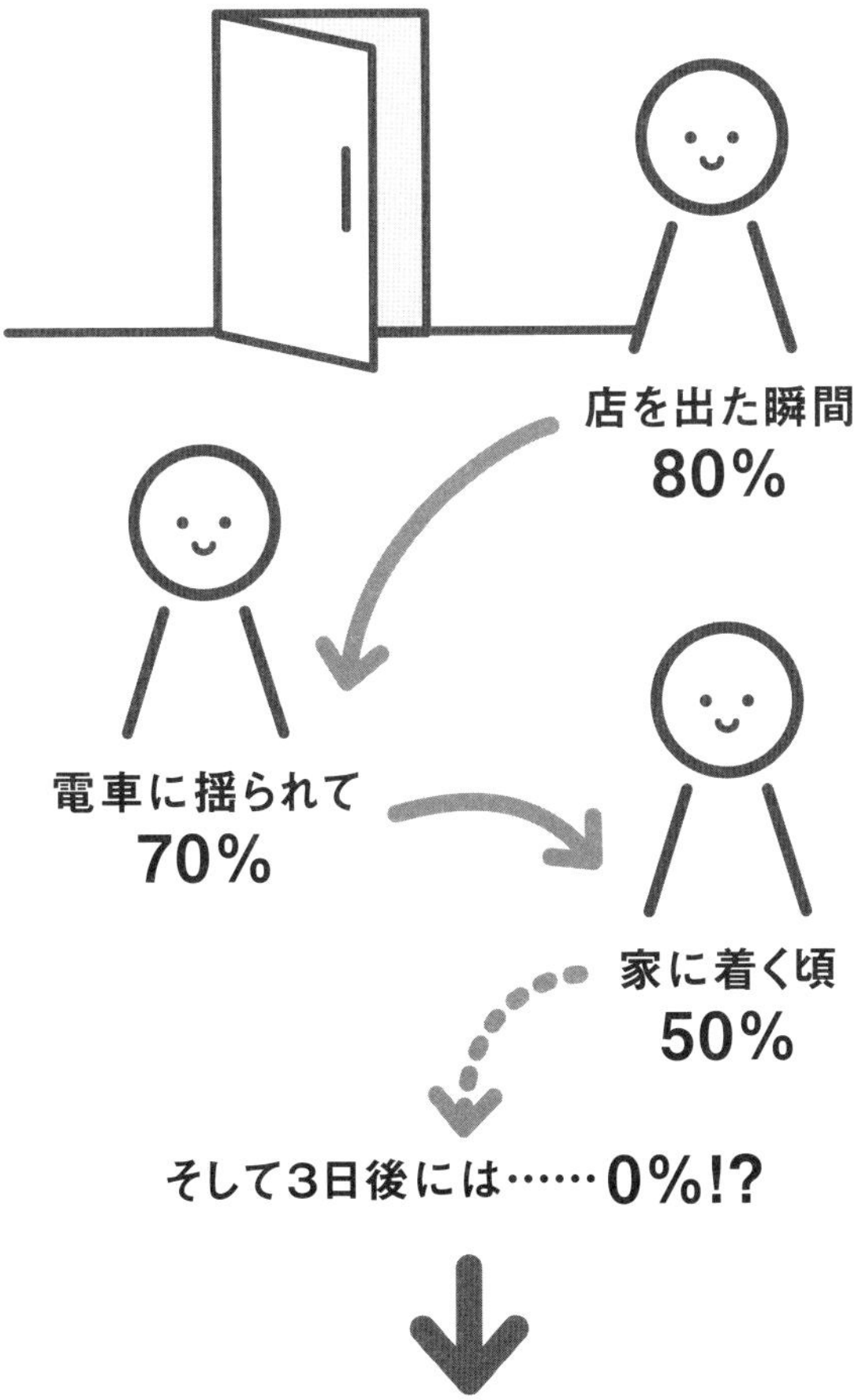


**もしお客様が喜んでくださっているのなら、**
**店を出る前に次の予約をしていただくべき！**

取られないはずです。「私のためを思って言ってくれている」、そう思っていただけるはずです。

そんな会話のやり取りの中で、お客様から「また来たいです」という言葉が飛び出します。そう、お客様のほうからまた来たいとおっしゃってくださるのです。ここで、あるシステムを用います。せっかく「また来たい」と思ってくださっても、家に帰れば忘れてしまうからです。「本当ですか？ うれしいです。実は、この場で次の予約を入れていただくと次回はお得になるんですよ」

これを当店では、**「即日予約割引」「即約システム」**と名づけています。やっていること自体はよくあることなのですが、ネーミングをつけて特別感を出すことによってより際立たせています。お得な内容はどんなことでもよいです。別のオプションをサービスする、限定の裏メニューが受けられる、少しくらいでしたら割引するのもよいでしょう。あまり割引に頼りすぎると後々苦労しますから、なるべくちょっとしたサービスからはじめるとよいと思います。

しっかりした方法で集客したお客様は、お金による割引がほしいと思っているのではなく、**特別感がほしい**と思っているものです。なお、この場合も必ず1ヶ月先までなど期限を設けておきましょう。

## ◆システムとして繰り返し行なうことが大事

さて、実際にはじめてみるとどうでしょう。最初は、「いや、今予定がわからなくて」とか「んー、ちょっと家で考えてみます」「また電話します」などと断わられることも多いですが、何名かが予約を入れはじめると、どんどん予約をしていく方が増えていきます。

そして、**一度このやり方で予約を入れられた方は、だいたいが次もその次も予約を入れてくださる**のです。中には一気に10回先ぐらいまで予約を入れてくださる方もいらっしゃいます。当店はこの方法で7割以上の方が常連となっています。

感動しているうちに信頼関係を築いてその場で次の予約をしていただく。ご予約いただいたら必ず忘れないように次回の日時を書いた紙（メモ）をお渡ししてください。そうすることによって、お客様は家に帰って感動が薄まっても予約を入れたという事実が残ります。

予約まで入れておいてキャンセルされる方は本当にわずかです。100人に1人ぐらいでしょう。このシステムを確立させて、当たり前のものにすることにより、確実に固定客は増え、売上も予約状況も安定しはじめます。1ヶ月先まで予約がびっしりと埋まる日も近くなることでしょう。

## 上手な次回予約の方法

**強引なおすすめはお客様のご迷惑になります。**
**ここで大事なのは、信頼関係と思いやり。**
**そして……**

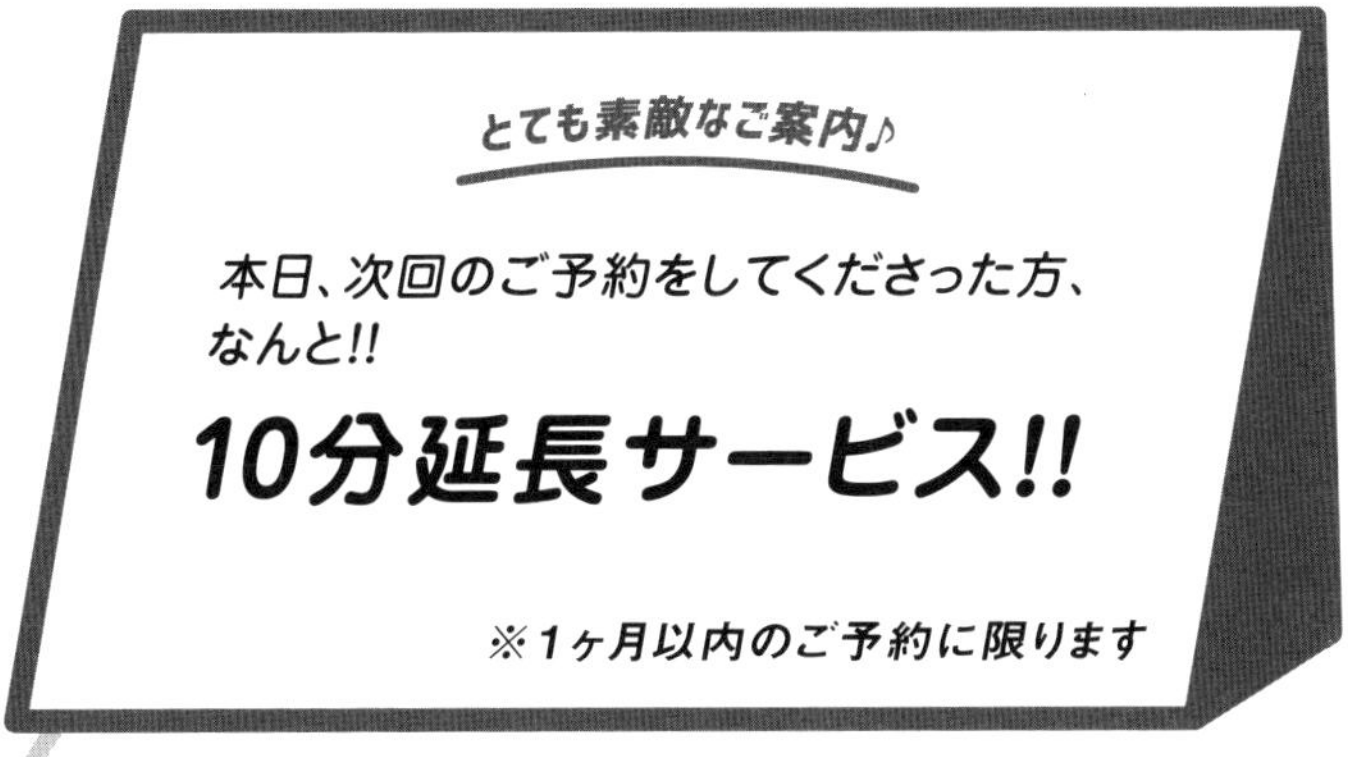
とても素敵なご案内♪
本日、次回のご予約をしてくださった方、
なんと!!
10分延長サービス!!
※1ヶ月以内のご予約に限ります

**勧誘や押し売りと捉えられないために、**
**しっかり目立つように、POPなどで**
**告知するのもかなり有効**

◆あくまでおすすめはお得な特典の「ご紹介」であり、次のご予約を絶対に取ることが目的ではありません。ここでお客様が興味を示さなかったり、迷われている場合には、すぐに引くことも重要なポイントです。

No.
06

# 今までの常識とは違う距離感

## ◆大手になるほど売れていない

小さなサロンを営む方は、「設備もよくないし、資金力もない、技術やカウンセリングにも自信がない」と思っている方も多いことでしょう。でも安心してください。ここで意外な事実をお伝えします。全国的に見ても、**大手サロンよりも個人サロンのほうがリピート率も高く、物販商品も売れている**のです。

もちろん、売上の数字で見れば到底及ぶものではありません。しかし、お客様が繰り返し通ってくださる割合や、商品をおすすめして購入してくださる割合は、小さなサロンのほうが圧倒的に高いのです。なぜこのようなことが起こるのか。それは、お客様との「距離感の違い」にあります。

スタッフの人数も多く一日の来店数も多い大手サロンでは、どうしてもお客様との関係性が薄くなりがちです。中には、日によって毎回スタッフの変わる店や、施術とカウンセリングやお会計が別のスタッフという店もありますから、**すべてを一貫して行なう個人サロンのほうが関係性が密になる**のはわかるでしょう。

## ◆お客様が小さなサロンに求めるもの

そしてまたお客様のほうも、多くがそういった関係を求めています。ただきれいになるだけ、ただ癒されるだけではなく、**「安心して自分の身体を任せられる店」**。カウンセリングと施術に関する話しかしない店よりも、家族の話やペットの話、日常の悩みなども打ち明けられるサロンのほうが通いたいと思うでしょう。それは、小さなサロンだからこそできる強みなのです。

実際、私のサロンの接客は、丁寧ではありながらも堅苦しくなく、フレンドリーです。堅苦しいとお客様も距離を感じてしまうからです。大手サロンを模範にして接客マナーやカウンセリングなどを教わると、この距離感が狂ってしまいやすくなります。**「正しい接客」よりも「愛される接客」**を求めていくとよいでしょう。設備がよくないから、資金力がないからなどと卑下してしまう必要はありません。あなたは、大手サロン以上の魅力を持っているのです。

## 小さなサロンならではの距離感がある

**丁寧すぎる接客は、逆に距離を感じさせてしまう**

**小さなサロンでは、もう少し踏み込んだ密接な接客を心がける**

◆しかし、フレンドリーになりすぎないように。お客様の気持ちに添ったおもてなしを常に意識することが大切です。

No. 07

# 今や常識！サンキューレターとニュースレター

お客様はどんなに感動して店を気に入ったとしても、数日後には忘れてしまう。だから店を出られる前に次の予約をしていただくような仕組みをつくる。それでもダメな場合はどうすればよいのでしょうか。

### ◆忘れたあとに思い出していただく

これは考え方としてはそれほど難しいものではありません。忘れかけた頃に、思い出してもらうようにすればよいのです。私はよくスタッフに「お客様を恋人のように思って接するように」と伝えています。デートのあともメールするとか、記念日に贈り物をするとか、サプライズで喜ばせる等々。普段恋人にしているようなことをすればよいということです。

ところで、人の脳は**「3のタイミングで忘れていく」**と言われています。3日後、3週間後、3ヶ月後と徐々に店の感動も存在も忘れていき、3年後にはほぼ思い出せないくらいに記憶の片隅に追いやられてしまいます。中には半年後や1年後にふらっと再来店する方もいらっしゃいますが、ほとんどの場合3ヶ月の間に再来店しなければ、そのまま来ない確率は激増、半年も来なければまず2度と来ないと思ってよいでしょう。ですからこのタイミングを逆に利用すればよいのです。

### ◆数日後に届くお礼の手紙

まず、初回来店の3日後。ここでお礼の手紙（ハガキ）を出します。このタイミングに手紙が届くことでお客様は再び店を思い出し、より忘れにくくなります。もちろんメールや電話でもよいのですが、メールは少し味気ない感じがしますし、電話だとご迷惑な場合もあります。それに電話より手紙のほうが出す側としてもやりやすいでしょう。ただ、ここでよくやってしまうミスが「次回のご来店をお待ちしております」と書いてしまうこと。この手紙は「お礼の手紙」であり、目的はあくまで店を思い出してもらうことですから、**絶対に売り込みはやめましょう**。ここで売り込むと、ただのセールスハガキだと思われ、かえって拒絶されてしまう可能性もあります。お客様への感謝の気持ちや、お客様のその後の状況への気遣いなどに留めておいたほうがよいでしょう。このハ

### 忘れそうなタイミングで思い出していただく

**人はどんなによいと思っても、「3」のタイミングで忘れていくため、それに合わせてDM を送る**

3日 …… サンキューレター

↓

3週間 …… ライクレター

↓

3ヶ月 …… ラブレター

（ライクレター・ラブレターは）ニュースレターで代用してもよい

↓

半年 …… ラストレター

↓

それでもダメなら …… キッパリとあきらめる（それ以上出しても経費の無駄）

ガキのことを「サンキューレター」と呼びます。

## ◆毎月届く会報新聞

このサンキューレターによって当店ではおおよそ5名に1名ぐらいが再来店してくださるのですが、それでも来られない方もいらっしゃいます。その場合、次は3週間後です。本来ここでもう一通ハガキを出すのですが、私は少し違ったものを出します。それは「ニュースレター」と呼ばれる会報（店の手づくり新聞）みたいなものです。これは、その方だけではなく他の常連のお客様にも厳選して郵送しているものです。スタッフの近況や店のこだわり、飼い犬の日記など、内容は本当に学級新聞みたいな感じです。このニュースレターは継続的に出してこそ意味のあるものですので、一回でご来店されなくても半年間様子を見ます。もともと他の方にも出しているものなので一人当たり200円ぐらいのコストしかかかっていません。**出し続ける**ことによりお客様は店に親近感を抱き、再来店につながりやすくなります。これにより、これまで来なかった方の半数以上の方が再来店につながります。もちろん新規の方だけではなく常連の方への反響も大きく、連載を待ちわびている方もたくさんいらっしゃいます。新規→再来店だけでなく、その先の**固定化→ファン化**にも役立っているわけです。

これらにより、当店ではおおよそ8割の方が再来店につながるという結果になっています。もちろん手紙の内容やニュースレターの中身などによって効果はかなり違ってきますが、現在何もやっていらっしゃらないという方は、よっぽどのことがない限りこれをやるだけでかなりの手応えを感じられるはずです。手紙もニュースレターも、自分でつくればかかるコストは郵送代と紙代、コピー代ぐらいのものです。新規集客にかかる宣伝費に比べたら遥かに少ない額でしょう。

そして効果は遥かに高い。やらなければ損ですよね。

もちろん、ここまでやっても来店されない方がいらっしゃるのも事実です。その方はどうするか。

……あきらめます。前述したように、半年経っても来ない場合、再度来られる可能性はほぼ0です。そこに無駄なコストをかけるより、キッパリとあきらめましょう。それも、最後の手紙を出して。

恋人の場合、これ以上やったらストーカーになります。最後の手紙、これで最後になるかもという気持ちを込めて、すべて手書きで熱い思いを伝えましょう。これを当店では**「ラストレター」**と呼んでいて、常連も含め前回の来店から半年空いてしまった方全員にお送りしています。これがなかなか、効果があったりします。

## 手づくりのニュースレターを送ろう

▶ニュースレターの例

表

ロズまり通信 vol.81

祝 8周年特大号

いつもありがとうございます。お陰さまでロズまりは、8周年を迎えることができました。この日を迎えられたことにスタッフ一同、心から感謝いたします。

ほんチョコ日記

おくびょうチワワのボン（4歳）と捨て犬トイプードルのチョコ（年齢不詳）そんな二匹がおりなすドタバタ生活記

8周年スペシャル小顔筋限定メニュー

小顔筋艶肌弾筋フェイシャル！

決して、宇宙飛行士ではありません（笑）
前回のロズまり通信で、少しだけお知らせした8周年スペシャル限定メニューが、いよいよ解禁となりました！！！
小顔筋艶肌フェイシャルに、たっぷり炭酸パック、
そしてグルグル巻きバンデージ！！
どこまで効果が上がることやら・・・。
盛りだくさん過ぎてすみません。。(^^;
こちらも8月31日までです～♪

残りわずか！

MARY MADONNA化粧品＆LIPLUキャンペーン

マリマドーナ化粧品一式をお求め頂きますと！
唇イオン導入リップル
プレゼント！！ 15個限定

大きさや紙質、枚数などは特に気にせず、全部フリーハンドでも大丈夫です。スタッフのパーソナルなことなどを書くとかなり反響は大きくなります

裏

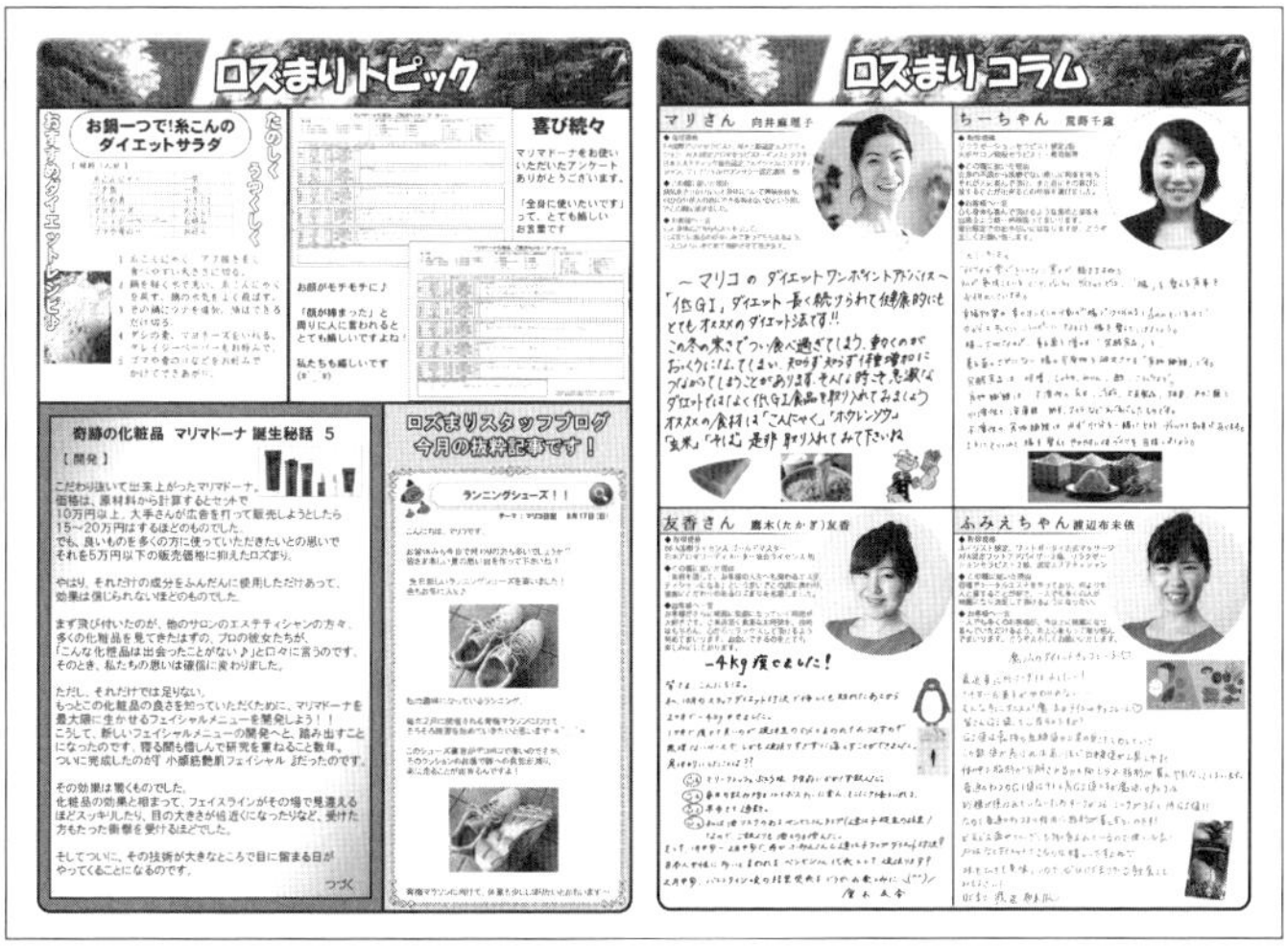
ロズまりトピック

お鍋一つで！糸こんのダイエットサラダ

たのしくうつくしく

喜び続々

マリマドーナをお使いいただいたアンケートありがとうございます。

「全身に使いたいです」って、とても嬉しいお言葉です

お顔がモチモチに♪

「顔が締まった」と周りに人に言われるととても嬉しいですよね！

私たちも嬉しいです

奇跡の化粧品 マリマドーナ 誕生秘話 5

ロズまりスタッフブログ 今月の抜粋記事です！

ランニングシューズ！！

ロズまりコラム

マリさん

ちーちゃん

～マリコのダイエットワンポイントアドバイス～

友香さん

ふみえちゃん

-4kg痩せました！

No. 08

# 手紙は手書きが一番？ いいえ……

サンキューレターからニュースレター、ラストレターに至るまで、ハガキや便箋など手紙を通してお客様に店を思い出していただくためのアプローチをしていくのですが、悩むのが手紙の内容（文面やレイアウト）です。

これらは店の形態やお客様の層、接客方法などによっても若干違ってくるので回数を重ねる中でより効果的なものを見つけていくのが一番ですが、一般的に効果が高いと言われるものや、私のサロンで検証を重ねてきた中で効果的だったものをお教えしたいと思います。

## ◆印刷より手書き

もう常識のように様々なところで言われているのが、印刷より手書きのほうがよいということ。中には文章から宛名に至るまですべてを手書きで書きなさいというようなことが言われていたりしますが、これに対する私の答えはＮＯです。最後のラストレターに関してはオール手書きで書きますが、サンキューレターに関しては違います。かといって全部印刷というわけではなく、印刷と手書きをミックスさせるのです。

なぜならサンキューレターには店の情報やこだわりなど、チラシと同じように多くの情報も掲載してほしいからです。これを手書きでやってしまうと、お客様にとっては重くなってしまいますし、書く側も相当な手間になってしまうでしょう。中には「この店ヒマなんだ」と思う方もいて、店自体のブランド力まで下げてしまうことにもなりかねません。店のこだわりなど細かなことは印刷にして、その中の一部に手書きで書くスペースを設けておくのが一番よいでしょう。

## ◆手書き以上のインパクト

ただし、絶対に忘れてはいけないものがあります。それは**「スタッフの顔写真」**です。しっかり顔を載せておくことによって、お客様の記憶に深く刻んでいただくのです。サンキューレターはお客様に店を思い出していただくのが目的ですから、手書きで百の文章を書くよりも顔写真をひとつ載せたほうがよっぽどインパクトがあり、効果的だと言えます。手紙を出してもいまいち効果がないという方はぜひ試してみてください。

## 手書きと印刷をミックスする

### ▶サンキューレターの例

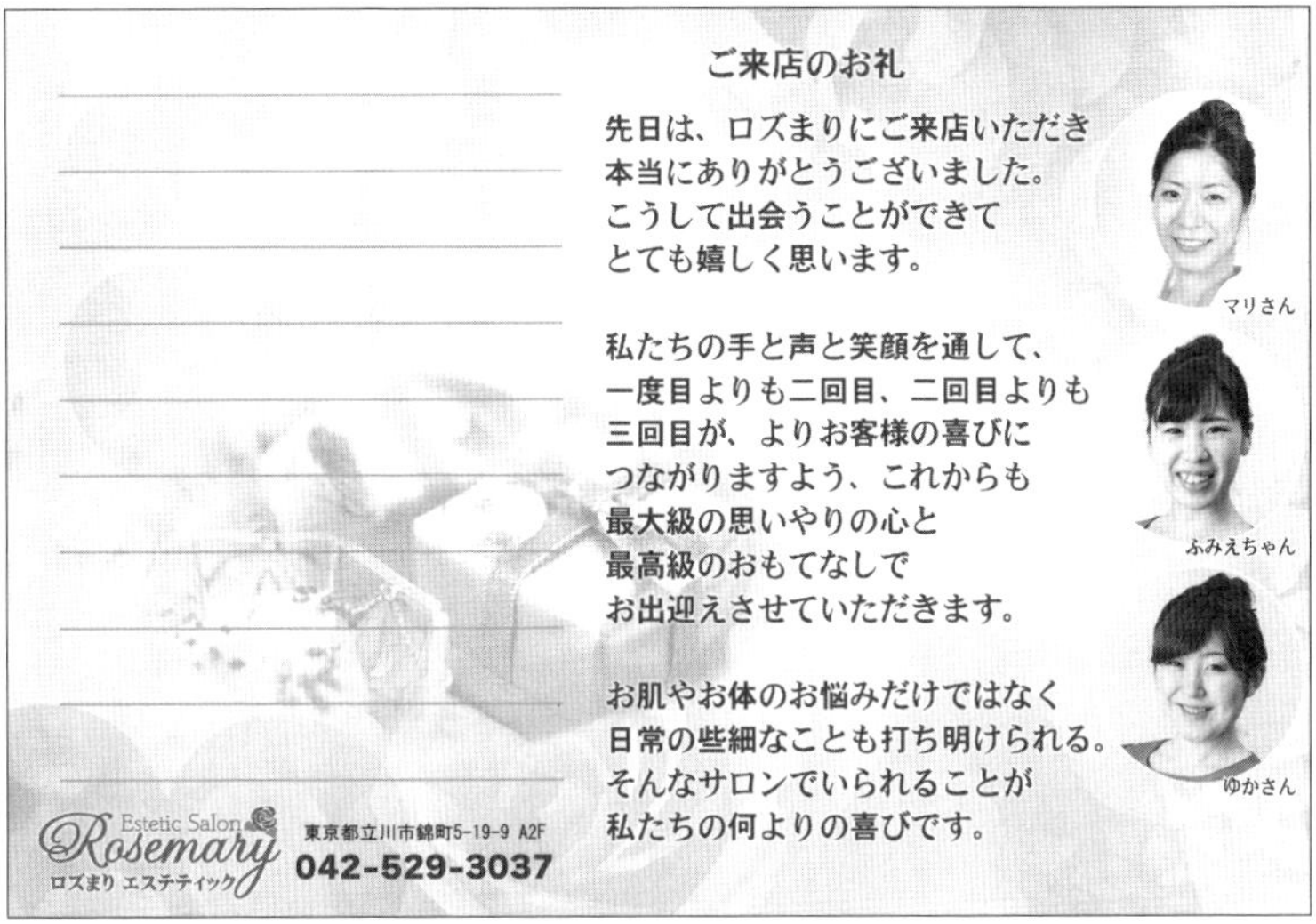

ご来店のお礼

先日は、ロズまりにご来店いただき
本当にありがとうございました。
こうして出会うことができて
とても嬉しく思います。

私たちの手と声と笑顔を通して、
一度目よりも二回目、二回目よりも
三回目が、よりお客様の喜びに
つながりますよう、これからも
最大級の思いやりの心と
最高級のおもてなしで
お出迎えさせていただきます。

お肌やお体のお悩みだけではなく
日常の些細なことも打ち明けられる。
そんなサロンでいられることが
私たちの何よりの喜びです。

マリさん
ふみえちゃん
ゆかさん

Estetic Salon
Rosemary
ロズまり エステティック
東京都立川市錦町5-19-9 A2F
042-529-3037

◆初めてご来店したお客様に、感謝の気持ちを込めてお送りする手紙。ご来店から3日以内に届けることで、お客様にしっかりと店を記憶していただけます。ハガキではなく封書にしたほうがインパクトはありますが、あまり仰々しくならないほうがすんなりと受け入れられます。

作成の上での注意事項は、

- **活字と手書きを組み合わせる**
- **スタッフの顔写真を載せる**
- **決して売り込み文句を書かない**

などがありますが、大事なことは何よりお客様への感謝の気持ちがあるかどうかです。

No. 09

# 誕生日ハガキは超豪華なメニューへの招待状

サンキューレター等と並んでお客様の心をつかむのに大事なのが「バースデーレター」です。これは今やどこの店もやっていると言っていいほど。あなたにもたくさんの誕生日ハガキが届くのではないでしょうか？　そのハガキを全部並べて見比べてみてください。そこから色々な気づきがあるはずです。

## ◆誕生日は特別な日

まず意外に多いのが印刷のみのハガキ。味気ないものとなっています。そして次に多いのが割引ハガキ。中には「ハガキ持参の方、全メニュー半額！」なんていうものまであります。これはもらう側にとってはうれしいのですが、早めに忠告しておきます。個人サロンの方はこのようなハガキは出さないほうがよいです。

本当の理由は5章以降でお話ししていきますが、表向きの理由は**「誕生日はお客様にとって特別な日」**だからです。割引などしても面白くありません。そんなことをするぐらいなら、誕生日の月しか受けられない特別なメニューをつくってみてはいかがでしょうか？　少しぐらい値段が高くても構いません。あなたも**「自分の誕生日ぐらい少し背伸びして幸せな気分に包まれたい」**と思ったことがあるはずです。変に割引して集客を狙うのではなく、お客様に普段はできない特別な至福感をご用意するのがよいでしょう。

もちろん、あなたやスタッフ全員の顔写真と手書きのメッセージを添えて、そのハガキを見ただけでもお客様がうれしくなってしまうような、そんな内容にしたいものです。どうしても心配な場合は、割引か特別メニューか、どちらかひとつを選べるようにしておいてもよいでしょう。値引きが売りなのか、価値観が売りなのか、この辺りでも勝負は分かれてくるのです。

## ◆発送のタイミングもひと工夫

ところで誕生日ハガキを出すタイミングですが、月頭にまとめてではなくその方の**誕生日当日に届くように**出したほうが当然喜ばれます。ただ、全員のお客様にそうするのはかなり時間と手間がかかります。手間をかけない工夫を6章以降でお伝えします。

## 特別感を出すバースデーレター

### ▶バースデーレターの例

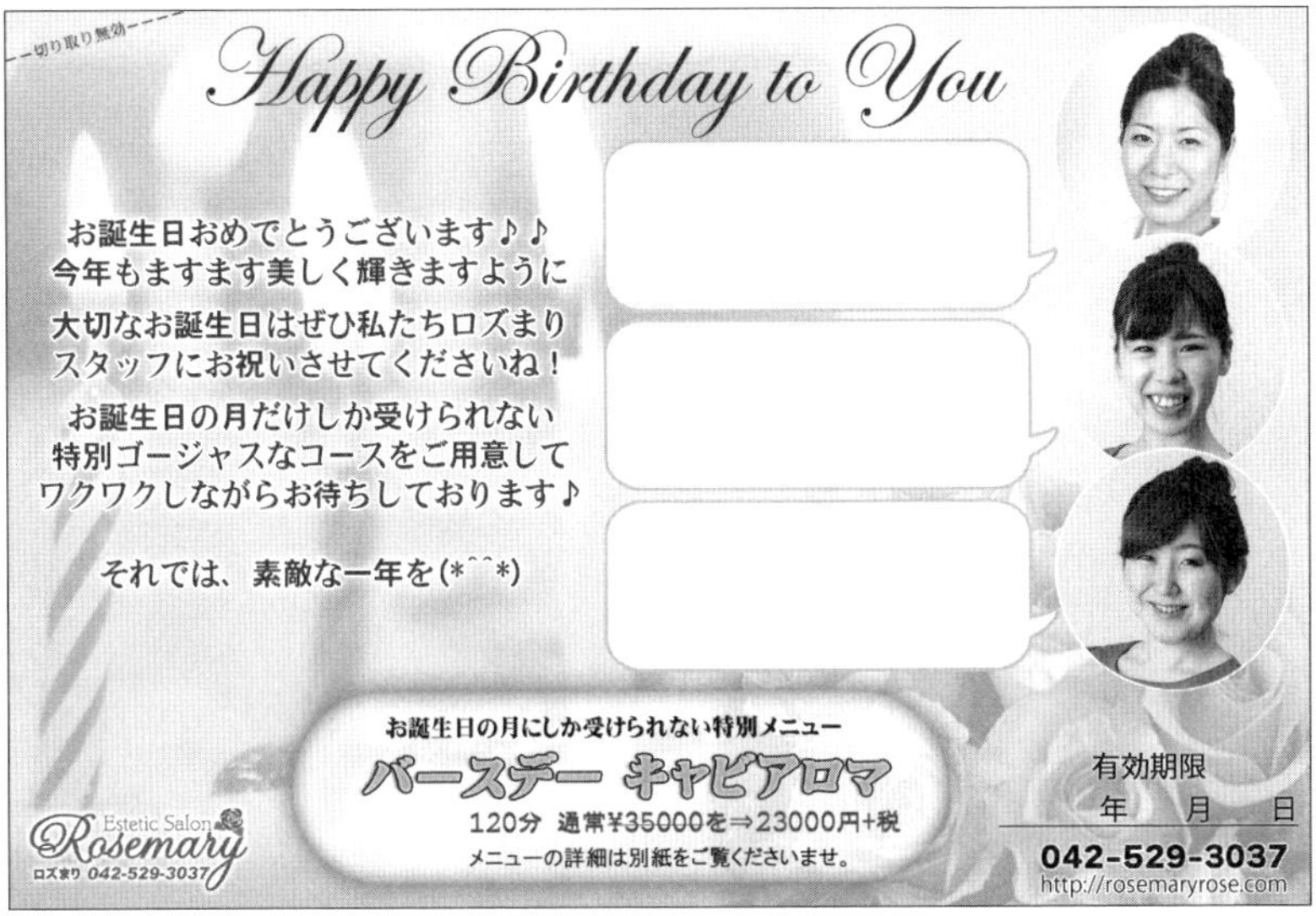


◆年に1回しかない大切な誕生日を、ただの割引で終わらせてしまうのか、それとも特別なメニューで心から喜んでいただくのか、お客様の幸せを考える立場のあなたとしてはどちらを選んだほうがよいでしょうか？
もちろん、メニューだけでなくこのハガキ自体でも喜んでいただくために、担当したスタッフ全員からの手書きのお祝いコメントで花を添えてみてはいかがでしょうか。

No. 10

# 知っているのに知らん振りの電話応対!?

3章では初めてのお客様からの電話を切らせないテクニックをご紹介しましたが、今度は常連の方に対する電話応対のちょっとした小技をお教えします。

◆**ナンバーディスプレイ**

ところで皆様はナンバーディスプレイをご存じでしょうか。電話がかかってきた時点で相手の電話番号が表示されるという優れものですが、もしまだ登録していない方がいらっしゃったらすぐにしたほうがいいです。NTTに申し込めば月額400円でできます（工事費や対応の電話機が別途必要になります）。最近、特に個人サロンでは店の連絡先を携帯電話にしている所も多く、携帯なら元々相手の番号が通知されるので便利ではあるのですが、店の電話が携帯番号というのは私はあまりよいとは思えません。新しいお客様に対して店の印象を下げてしまう恐れがあるからです。

◆**事前に情報を知り、サービスに活かす**

固定電話とナンバーディスプレイが用意できたら、あとは電話機にどんどん常連のお客様の番号を登録していきましょう。そうすればそのお客様が電話をくださった時にしっかりと名前が表示されます。まだ意外にこのシステムを使っている店が少ないのか、お客様は表示されていると思っていない方が多いようです。なので、お客様の声を聞いただけでお名前を言い当てたりすると、とても喜んでいただけます。

受話器を取る前、**名前が表示された時点でカルテやノート、予約表などを用意**しておけばスムーズにやり取りもでき、よりグレードの高いサービスが提供できます。こういった細かなことの積み重ねでリピート率は変わってくるのですから、簡単に導入できるこの方法をぜひ試してください。

もちろん時代の進化というのはすさまじいもので、今は電話がかかってきた時点でパソコン上にお客様の名前から細かい情報までがすべて表示されるという優れたシステムもあります。より迅速にきめ細やかな対応ができますので、顧客が増えてきたら、ぜひ導入することをおすすめします。

## 電話応対で特別感を出す

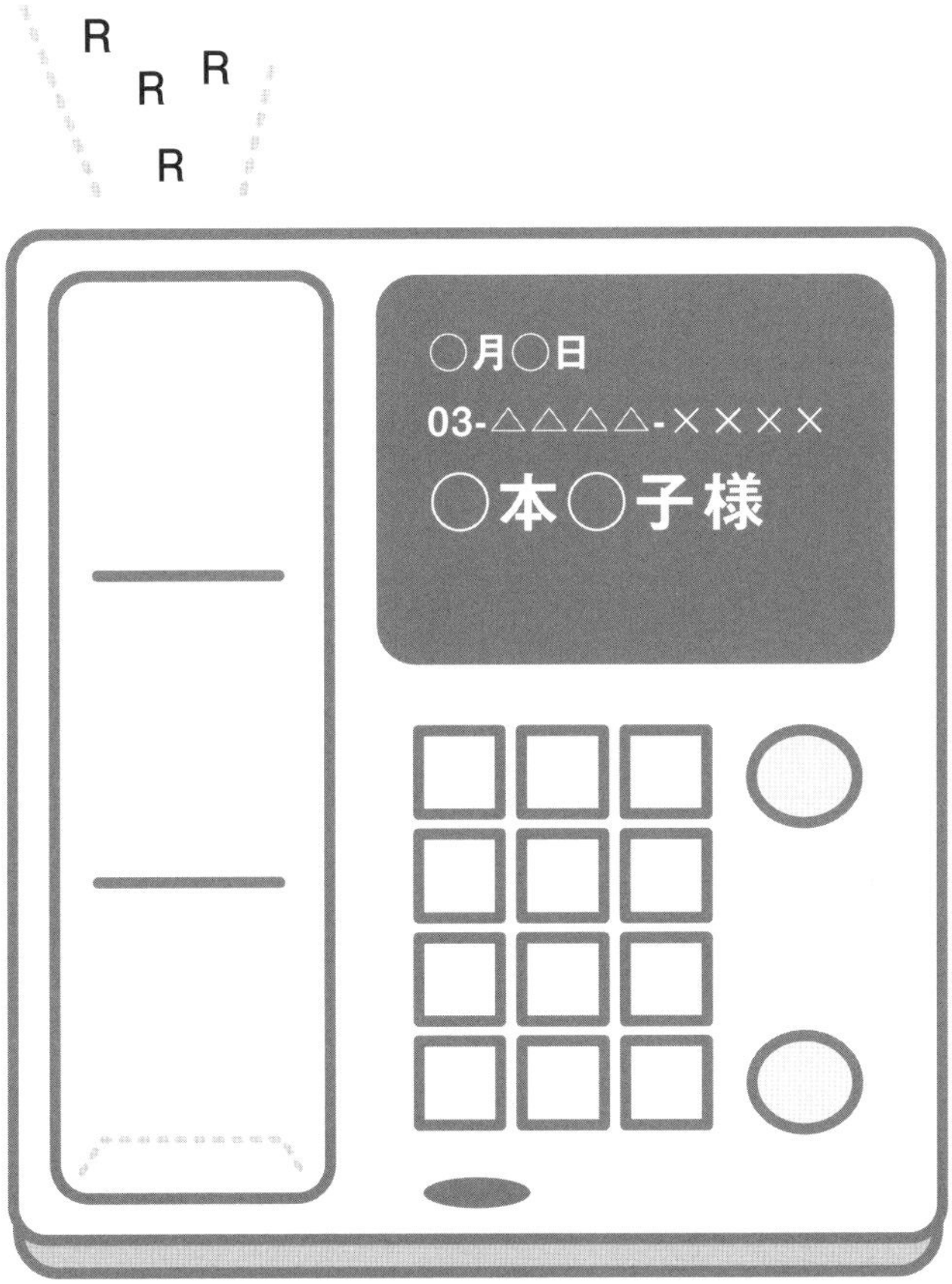


◆電話にお客様の名前が表示されれば、その間にカルテを手元に用意したり、予約状況を確認したり等、準備を整えてお客様にワンランク上のサービスを提供できます。

No.
11

# 常連様向けの特別メニューで商売繁盛

## ◆知る人ぞ知る裏メニュー

前項で誕生日の方向けの特別なメニューをつくるとよいという話をしましたが、今回はその応用編です。飲食店にはよくクチコミとして話題になる「裏メニュー」というものがありますが、サロンでもこれをやってしまおうという発想です。よく来店してくださり、あなたの店を特に愛してくださる**常連様のみが受けることのできる特別コース**をつくるのです。そしてそのメニューはどこにも告知せず、こっそりとその選ばれたお客様のみにお知らせするのです。この「どこにも告知せず」というのがポイントです。便箋に日頃の感謝の気持ちを丁寧に書き、封書で郵送します。「このお知らせは、当店のお客様の中でも特に選ばれた方5名のみにお送りしております」。こんな文章が冒頭に記されていたらいかがでしょうか？　そのお客様は本当に喜ばれ、ますます店の虜になってくださいます。

## ◆モノではなく心に喜ぶ

お客様にとっては、特別メニューを受けられることがうれしいのではないのです。**「たくさんのお客様の中から、特別に私を選んでくれた」**という特別感やステータスに喜ばれるのです。その感動をお客様は知り合いなどに話すことも少なからずあるでしょう。あまりのうれしさに劇的に来店頻度が上がることもあるでしょう。私達はただ商品や技術を売るのではないのです。お客様が本当にほしいのは「感動」。何度も言いますが、それを常に心に持っていれば店は繁盛していくでしょう。

## ◆常連様を選ぶ目

では、常連様とはいったいどのような方のことを言うのでしょう。来店する回数が誰よりも多い方でしょうか。一度に使う金額が誰よりも多い方でしょうか。それとも、いつもお土産をくださる方でしょうか。とても優しくて会話の波長の合う方でしょうか。これらは、どれも正解であり、どれも間違いです。難しいですが、この先店をさらに進歩させていくには、常連様を見極める目もかなり重要になってきます。この先の話でどうぞそれらを養っていってください。

## 常連様を感動させるメニューをつくろう

**人は「特別メニュー」や「限定メニュー」に魅力を感じる**

誰でも受けられるものよりも、一部の人しか受けられないもののほうが、受けられたお客様はより満足して喜ばれる

↓

**常連の方に喜んでいただけるようなメニューをつくる**

あえて告知をせず、常連の方のみにそっとお知らせをする。その方の満足度はさらに上がり、クチコミにもつながりやすくなる

↓

**直筆の手紙で日頃の感謝の気持ちと共に郵送する**

店頭で直接お知らせしないこともコツ。自宅に届く手紙は、より一層お客様の感動を高める

↓

**来店されたら、感謝の気持ちを込めて施術する**

◆「常連の方はお店を気に入っているので何もしなくて大丈夫」と思っている店は意外に多いものです。しかし、よく通ってくださる常連様こそ、さらに大切にすることが重要です。

No. 12

# 確かな信頼関係をつくるために

ここまで、お客様がリピートにつながり、店のファンになっていただくための方法を書いてきました。でも、もしかしたら、これらの方法を実践してみてもほとんど効果の現われない店もあるかもしれません。ここまでの方法で効果が現われないなら、この先の章を実践するのが難しくなってきます。なぜならこの先は客単価を上げていく方法に突入していきます。客単価は、集客・固定客化がしっかりできて、ある程度人気店になっていないとできないことだからです。今一度これまでの方法を見直してしっかりと入客数を増やす必要があります。

### ◆大切なのは小手先ではない

ではなぜ、同じことを同じように実施していて結果に差が出てしまうのでしょう。その答えはひとつ。小手先だけでやっているかどうかです。まったく同じことを同じようにこなしても、**そこに心がこもっていなければ結果はついてきません**。なぜなら、私達は機械相手に商売しているわけではないからです。お客様は心の通った人間です。しっかりと相手のことを思い、信頼関係ができあがって初めて心を動かしてくださるのです。

### ◆どうすれば信頼関係は築けるか

では、信頼関係を築くのにはどうすればいいのか、と思っている方もいらっしゃるでしょう。大切なのは**知識と思いやり**です。お客様が何を望んでいるのか、どうなりたいのか。しっかりとカウンセリングをし、悩みを聞き、真剣に考えて答えを導き出す。店員とお客様ではなく、いわば医者と患者さんの関係のようなものであるべきです。商売の原則はまずは与えることです。決して様々な技を駆使してお客様から奪うことではありません。あなたが相手の悩みを解決し、**感動と幸せを与える**。それをただコツコツと続けていれば、必ずお客様はあなたを信頼しあなたの元に集まってくださることでしょう。

もう一度言います。決して安売りが魅力なのではなく、確かなる価値観と信頼性とワクワクと感動、それらが揃えば必ず、あなたにはたくさんのお客様がついてきてくださいます。そしていよいよ、ここからあなたの店の快進撃がはじまるのです！

## 心を込めて接客・経営しているか

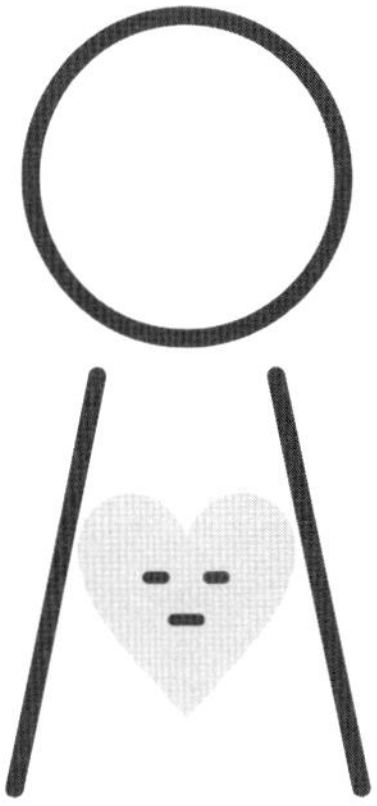

**成功者のうわべや表面だけを真似しても同じような成功に結びつかないことが多い**

**大切なのはその奥にある心の持ち方や、人としてのあり方を学び実行すること**

◆心からお客様のことを思い、お客様に喜んでいただきたいと願えば、不思議なほど知識や技術まで向上していることに気づくはずです。
自分の欲を捨て、相手のために動けば、人は能力以上の力が発揮できる生き物なのです。

Column

## 10年後の「ちいサロ」――❹

顧客管理。私自身のサロンが最も劇的に変化するきっかけになったのがこの顧客管理であり、10年以上売上記録を更新し続けている理由も顧客管理が理由だと言っても過言ではありません。また、本書で私が一番伝えたいのもこの章です。

時々「劇的に売上を上げる秘策はありますか？」と聞かれることがありますが、一時的に上げる方法はあったとしても、それを10年以上維持する魔法などほぼないでしょう。イチロー選手の偉大な記録も、日々の基礎的なストレッチを継続し続けることによって生まれます。

本章に書いたニュースレター。私のサロンでは現時点で123号。10年以上出し続けていることになります。サンキューレターも、誕生日ハガキも、10年以上欠かすことなくコツコツと出し続けています。さて、7年前にこの書籍を読んだ方、今現在いかがでしょうか。

今からでも遅くはありません。一度やってやめてしまった方も、これからはじめる方も、継続こそが繁盛サロンの最大の理由なのだと覚えておきましょう。

Small Salon

# 5章

# 軌道修正のやり方を知れば怖くない

No.
01

# もがけばもがくほど、深みにはまる

### ◆焦らずどっしり構える

4章までを読んできて気づかれた方も多いかもしれませんが、私は店をやる上で大事なことは、焦らずにどっしりと構えていることだと思います。商売をやっていく中でたくさんの失敗はあるでしょう（失敗がないと大きな発展もないと思います）。私も小さいものから大きなものまで、数え切れないほどの失敗をしてきました。でもそれらを乗り越えられた共通の行動は**「焦らずどっしりと構える」**だったのです。

例えば海やプールで溺れた時、もがいて手足をバタバタさせるほど人は沈んでいきます。逆に手足の力を抜いて静かにしたほうが大抵の人の体は水に浮くでしょう。また、山で遭難に遭った時に無事に生還する人に多く見られる共通点が「じっとしていた」だったりもします。身近な例では夜眠る時。「早く寝なきゃ、早く寝なきゃ」と焦るほどなかなか寝つけず、のんびりとテレビでも見ていたほうがかえって眠れたりします。

これは商売においても同じで、焦ってその場しのぎで出した答えはだいたい悪い結果を招きます。ダメだ、ダメだと頭を悩ませても脳は力を発揮してくれません。まして従業員がいる場合、トップがオロオロと悩んで自信なさそうにしていたら下の人間はついて行こうと思えるでしょうか。**「どんなことがあっても絶対に大丈夫」**と自信を持って進むことで、自分の力もまわりの人の力も最大限に発揮されるのです。

### ◆自分の力を信じる

具体的な例で言うと、入客が減ってしまった時、焦って安易に割引セールを行なってしまったのでは、その一瞬はよくてもすぐにその反動が押し寄せます。なぜ入客が減ったのか冷静に分析し、どこを改善することが最も有効なのかをシミュレートし、しっかりとしたビジョンを持って行動していくことが大切です。「自分は何をやってもうまくいかない」と言う人がいますが、そういう人は大抵の場合、自ら進んでうまくいかないほうを選択してしまっています。必ずうまくいくと信じ、自分自身の力を信じることが重要なのです。

## もがくことで状況が悪化する例はたくさんある

| | for example |
|---|---|
| 売上が下がる | 水に落ちる |
| ↓ | ↓ |
| さらに下がると思い込む | 溺れると思い込む |
| ↓ | ↓ |
| 不必要にジタバタする | 不必要に手足をバタバタする |
| ↓ | ↓ |
| 不安が脳を支配し、よいアイデアが浮かばなくなる | 動揺で呼吸が荒くなり肺の空気が少なくなる |
| ↓ | ↓ |
| まわりにも動揺が伝わる | 水に浮きにくくなる |
| ↓ | ↓ |
| 悪い選択肢を選んでしまう | 焦って呼吸しようと水を飲む |
| ↓ | ↓ |
| さらに売上が悪化する | 溺れる |

No. 02

# 無理なご要望に振り回されない

## ◆無理なご要望への線引き

個人で店をやっている場合は特に、特定のひとりのお客様によって店全体が影響を受けることも多いと思います。よい影響ならもちろん大歓迎なのですが、中には店の運営に支障をきたすような悪い影響もあったりします。お客様の望むことはすべて応えたいというのが本音だとは思いますが、他のお客様や店の将来のことも考え、ある所でしっかりと線引きをしておく必要があります。心情に流されず、キッパリ意思表示をしましょう。

そうはいっても、どこで線を引くべきなのかが一番難しいところ。「そのお客様を怒らせてしまったらどうしよう」「もう来店してくださらなくなるんじゃないか」等、様々な不安もあり、言うに言えないというのが現実ではないでしょうか。

これは非常にデリケートな問題なので、最終的には経営者として自分でじっくりと決めていかなければならないのですが、ひとつの目安として私が設けたラインをお伝えしておきます。

## ◆店側の都合も大事

まず、値段的な要望は絶対にアウトです。「もう少しまけてよ」という申し出は、よっぽどの大口の場合を除き、お断りするべきです。もちろん大量に数をさばける小売店などの場合はいいかもしれません。しかし、**一日に施術できる人数の限られているサロンにとって、値段を下げることはまずよい結果を生みません。**

次に時間の要望。極端に早い時間や遅い時間の予約や遅刻の常習など。あなたの体力でカバーできるうちはまだよいですが、必ずつらくなってきます。また、スタッフを雇うようになると人件費や精神的ストレスの問題も出てきますから、早めに断ち切りたい慣習です。

その他にもいろいろありますが、大事なのは**「他のお客様の迷惑にならないこと」「店の売上を先細りさせたり、スタッフに身体的・精神的苦痛を与えないこと」**です。わがままなお客様というのは必ず出てきます。そのような人に労力を使うのは個人の店にとっては大きなロスですから毅然とした態度で臨むのがよいでしょう。

## わがままなご要望には毅然とした態度で

もっと安くして！

休みの日でも
営業して！

仕事が遅くなるから
閉店後に受けさせて！

あの店と
同じメニュー
やって！

お腹が
空いたから
出前たのんで！

家まで
迎えに来て！

- 店の売上に支障をきたす
- 他のお客様を不快にさせる
- 極端にモチベーションを下げる
- 法に触れる恐れがある
- 従業員の体力や健康に害が出る
- 精神的につらい思いをする
- 近隣の方に迷惑をかける

◆お客様のご要望が度を越し、上記のような弊害が現われた場合、毅然とした態度で対処しなければなりません。
「これぐらいならいいか」とうやむやに済ませてしまうと、あとになって取り返しのつかない事態に陥る場合もあります。
きっぱりお断りする、迷惑だと警告をする、最悪は出入り禁止にする、という対処も考えましょう。

No. 03

# しまった、安すぎた！価格のスムーズな修正方法

### ◆価格が変わった時のお客様の気持ち

2章で価格を安くしすぎないようにという話をしましたが、どんなにわかっていても人というものはついつい安い価格設定をしてしまうものです。でも、それに気づいた時にはあとの祭り。価格というものはなかなか簡単に変えられるものではありません。ここで実際に価格を変更した時の、お客様の受ける印象を分析してみましょう。

**値下げした場合**

・ああ、良心的に私達に還元してくれたんだ

・きっと客が入らないから苦肉の策で値下げしたんだ

**値上げした場合**

・勢いがあって人気があるから価値が上がったのね

・儲け主義に走ったのね。行きづらくなったわ

だいたい大きく、この2パターンに分かれると思います。注目したいのは、**価格を下げても悪く見られる場合があるということです**。実際問題として、価格を下げる場合のほとんどの理由が後者でしょう。価格を上げても下げてもお客様から悪く思われる場合が多いのです。ですから最初の価格設定は慎重に行ない、よっぽどのことがない限り定価は変えないことが重要です。

### ◆それでも価格を変更したい場合

でも、どうしても価格を変えたい場合はどうすればいいのでしょうか。答えは「定価を変えないで価格を変える」です。どういうこと？　と思われたかもしれません。ここが腕の見せどころです。

まず、安くする場合。これは簡単です。「限定セール」「還元セール」などと銘打ってキャンペーンを行なうのです。定価は一緒でも限定で何らかの理由をつけて割引すれば、お得感も出て集客につながります。名目は何でも構いません。「入客○名突破キャンペーン」「店長ダイエット成功キャンペーン」など、割引自体はあまりおすすめできませんが、こういう形でうまく利用するのです。

では高くする場合はどうでしょう。定価を変えずに高くする方法、思いつきますか？　これもちょっと視点を変えてみるとよいのです。事項で説明していきます。

## 値段を変えた場合のお客様の解釈

| 値上げした場合 | 値下げした場合 |
|---|---|
| よい解釈 | よい解釈 |
| ↓ | ↓ |
| 勢いがあって人気があるから価値が上がったのね | ああ、良心的に私達に還元してくれたのね |
| 悪い解釈 | 悪い解釈 |
| ↓ | ↓ |
| お客のことを考えず、儲け主義に走ったのね | きっとお客が入らないから苦肉の策で値下げしたんだ |

◆価格を改定した場合、値上げにしろ値下げにしろ、よい解釈と悪い解釈の両方の捉え方があります。
ただ大抵の場合、悪い解釈で捉えられる場合が多いものです。よほどの狙いがない限り、定価は上げたり下げたりしないほうが無難です。

No.
04

# 値上げをせずに「客単価を上げる」方法とは

### ◆松竹梅の法則

「定価を変えずに客単価を高くする方法」、これはちょっと視点を変えてみましょう。要はメニューそのものの金額ではなく「客単価」を上げればいいのですから、新しく「高いメニュー」をつくればいいのです。今までのメニューよりもさらに魅力的で値段も高いメニューをつくり、そちらが注文されるように促すのです。

「でも2つのメニューを比べたら、結局みんな安いほうを選ぶのではないか」と思われた方。それは正解です。人は2つの価格帯からどちらかを選ぶ場合、多くが安いほうを選ぶ、という統計があります。そこでもうひとひねり。さらに高いメニューをつくるのです。これも人の心理ですが、**3つの価格帯からひとつを選ぶ時、多くの人は真ん中を選びます**。これは「松竹梅の法則」などとも呼ばれていて、面白いほどその通りの結果が出ます。

最初に5000円のメニューがあったとして、1万円のメニューを新しくつくり、さらにもうひとつ2万円の最高級メニューをつくります。その2万円のメニューはまったく誰も頼まなくても構いません（たまに頼む人もいます）。するとどうでしょう。5000円のメニューを頼む人がほとんどいなくなるのです。これまで5000円のメニュー中心だった店が、あっという間に客単価1万円の店に変わっていきます。

### ◆メッキはすぐに剥がれる

ただ、忘れないでいただきたいのは、**高いメニュー、最高級のメニューは絶対的に元のメニューより魅力がないといけない**ということです。その価格に見合うだけの価値がなくてはいけません。客単価を上げるというのは無意味に値段を上げるということではなく、元々高かったはずの適正価格に戻すということなのです。

そして当然、客単価が変わるということは、お客様の層も変わってくるということ。店の外装・内装、店員の服装・態度、すべてを底上げしていかなくては、お客様はついてこないでしょう。いろいろとテクニックを書きましたが、その店の客単価の上限というのは、実はあなた自身の価値観の上限なのかもしれません。

## 値上げをせずに客単価を上げる方法

5000円コース

客単価が5000円で、主要メニューが安すぎて
単価を上げたいと思った場合。

↓

人気 5000円コース　新 10000円コース

メニューそのものを値上げするのではなく、
新しくグレードの高いメニューをつくります。
ただし、メニュー構成が二段階しかないと、
多くのお客様は安いほうを選ぶ傾向にあります。

↓

5000円コース　人気 10000円コース　新 20000円コース

そこでさらにグレードの高いメニューをつくり、
三段階構成にすると、多くの方は心理的に
真ん中のコースを選びやすくなります。
これにより全体の単価が上がります。

No. 05

# 戦略的なクチコミ促進術
# ——クチコミだって的を絞らなきゃ！

◆**クチコミの重要性**

よく「クチコミで大人気の店」などと紹介される店があったりしますが、実は、クチコミというのは自然に発生するのはなかなか難しく、大体は**店側が戦略的に仕掛けている**ことが多いようです。昔、有名ファストフード店がサクラのアルバイトを使って行列をつくらせ話題になりましたが、それもまた戦略のひとつです。また、思わず感心したのが「ハンバーガーがまずかったら全額返金します」というもの。今まで化粧品会社などで全額返金はよく見かけましたが、それをハンバーガー屋さんでやったことに意義があります。「あそこのハンバーガー、まずかったら返金してくれるんだって！」と、思わず私もまわりの人に教えまわっていました。この私のとった行動、これが「クチコミ」です。私はこのハンバーガー屋さんからお金をもらっているわけでもないのに、結果的にこの店を宣伝したことになります。

これまで、顧客管理によってリピート客を増やすことをおすすめしてきました。なぜなら、新規集客に比べて格段にコストが安く済むからです。しかしどんなに店を気に入っていたとしても来られなくなる方はいらっしゃいます。結婚して引っ越さなくてはならなくなった、家族の介護で時間が取れなくなった、夫がリストラに遭い贅沢できなくなった等々。よい理由も悪い理由も含めて店を離れざるを得ない時が来るのも事実です。近年、**常連の方が1年間に店を離れていく割合が40％に及ぶ**店も多いと言います。顧客管理をしっかりしていればここまでは行きませんが、それでも徐々に客数は減ってしまいます。

そのため、絶対に新規集客はしなくてはならないのですが、なるべくお金をかけずに新規のお客様を集める方法、それが「紹介」「クチコミ」なのです。

◆**ご友人紹介カード**

では、クチコミをどうやって発生させるのでしょうか。それはまたあとでお伝えしたいと思いますが、ここではクチコミまでいかないまでも、お客様からご友人へ紹介を促す上手な方法をお伝えします。

## 集客方法によっての効果の比較

| 新規集客 | クチコミ・紹介 |
|---|---|
| チラシ、雑誌、ネットなど広告を掲載するのにコストがかかる | コストをかければより効果が上がるが、必要最低限に抑えることができる |
| 費用の割には反応が低く、継続して掲載するにもリスクが大きい | 親しい人からの生の声が聞けるため、反応率はかなり高くなる |
| 広告では店のよさが伝わりにくく、リピートにつながりにくい | 店のよさをよく知った上で来店するため、リピート率も高くなる |
| 大手の独擅場であり個人店が太刀打ちするのは難しい | 個人店であっても、質やアイデアで十分大手に太刀打ちできる |

これは単純です。「紹介カード」を渡すだけです。お客様がお帰りの時、メニューや特典などをコンパクトにまとめて、お会計明細と一緒に渡します。そこに「ご友人紹介カード」と書いておけば、友人や家族などに渡してくださることがあります。紹介された人は、まったく知らないサロンとは違い、**友人のおすすめや評価という強い信頼性**がありますから、来店確率が上がります。

また、そうして来られた方は、紹介じゃない方に比べて**最初から店との距離感が近い**場合がほとんどです（店のよい評判を聞いてやって来るのですから当然ですが）。ということはつまり、リピーターや常連様になっていただける可能性も高いということです。

## ◆紹介時にやってしまいそうな間違い

このような理由から、紹介カードは必ず渡したほうがよいです。その後の利益を考えれば、金券などを添えてさらにお得感を出してもよいでしょう。ただし、ひとつだけ注意していただきたい、やってはいけないことがあります。それは、**「紹介してくださった方に特典として割引をつけてしまうこと」**。一見、割引をしたほうが特典目当てで多く紹介してくれそうです。確かにそういう方もいらっしゃいます。でも、前述したことを思い出してほしいのです。世の中には割引が目当ての方と、そうでない方がいらっしゃるということを。そして割引目当ての方ばかりが集まると経営が苦しくなります。

そしてここが大事なところ。割引目当てじゃない方、値段をあまり気にしない方（富裕層の方）の考え方はこうです。「なんだか自分が得したいから友達をダシに使っているようで気が引けるわ……」。そうなのです。富裕層の方というのは、お金よりもステータスやプライドを気にします。友人に対して申し訳ないという気持ちから、紹介をやめてしまうケースも出てくるでしょう。

そしてさらにもうひとつ。人は、価値観や経済状況が同じレベルの人と付き合います。**富裕層の友人もまた富裕層である**ことが多いというのを忘れないでください。つまり、富裕層の方が紹介しづらいような環境をつくってしまうと、さらなる富裕層の集客の芽を摘んでしまうことにもつながりかねないということなのです。

以上の理由から、紹介カードは、紹介される方のみがお得になるようにすることが得策です。中には「紹介してあげた私には何のサービスもないの？」とおっしゃる方も出てくると思います。その場合は「申し訳ございません。そうなんです」とお答えしてください。この、まやかしの言葉には耳を傾けなくてよいです。あなたの店にふさわしいお客様は、この方ではないからです。

## ご友人紹介を促す場合の注意点

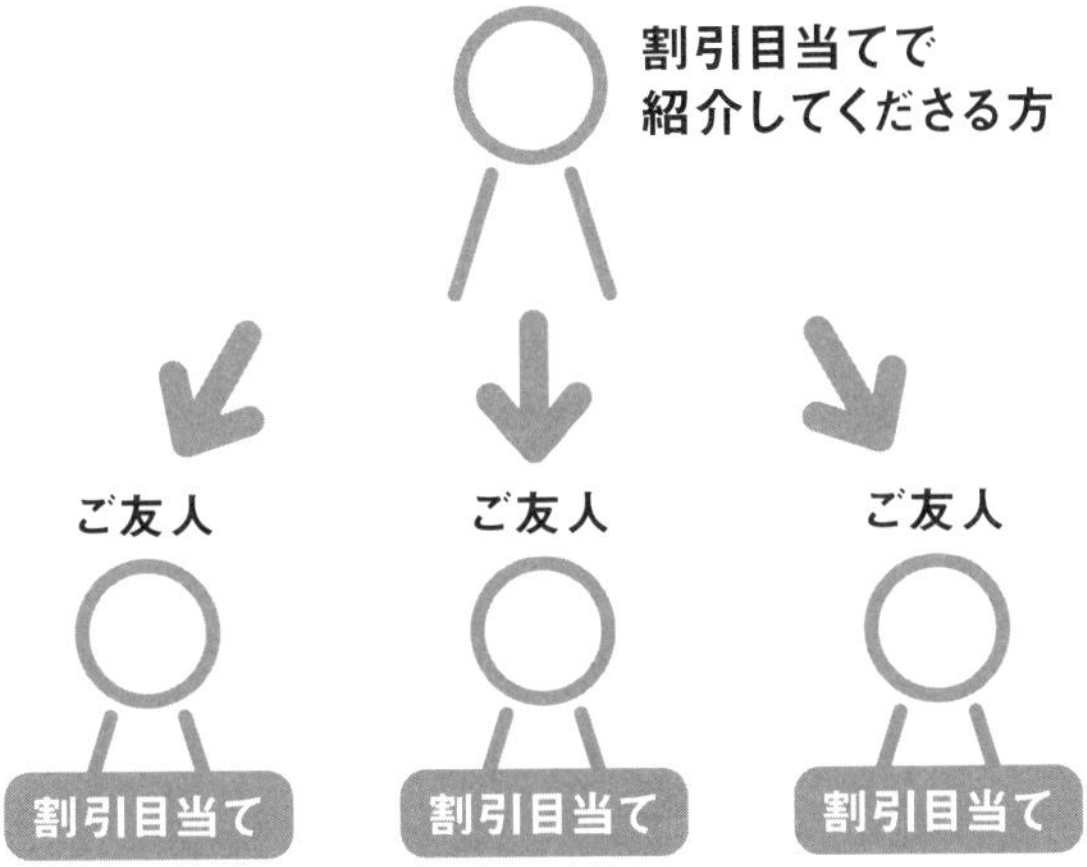


割引目当てで紹介してくださる方は、たくさんのご友人を紹介してくださるが、紹介されたご友人も割引目当てでリピートにつながらない場合が多い

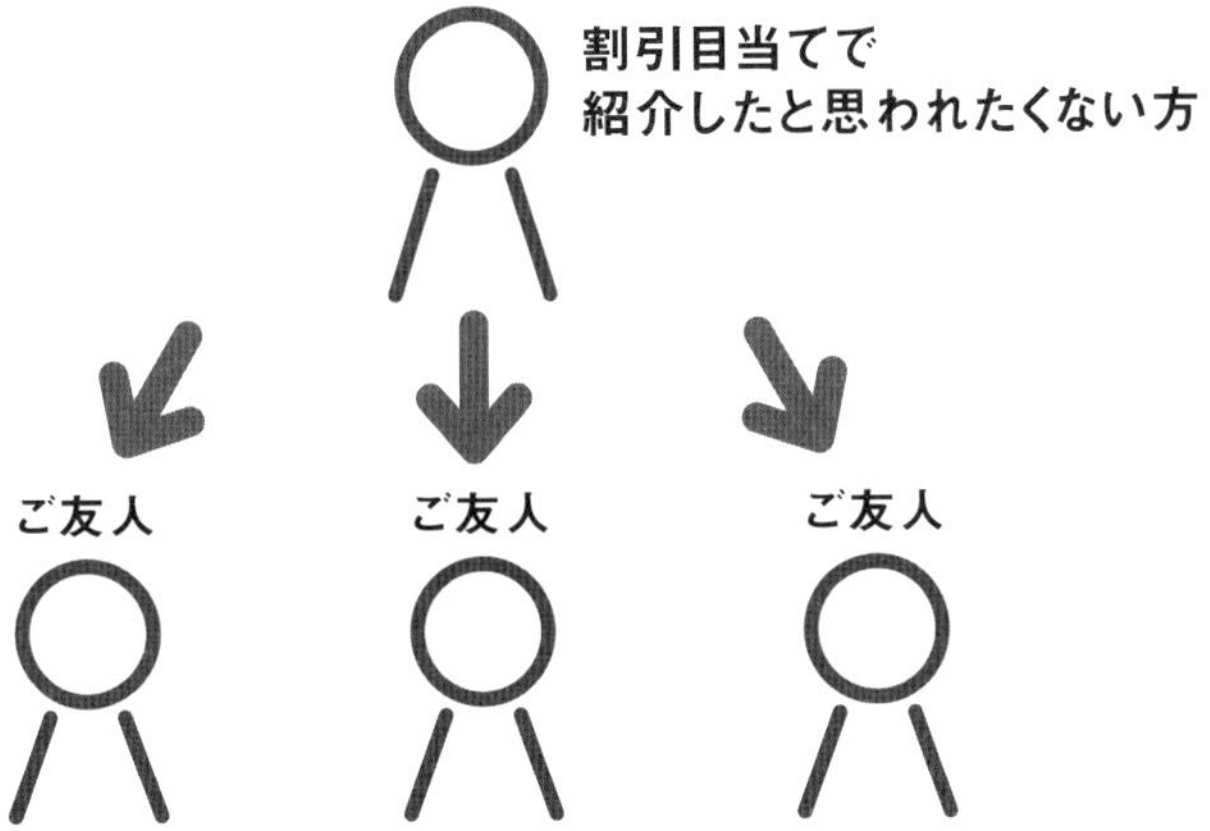


富裕層のお客様は値段ではなく価値観で店を選んでいるため、自分の割引のためにご友人を紹介することを嫌がります。また、富裕層の方のご友人もまた富裕層であることがほとんどなのです。

No.
06

# もう少しスマートなクチコミ促進術

## ◆クチコミが起こりにくい中で生まれたもの

理想のお客様にクチコミをしていただくために、ご友人紹介カードをお渡しすることをお伝えしましたが、繁盛店になっていくにつれて、もう少しスマートかつ効果的にクチコミを促進する方法があります。

そもそも私のサロンは一時、痩身が看板メニューでした。痩身メニューというのは、フェイシャルなどの他のメニューに比べてクチコミが起こりにくいものです。やはり、痩せるためにサロンに通っていることは隠したいという心理があるのでしょう。そんな中でクチコミ促進を行なうために何をしたか？　それは以下の3つです。

### ●許可制にした

私のサロンでは来店回数に応じてお客様がランクアップするシステムになっています。その、お客様がランクアップしたタイミングで紹介カードをお渡しするのです。「レギュラー会員からシルバー会員にランクアップした方への特別ご友人紹介カード」という形です。誰でも紹介できる形よりも付加価値がつくため紹介してくださりやすくなるとともに、ランクアップした方と同じランクのご友人が集まりやすくなります。

### ●期間限定にした

ご友人紹介も、期限がないと「そのうち、そのうち」と、先延ばしになったまま結局は紹介につながらないことも増えてきます。そこで「ご友人ご紹介月間」などと称して一定の期間だけ特別な紹介カードをつくることで、ご紹介してくださる割合がぐんと上がります。新しいスタッフが増えた時や、入客が少なくなりやすい時期に行なうとより効果的でしょう。

### ●公明正大にした

特に富裕層のお客様は、慈善活動や社会貢献する姿に共感してくださる方が多いものです。「ご紹介で来られたお客様の売上の一部を慈善団体に寄付する」という形で社会貢献に回したところ、その姿勢に共感してくださる方が増えました。クチコミが増えると共に社会貢献もできる。極端な割引を行なうよりもよっぽど有意義なのではないでしょうか。

## スマートなクチコミ販促

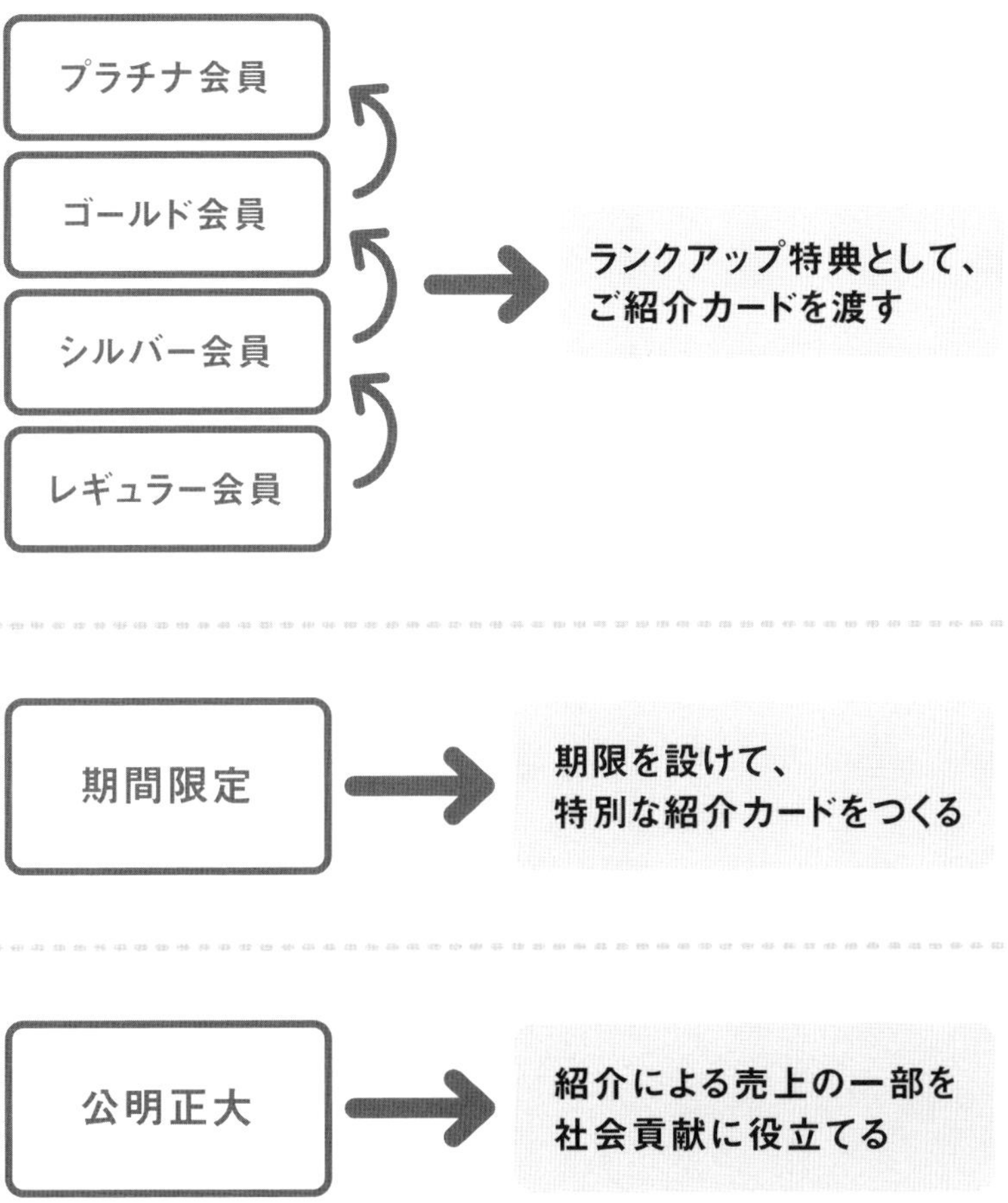
プラチナ会員
ゴールド会員
シルバー会員
レギュラー会員
ランクアップ特典として、
ご紹介カードを渡す
期間限定
期限を設けて、
特別な紹介カードをつくる
公明正大
紹介による売上の一部を
社会貢献に役立てる

◆「いつでも」「誰でも」というご紹介よりも、ご紹介に付加価値をつけることでクチコミ効果が上がります。

No.

07

# キャンセル料はいただくべきか

## ◆キャンセルは多大な被害をもたらす

サロンを運営してしばらくすると必ずと言っていいほど頭を抱える問題、それが予約のキャンセルです。これには私の知り合いのサロン経営者の多くが困り果てています。まだ自宅の一室で、ひとりでやっている規模でしたらそれほど痛みを感じないかもしれませんが、入客が増えて予約が取りづらくなったり、スタッフを雇って人件費が発生するようになると、それこそ店の経営危機にも発展するほどの大きな問題になってきますので、早いうちにしっかりとした対策を練っておくべきです。

私のサロンも当初、ひどい時には「その日に予約を入れていた全員がキャンセルをした」という日がありました。完全予約制ですので当日すぐに別のお客様で埋まるわけでもなく、時間をかけて準備したものや人件費はすべて無駄になりました。

さらに人気店ともなると、同日を希望していた何名ものお客様のご予約を断っているのですから、他のお客様にも多大なご迷惑をかけてしまうのです。

## ◆具体的な対策方法

キャンセルの中でも特にひどい「当日キャンセル」や「連絡なしのキャンセル」をする傾向が多いのはやはり初めて予約を入れた新規の方です。常連の方に比べて店の事情や店員の顔を知らない分だけ気楽にキャンセルができてしまうのでしょう。これらを防御するのに有効なのが実は**「お客様の電話番号を聞いておくこと」**。

3章でもお伝えしましたが、しっかりとお客様の連絡先を確認しておくことで常識外れなことはしにくくなります。予約時にお客様の連絡先を伺っていない店も案外多いようなので、こういった面からもぜひ電話番号は聞くようにしてください。

ただ、これでもやはり完璧ではありません。どうしてもキャンセルする人はなくなりませんし、常連の方の中でも度々キャンセルする方が現われます。これを解決するには、規定を設けてキャンセル料をいただくか、自分たちが泣きを見て我慢するかのどちらかしかありません。苦渋の選択です。中には、「キャンセル料なんて取

### ドタキャンがあった時のお店側の被害

他のお客様が入れない

スタッフの人件費が発生する

スタッフのモチベーションが下がる

売上が下がる

準備していた備品や商材が無駄になる

ストレスが溜まる

ひどい場合、人間不信に

◆簡単に考えているかもしれませんが、実はたったひとつのキャンセルで店側はこれだけの害を被ることになります。妥協せずに、真剣に考えなければならない問題です。

るの？」「マッサージ受けていないのにお金を払うの？」と怒る方もいらっしゃいます。

またキャンセルするのが嫌だからと次からは予約を入れないお客様もいらっしゃいます。そのまま二度と来られない方もいらっしゃるでしょう。お客様にとっては「こんな融通の利かない店、二度と行かないわ」というぐらいの気持ちなのかもしれません。

しかし、それでもキャンセル料はいただくべきです。店の売上への打撃はさることながら、ドタキャンされた時のスタッフの精神的ダメージやモチベーションの下がり具合を想像してください。また、経験のある方は思い出してください。絶対にそのような気持ちになりたくて店をはじめたのではないはずです。まして売上への打撃がきっかけで店がつぶれてしまったら、**一度もキャンセルせずに真面目に通ってくださったお客様が一番悲しむ**のではないでしょうか。

とはいえ、現実にはキャンセル料をいただくのは難しい場面も多いようです。特に新規のお客様の場合、そのまま二度と来られない場合もありますから、後日来店してお支払いいただいたり、振り込んでいただいたりするのは不可能に近いでしょう（海外のサロンでは事前にクレジットカード番号を聞くところもあるようですが）。

常連の方に至っては、なかなか言いづらくてついつい大目に見てしまうことも多いと思います。その辺りの判断はとても難しいですが、しばらく見ていると、キャンセルや変更をよくする方とまったくしない方に分かれてくるはずです。要はお客様の中での優先順位の問題です。他のちょっとしたことと店への予約、どちらを大切に考えてくださっているか？　そういった面も考慮に入れるとよいでしょう。

### ◆本当のキャンセル料の目的

ただ、大事なのは「キャンセル料をいただくこと」が目的なのではなく**「キャンセルする人が減ること」**が目的なのですから、それを忘れずにしっかりと事前に告知をしていくことです。メールでご予約いただいた場合には、返信の文章の最後の部分に定型文として注意書きをしておけばそれほど嫌味がないですし、電話の場合も「直前の変更やキャンセルですと、キャンセル料がかかってしまいますので、予定が入ってしまった場合はなるべくお早めにご連絡ください」という言い方をすればスムーズにお伝えできます。

そのお客様自身に気持ちよくご来店していただくためにも、事前に店内のルールを知っておいていただくのは重要なことでしょう。

## キャンセルを減らすために気をつけること

### 相手の連絡先を必ず聞いておく

連絡先を聞いておかないと無責任なことをされる確率が上がる

名前と電話番号は必ず聞いておく
（ナンバーディスプレイで表示されていたとしても、お客様はそれを知らないので、あえて聞く）

### 初めての予約の際には、キャンセル料がかかることを必ず伝える

「当日のキャンセルですと、キャンセル料がかかってしまいますので必ずお早めにご連絡ください」

※キャンセル料の部分ではなく、「お早めにご連絡ください」のほうを強調すれば、嫌味なくお伝えしやすい

### たび重なる場合には、毅然とした態度で接する

厳重注意をする

実際にキャンセル料をいただく

出入り禁止にする　等々

◆目的はあくまでキャンセル料をいただくことではなく、「キャンセルを減らすこと」ということを念頭におきましょう。

No.

08

# クレーム処理を間違わないために

## ◆クレームは店をよくするチャンス

どんなに大きな店やホテルでも、または個人規模でも、**クレームがまったくないということはあり得ない**と言ってよいでしょう。商売を行なっていく上で必ずついてまわるものです。私のサロンは細心の注意を払い、幸いにもクレームらしいクレームはほとんどと言っていいほど受けていないのですが、それでもまったくゼロというわけではありません。BGMの音量や他のお客様の話し声など、クレームは店のサービス改善につながるとてもありがたいものです。世間にはクレームを書いてくれたお客様に値引きサービスを行なって大成功を収めた焼肉屋さんもあるぐらいです。

私自身サロンを開く前、様々なサービス業を経験しており、クレーム処理にかけてはたくさんの教育を受け、成果をあげてきました。相手の立場に立ち、誠実に話を聞く。言い訳をしない。迅速に改善への行動を取る。改善できたらそれをお伝えし、改めて「お礼」をする。など一般的に言われている処理の方法や技術はたくさんありますが、最終的に大事なのは**「誠意」**だと思います。誠意を持ってお客様のために尽くせば、クレームはほぼ解決するでしょう。統計によると、店に不満を感じても96%の人はそれを店に伝えないそうです。そんな中、**店の改善のために勇気を持ってクレームを言ってきてくださる4%のお客様は本当にありがたい存在**なのです。

## ◆個人店においてのクレーム処理

ただ、あくまでこれは一般論であって、個人サロンにおいてはやや当てはまらないと私は考えます。個人では対応できる範囲に限りがありますし、クレームを受ける際のストレスも相当なものです。もちろんクレームを受けないように先回りして細心の注意を払うこと。それでも万一クレームを受けてしまったら誠意を持って誠実に処理すること。大抵のお客様はここで一層店のファンになる場合が多いですが、中にはまた別のクレームを言ってくる方もいます。他のお客様は満足されているのにひとりの方が何度もクレームを言ってくるとしたら、その方はあなたの店にふさわしくない方かもしれません。

**クレームは店をよりよくするチャンス**

**店の欠点を指摘してくださる**
→ 通常は不快な思いをしても指摘してくれない場合がほとんど。また、そうした悪い噂はあっという間に拡がってしまう

**クレームをくださった方はその後、店のファンになってくださることが多い**
→ 元々、店をまた利用したいから勇気を出して言ってくださる。しっかりとした対応をすればより一層のファンになってくださる場合もかなり多い

**ただしこれは、あくまで大手の店の場合。**
**小規模な個人店においては……**

▼

**同じ人が何度もクレームしてくる場合も多い**
→ 悪気はないと思うが、クレームを言うことで自分の都合のよいように店が変わると思っている

**個人サロンには物理的、精神的に処理の限界がある**
→ 他の多くのお客様がそれで満足されているようなら、わざわざ口うるさいひとりの方の意見に合わせるよりも、その労力を大勢のお客様に向けたほうがストレスが減る

**お店を気に入ってくださっている方だけのために**
**毎日気持ちよくサービスに徹したほうが、**
**かえって店は伸びることが多い**

No.
09

# キャンペーンは新しい挑戦への架け橋

## ◆つまらないキャンペーンはもういらない

同業他社に限らず、近隣の様々な店に足を運んでみると「SALE」「大安売り」ばかり。買う側にとってみればありがたいことなのでしょうが、同じ商売をしている身として見ると、何とやる気がないのだろうと思ってしまうこともしばしばです。何のセールなのでしょう。なぜ安いのでしょう。前にも言ったように、**お客様がほしいのはワクワク**です。意味もない値引きをしていたのでは、価格以外に価値を見出せないのですから、もっと安い店があればそちらに移ってしまうのも当然です。あなたがもっと集客したいなら、店に活気がほしいなら、値引きなんかではなくワクワクするようなキャンペーンをしたいところです。

「どんなことをすればお客様は喜ぶかな」

そんなことを考えながら常に新しい何かを探していくとよいでしょう。

## ◆新しいものへのワクワク感

サロンにしても飲食店にしても、新しいメニューにチャレンジしたい時があると思います。ポイントカードを導入してみようとか、最新の機器を取り入れてみようとか。そんな新しいことへの取り組みが、実はお客様への何よりのキャンペーンなのです。

「新メニュー導入キャンペーン！」。ワクワクする言葉です。常に最新情報にアンテナを伸ばし、常にお客様に喜んでいただく方法を考えることでお客様の満足度はさらに高まり、繰り返しリピートしてくださるでしょう。

そしてもうひとつ。キャンペーンによってあなたが得られるものがあります。今回行なった新しいものはお客様にどれぐらい支持していただけたのか。どこを改善すればもっとよくなるのか。メニューや商品だけでなく、新しいシステムや集客方法、マニュアルに至るまで、あなたがこれからチャレンジして行こうと思うことの効果や反響についても把握することができるのです。**新しいものを取り入れる研修期間**とでも言いましょうか。新しいものを見つけ新しい未来につなげる、そんな役割を担うのもキャンペーンなのです。

## 意味のないキャンペーンならやらないほうがよい

**いつも変わらないキャンペーン**

**SALE**

**大安売り**

- ありきたりで中身がないため、ワクワクしない
- 見慣れてしまってインパクトがない
- 価格でしか勝負していないため、価格を気にする人ばかりが集まる
- その後の記憶に残らないため、リピートにもつながりにくい

**新鮮味のあるキャンペーン**

**新メニュー導入キャンペーン**

**春の出会い応援キャンペーン**

- 新しいことがはじまるワクワク感でお客様の満足度を上げる
- しっかりとした価値観を伝えることで、価格勝負に陥らずに済む
- 何かが起こりそうなドキドキ感でお客様の心を動かす
- 終わったあとも続いていく期待感でリピートにもつながりやすい

※お客様にワクワクしていただくキャンペーンの詳細については、拙著『お客様が10年通い続ける小さなサロンのとっておきの販促』でも紹介しています。

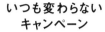

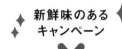

No.
10

# お客様はあなたを映す鏡

## ◆鏡の法則、引き寄せの法則

**人は自分と同じタイプの人を好み集まる、**とよく言われます。「鏡の法則」や「引き寄せの法則」などと呼ばれるものです。あなたの一番身近にいる友人を見てみるとわかるでしょう。年収などの生活レベル、趣味や行動範囲、服装や学歴等々、不思議なほど近い人たちが集まっているのではないでしょうか。これは偶然ではなく、あなた自身、あるいは相手が好んで意図的に引き寄せ合い、心地良いと思い、行動を共にするようになったということです。その友達を選んだのはあなたの意思です。

例えばスポーツが大嫌いな人がスポーツマンの人と一緒にいると疲れたり、マイナス思考の人がプラス思考の人といると置いて行かれるような感覚になったり、お金持ちでない人がお金持ちと行動するとさもしい気持ちになったり。人にはそれぞれ無意識に落ち着く場所があるということなのです。

もちろんあなたがどのような友人と一緒にいようと間違いではありませんし、まったくとがめるつもりはありません。ただ、覚えておいてほしいのが**「あなたの店に来るお客様もあなたと同じタイプの人」**ということです。あなたの店にひかれてやってくるお客様は、あなたの人間性に同じものを感じ、引き寄せ合った人だということです。

もしもあなたのお客様にいつもイライラしている人が多かったら、あなた自身がイライラしやすい人なのかもしれません。もしもあなたのお客様に時間にルーズな人が多かったら、あなた自身が時間にルーズなのかもしれません。愚痴ばかり言う人が多かったら、ため息ばかりの人が多かったら、騒がしい人が多かったら。

そしてここであなたに、重要なことをお伝えしなくてはなりません。

**もしもあなたのお客様に貧乏な人が多かったら。**

ここまでの章で、必要以上に定価を安くしてはいけない、意味のない割引をしてはいけない、安売りはしてはいけないと何度も申し上げてきました。その通りに運営されてきた店には恐らく、ある程度お金に余裕のあるお

## 「引き寄せの法則」でお客様は集まる

**人は様々な面において、同じ価値観の人と引かれ合う。
それは友人関係はもちろん、お客様との関係もである**

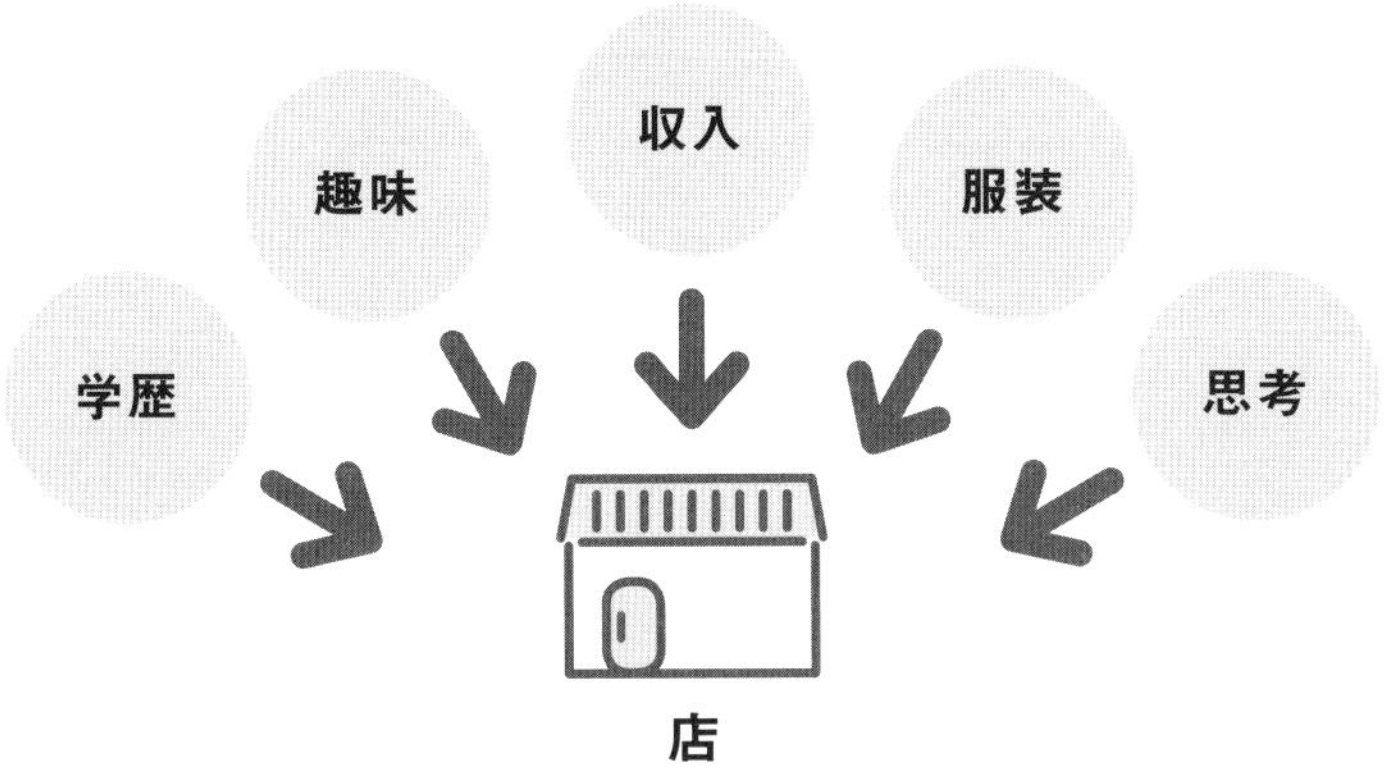


**そしてそれは当然あなた自身にも当てはまる**

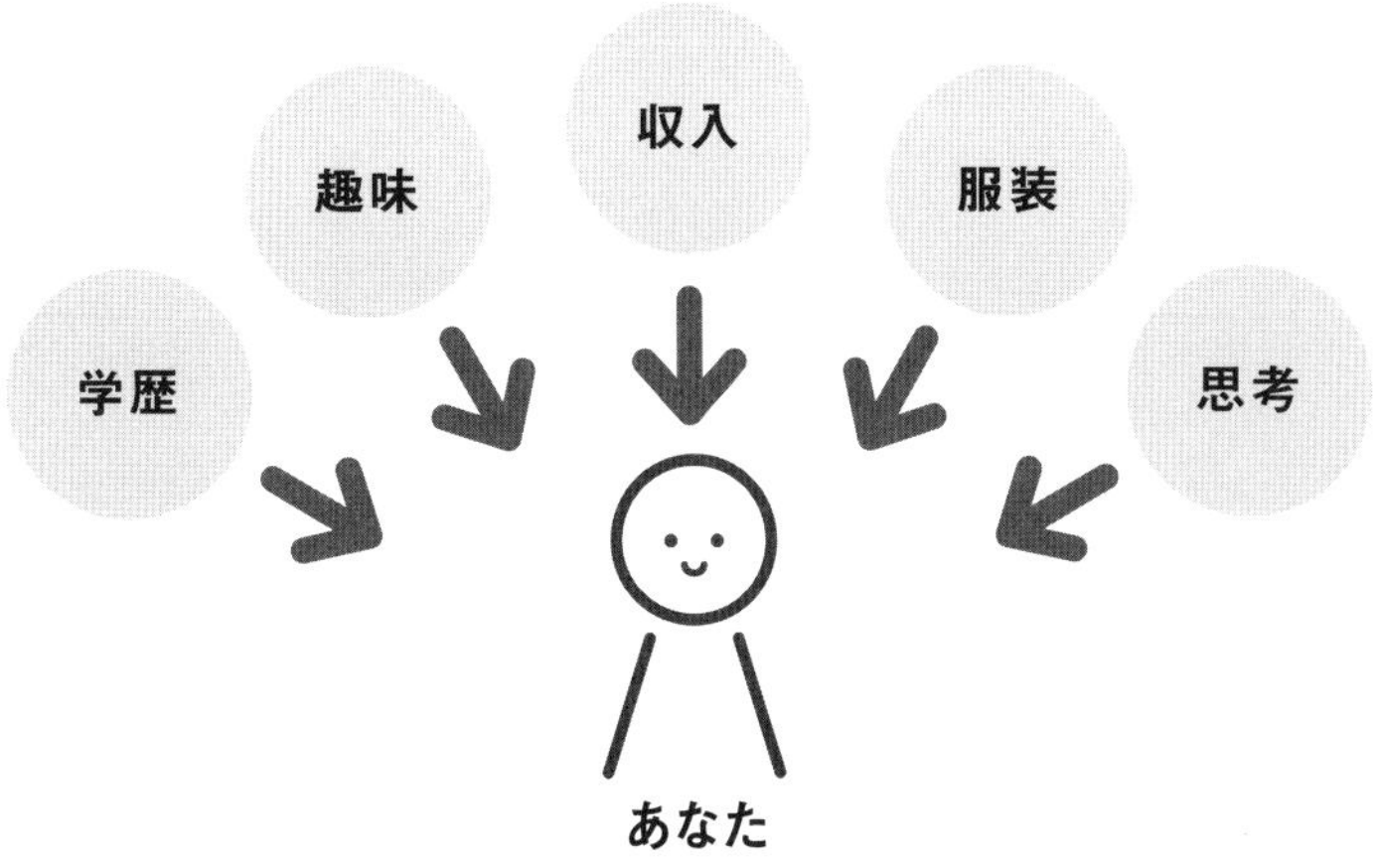

客様が集まっていることでしょう。しかし、もしそうでないとしたら。あなた自身が原因でお金に余裕のないお客様を呼び寄せてしまっているのかもしれません。

読者の方の中には「裕福でない人にリーズナブルにサービスを提供して何が悪い！」とおっしゃる方もいらっしゃることでしょう。決してそれが悪いと言っているのではありません。ただ考えてほしいのは**「あなたの身体はひとつしかない」**ということ。あなたが自分の身体を使ってサービスを提供していく職業を選んだ以上、あなたのできるサービスには物理的な限界があります。あなたが身体を壊して駄目になってしまう前に、あなた自身の価値というものに気づいてほしいのです。あなた自身を安売りするのではなく、あなたの適正価格をしっかりと見つけてほしいのです。その考えを持つことがあなたの店の売上を上げる第一歩となるでしょう。

### ◆まずあなた自身が変わる

実際にそれでもお客様の層が変わらない場合、あなた自身の身なりや立ち居振る舞い、言動など、今一度確かめてみていただきたいのです。あなたの店に裕福なお客様いわゆる富裕層のお客様を集めるには、あなた自身が富裕層にならなければなりません。もちろん、実際に店をはじめたばかりで金銭的に余裕がなく富裕層になれない方もいらっしゃると思います。でも、そんな方でも考え方や仕草など、意識面の改善はできるはずです。上品さや心の余裕、気品の高さなど、まずはあなた自身が内面を変えてみましょう。そうすれば店に来られた富裕層のお客様はあなたに心地良さを感じ、あなたの店の常連となってくださることでしょう。**「上品な店員さんのいる店には上品なお客様が集まる」**これは引き寄せの法則以前に当然の現象だと思います。

このようにしてまずあなた自身、そして店全体の質を高めることにより富裕層のお客様が集まり出すと、店全体の単価が上がり、物販などの反応率も上がりはじめます。店がよくなることにより、さらによいお客様が集まるという好循環が生まれるのです。

### ◆もうひとつの鏡の法則

さらにもうひとつ、富裕層のお客様を集めることにより、とても素晴らしい効果が得られます。それは、やはりこれも鏡の法則により、あなた自身の金銭的・精神的な生活のレベルが上がることです。普段から富裕層、つまり成功者と接することにより、自然にあなたの中に成功者と同じ考えや行動力などが育まれるのです。あなたの中の無意識があなたをよい方向へと導き、徐々にそして確実に成功への階段を登りはじめることでしょう。

## あなたが変われば、お客様も変わる

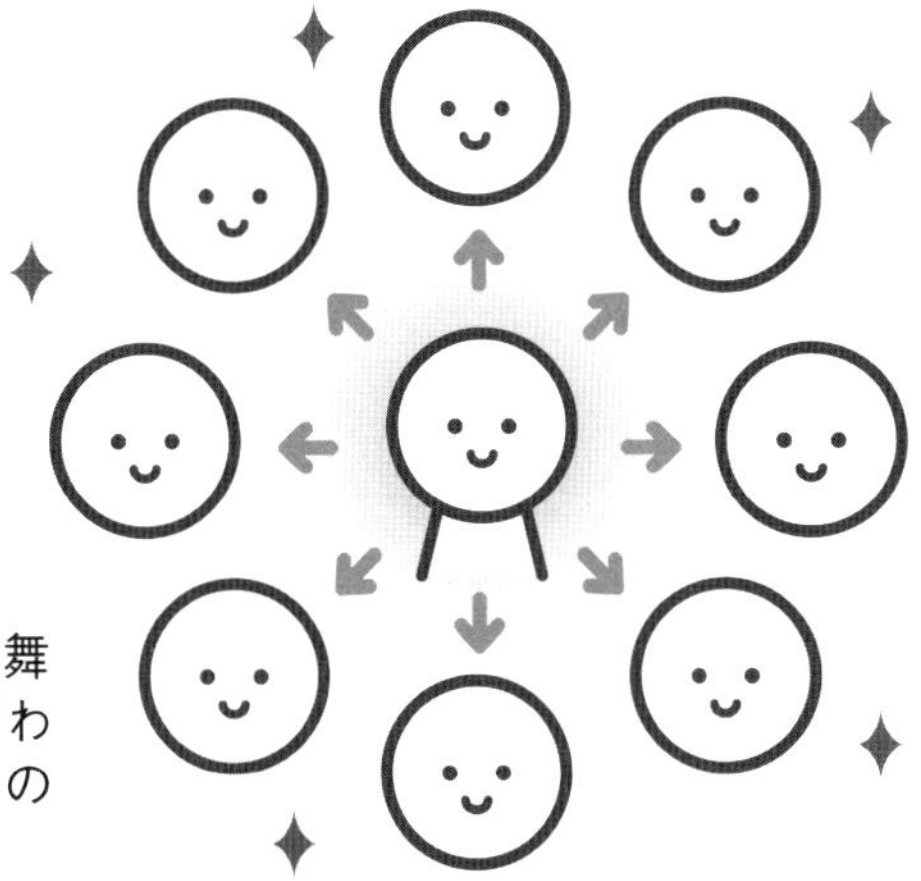

考え方や立ち居振る舞いなど、まず自分が変わることによってお客様の層が変わる

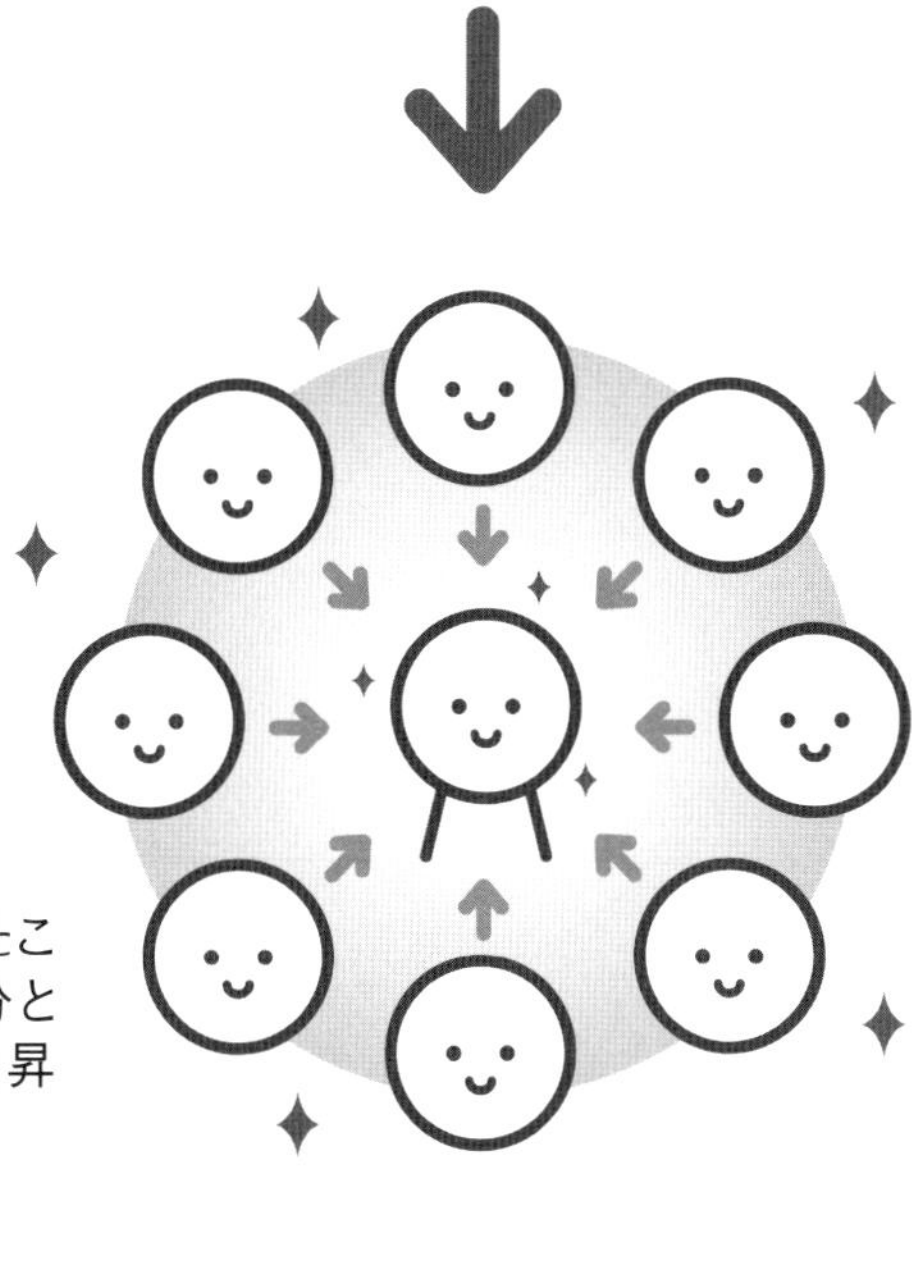

お客様の層が変わったことによって、さらに自分と店に磨きがかかり、上昇していく

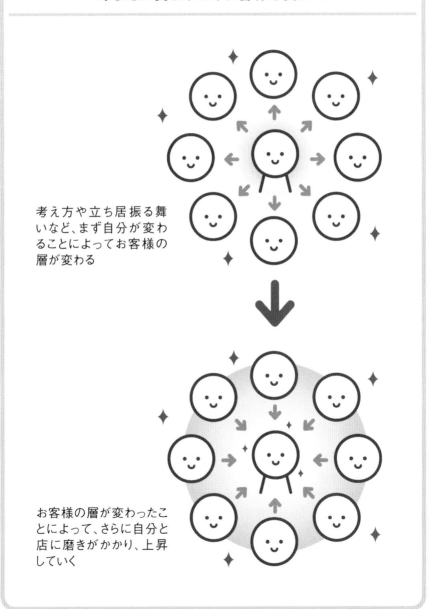

Column

## 10年後の「ちいサロ」――❺

危機に直面した時、どのように対応するか？

それこそが経営者にとって最も大切な要素なのではないかと思います。どんなにサロンが発展したとしても、必ず何らかの危機は訪れます。むしろ、危機が訪れるということは前に向かって進んでいる証だと言ってもいいでしょう。私のサロンでも、本書の初版を出した後の７年で様々な危機が訪れました。そのたびに工夫して、それを乗り越え、危機が訪れる前よりも発展につなげてきたのです。

では、どのようにして危機を乗り越えるのか？　物事には必ず原因があります。それを突き止めるために、その物事を細かく分解して見てみること。大本の原因さえつかめれば、対処も楽になってきます。

それと同時に大事なのが、将来の確かなビジョンを持つこと。はるか先の大きな目標が定まっていれば、目の前の波風など些細なものに感じます。

危機に直面した時こそ、未来の夢に目を向けましょう。

Small Salon

# 6章

# さらなる店の発展のために！

No. 01

# 予約が埋まったら危険サイン

## ◆予約いっぱいは心身の限界

「行列のできる店」「〇ヶ月先まで予約の埋まっている店」というキャッチコピーをよく耳にします。どちらもうらやましく、憧れる言葉です。そうなりたいと思っている経営者の方も多いのではないでしょうか。

さすがにサロンの場合、行列は無理でしょうが、数ヶ月先まで予約が埋まるという話はあり得ない話ではないでしょう。かくいう私のサロンも2年ほど前、3ヶ月先まで予約が取れないという状況になっていました。当時はとても喜んでいましたが、半年後に事態は急変。スタッフは身も心もボロボロ、腱鞘炎にかかり、施術のできない状況にまで陥ってしまいました。

世の中には需要と供給というものがあり、バランスの中で成り立っています。例外もありますが、**売れすぎるということは商品やサービスの価値に対して価格が安すぎる**という場合がほとんどだと考えてよいでしょう。もちろん、商品のようにいくらでも数が用意できるものでしたら、赤字にならない限り、多く売れれば売れるほどよいのですが、何度も言うように施術にはできる数に限りがあります。肉体的にも精神的にも限界があります。予約が先まで埋まるということは、その限界に近づきつつあることだと知っておく必要があります。

## ◆予約いっぱいは売上の限界

そしてもうひとつ。これも改めて考えればその通りですが、予約がいっぱいということは、**それ以上入客数が増やせない**ということでもあります。つまり、そのままにしておいたのではそれ以上売上は上がらず、それ以上の発展はないということです。店のお客様が増え予約が埋まりはじめたら、喜ぶと同時に次の展開を考えておくべきだと知っておいてください。そこがあなたのサロンにおいての分岐点であり、**新たな幕開け**でもあるのです。

具体的にどのようなことをしていくのかはこの先の項で書いていきますが、今までとはまったく違う心境で臨んでいかなければならないことを知っておいてください。深呼吸をして、今までの手法を消し去る覚悟ができたらこの先を読み進めてください。

## 予約でいっぱいの店のよい点・悪い点

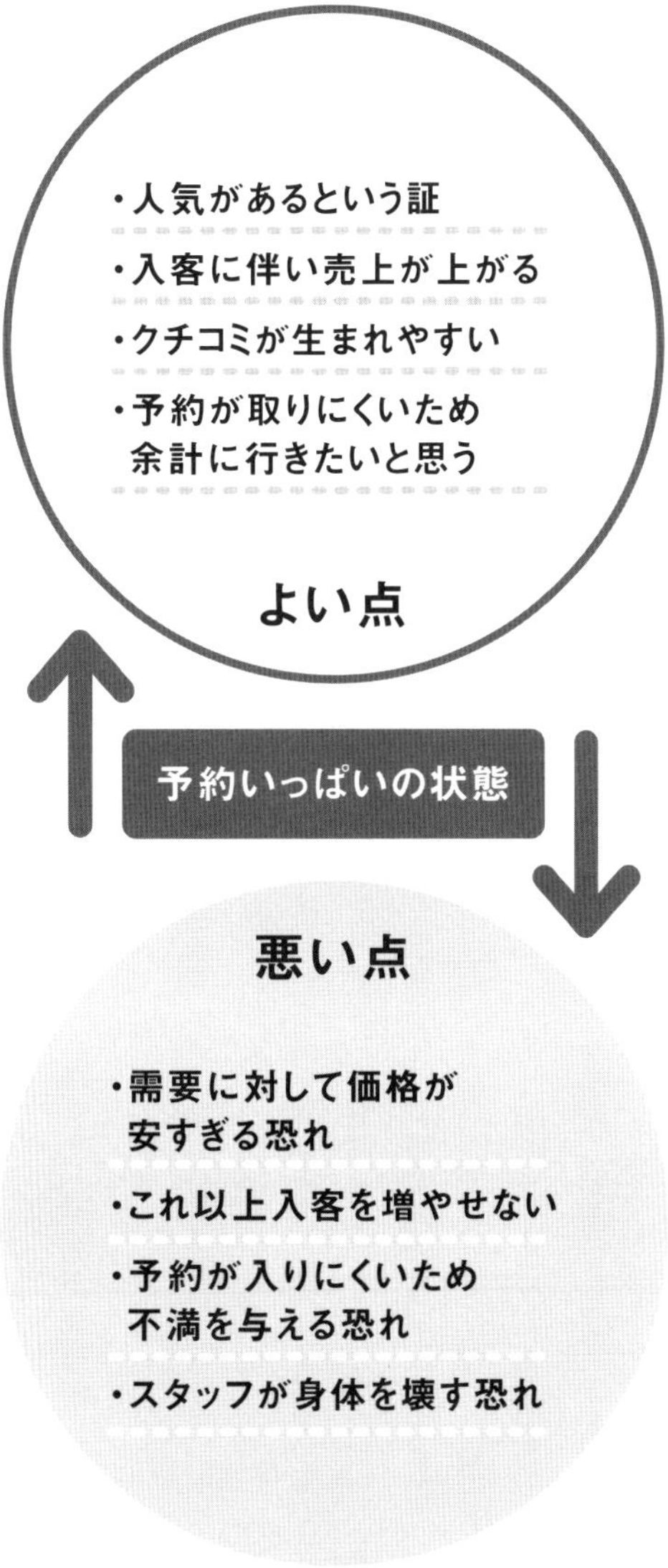
・人気があるという証
・入客に伴い売上が上がる
・クチコミが生まれやすい
・予約が取りにくいため
余計に行きたいと思う
よい点
予約いっぱいの状態
悪い点
・需要に対して価格が
安すぎる恐れ
・これ以上入客を増やせない
・予約が入りにくいため
不満を与える恐れ
・スタッフが身体を壊す恐れ

No.

02

# お客様を切り捨てる!?

この見出しを見て「せっかくのお客様を切り捨てるとは何事か?」と思われたかもしれません。でも小規模のサロンにとって、予約が埋まったその先の展開を考える上で避けては通れない道ですので、ぜひしっかりと読んでいただきたいと思います。私のサロンはこれをすることによって、客数を少し減らしながらも売上を2倍にしています。

## ◆入客を減らして売上を上げる

なぜ入客数を減らしたのに売上が上がったのでしょう。それは単純に客単価が上がったということなのですが、これは意図的に特定のお客様層を切り捨てることにより得られた結果で、前章の「値上げをせずに客単価を上げる方法」にもつながるものです。

はたしてどんなお客様を切り捨てるのか。それは**「客単価の安いお客様を切り捨てる」**ということです。例えば単価が2万円と5000円のお客様がいたとして平均単価は1万2500円。ここで5000円のお客様を切り捨て、代わりに1万円のお客様が入れば平均単価1万5000円、売上は3万円に上がります。これはわかりやすく単純に計算したものですが、予約飽和状態のサロンにとっては単価と売上が上がっていくのをかなり実感できるはずです。

## ◆8-2の法則

なぜここまで言い切れるのでしょうか。「8-2の法則」という有名な説があります。それは、店に来られるお客様の来店頻度や使用金額などを統計すると、なんと**上位2割のお客様だけで店全体の8割の売上を担っている**という説です。さすがにここまで行くとオーバーだとは思いますが、あなたの店でも計算してみてください。実際に上位3割のお客様だけで店の7~8割の売上に達しているはずです。

「8-2の法則」に対して「ロングテール」という考えもありますが、これは単価の低いお客様でもずっと人数が増えてくれれば売上の大部分を占めてくるというもので、ネット通販などには役立つ考えですが、サロンには当てはまりません。小規模サロンでは、いかに売上上位

## お客様層のピラミッドと売上の占める割合の相関図

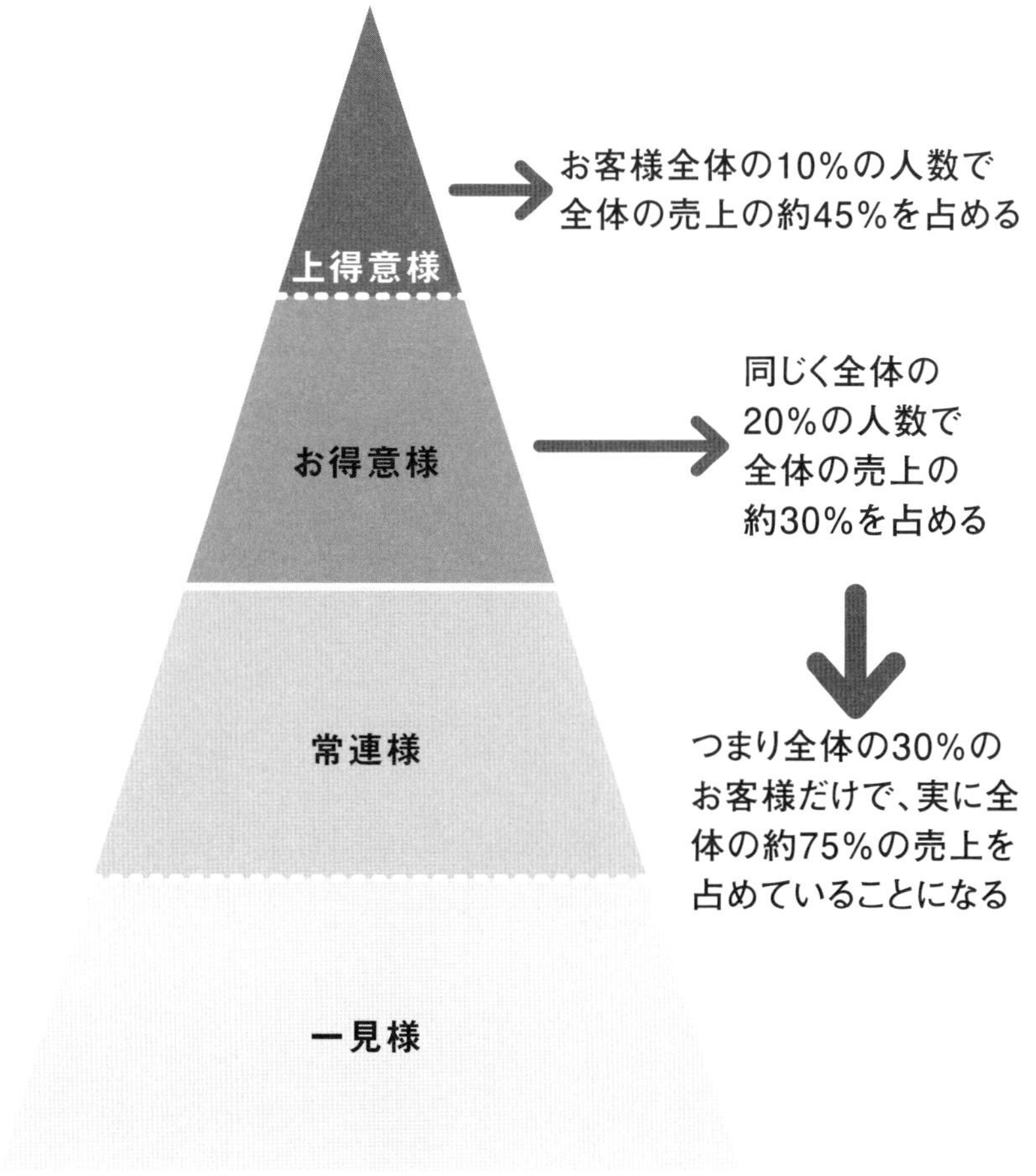


◆上のピラミッドは、一定期間にそれぞれのお客様ひとりがお支払いになった金額を割り出し、パーセンテージにまとめて集計したもの。
サロンに限らず、飲食店や小売店など、ほぼすべての業種や店でだいたい同じような結果が出ます。

の上得意様を大事にするかが重要になってきます。

ただし、誤解しないでください。すべてのお客様に対して最高のサービスは行なうのです。でも、それ以上に上得意様にはその方にしか味わえないサービスを提供していきます。**より店のことを大事に思ってくださるお客様に対して、より上級のサービスを提供する**のです。

### ◆心を鬼にして見える新しい喜び

上得意様へのサービスについてはあとで詳しく書きますので、飲食店や美容室の方にも参考にしていただきたいと思います。まず、サロンを個人や少人数でやられている方は、それよりもさらにシビアにお客様を厳選していかなくてはならないということです。飲食店や小売店においてはここまでする必要はないでしょう。でも、小規模サロンの場合、心を鬼にしてお客様を切り捨てていかなければその先には進めないのです。

優しくて素敵なお客様もいらっしゃいます。楽しくて心がワクワクするお客様もいらっしゃいます。この中には安くてもずっと通ってほしいと思う方もたくさんいることでしょう。でも、切らなくてはならないのです。切らなくてはその先の道は見えてこないのです。

私もその葛藤に苦しみながら道を広げてきました。具体的には「半年間トータルのご利用金額が少ない方」「来店頻度の少ない方」「1回当たりの単価の低い方」を見るのですが、特にサロンの場合、**1回当たりの単価が重要**になってきます。この方たちを切り捨てるのに最適な方法はズバリ安いメニューをなくすことです。

**グッとこらえて安いメニューを終了**させてください。文句を言う方もいらっしゃるでしょう。来なくなる方もいらっしゃるでしょう。でも店の未来のために我慢です。

しかし、中には高いメニューにシフトチェンジしてまで通ってくださる方もいらっしゃいます。そして今まで以上に喜んでくださるのです。そう、「安いからお客様は喜ぶ」というこれまでの固定観念はこの頃から消えていくでしょう。

### ◆それ以外に切り捨てるべき人

金額以外にも切り捨てるべき人がいます。「クレームの多い方」「キャンセル・遅刻の多い方」「他のお客様に迷惑をかける方」など。**肉体的・精神的にサロンを苦しめる方**です。こういった方たちには「予約が埋まっていて入れません」と促したり、キャンペーン情報や会報を渡さないなど、徐々に店から離れて行っていただくようにしていきましょう。

あなたやスタッフの精神的疲労を取り除くことも、ゆくゆくは売上アップにつながります。

## お客様を切り捨てることで満足度を高める

来店頻度の高いお客様

1回当たりの単価の高いお客様

クチコミや紹介をよくしてくださるお客様

変更やキャンセルの少ないお客様

他のお客様の迷惑にならないお客様

↑

↓

他のお客様の迷惑になるお客様

変更やキャンセルの多いお客様

よくない噂を流すお客様

1回当たりの単価の低いお客様

来店頻度の低いお客様

◆オープン当初や入客の少ない時期はどのようなお客様も欠かせませんが、予約が埋まりはじめてからは、お客様を絞り込む必要が出てきます。よりよいお客様に絞り込んで、より質の高いサービスを提供し、お客様の満足度を上げていくことが重要になります。
そうすることよってあなたやスタッフのモチベーションも上がり、相乗効果で店全体がよくなっていくのです。

No.
03

# お客様を育てる

「お客様を育てる」と言うと聞こえが悪いですが、これは店の将来を左右するほどの大切なポイントです。これができないと、後に様々なことで苦労することになってしまいますのでぜひ注意しましょう。

## ◆悪いお客様は店がつくっている

前の項で「わがままなお客様は切り捨てる」と話をしましたが、実はわがままなお客様をつくってしまう要因は店にあることが多いのです。しっかりとした接客応対を行なっていればお客様とのよい関係も自然につくられていくのですが、やり方を間違えると人間関係が悪くなり悪循環に陥っていきます。私は20年以上多種多様な業種で接客業をしてきて、百数十項目に及ぶ接客の注意点を体系化していますが、その中でも最も重要で最も見落とされがちなのがこの項目と言っていいです。

「お客様を恋人のように思って接しましょう」

これが当店の合言葉ですが、恋人同士でも友人同士でも親子でも兄弟でも夫婦でも、**人と人の関係にはパワーバランスというものが存在します**。まったく対等な関係というのはめったになく、どちらかが引っ張り、どちらかが引っ張られる状態でバランスを取っています。よく「恋は駆け引き」などと言いますが、接客もそれと同じです。うまくお客様の心理を誘導することによって最適な関係が築けるのです。最適な関係を築くことによって最適なリピート率は上がり、物販も売れやすくなり、入客、単価共に上がっていきます。商品のおすすめをしても勧誘と取られず、かえってお客様はとても喜ばれます。さらに人間関係によるイライラやストレスもなくなり、毎日の仕事が楽しくなります。こんなよいことだらけの接客、取り入れなければ損だと思いませんか?

では、具体的にお客様を教育するとはどういうことでしょうか、どうやってお客様とのより濃厚な関係を築いていくのでしょう。それをお話ししていきます。

## ◆お客様は神様か?

接客業にとってお客様は神様のはずです。サロン経営者にとっての生活源はお客様からいただくお金です。でも、ひたすら丁寧にへりくだるのはよくありません。人

## お客様に安心感を与える接客術

◆あまりにへりくだりすぎる接客は、頼りない印象を与えてしまい、かえってお客様の満足度を下げてしまいます。特にお客様の身体を診る立場のセラピストは、お客様に安心感を与えるためにも、自信を持った接客が必要です。

はあまり**ペコペコされると段々自分に優位性を感じてくるものです。**

はじめはそう感じていなかったお客様も、徐々に「私がお金を払ってあげている」と無意識に思ってきます。そのお客様に店員がどう映るかというと「頼りない」とか「情けない」等々、決してよい捉え方はされなくなるでしょう。

そして、人は頼りない人に何かを訊ねたいとは思いません。頼りない人に自分の身体や心を任せようとも思いません。**セラピストはお客様にとって「信頼のできる先生」でなくてはなりません。**そう、「お客と店員」という関係ではなく「**患者と先生**」という位置関係が望ましいのです。その位置関係、パワーバランスを保つことで信頼関係が生まれ、お客様は心を開いてくださるのです。

**◆丁寧な「上から目線」**

なるほど、では医者のように強気な態度でガンガン攻めていけばいいのかというと、それもまた違います。あまりに強気な態度だと今度は逆に心を閉ざしたり、反抗してくる方もいらっしゃいます。あくまでも丁寧に、丁寧な上から目線を目指すのです。

難しいと思われるかもしれませんが、実際はそうでもありません。深く考えなくてもよいのです。うまくパワーバランスを保ちながら深い関係を築くために気をつけることは3つ。

**①確かな技術と知識を身につける**
**②お客様のどこか1点を必ず褒める**
**③お客様の身体や心を、心から心配する**

これだけです。いや、もっと突き詰めれば①と③だけでもいいぐらいです。実は、ペコペコ頭を下げたりする外見的なことはあまり関係ないのです。なぜならパワーバランスというのは身体ではなく、心と心の強さの関係だからです。しっかりと技術や知識を磨くことで、自信がみなぎってきます。揺るぎない自信は、信頼となって確実にお客様に伝わります。その自信をしっかりと持った上でお客様のことを心から考えれば、ほとんどの方は心を開くことでしょう。

そしてそれをスムーズに運ぶための潤滑油となるのが、褒めるという行為なのです。褒められて不機嫌になる人はいません。洋服や髪型、持ち物、声や性格など、よいと思ったことを素直に表現しましょう。恥ずかしがらずに、素直に気持ちを言葉にすることで、あなたの心はより伝わりやすくなります。そして、心がしっかりと伝わることで、しっかりとした信頼関係を築くことができるのです。

## 確かな信頼関係を築くために気をつけること

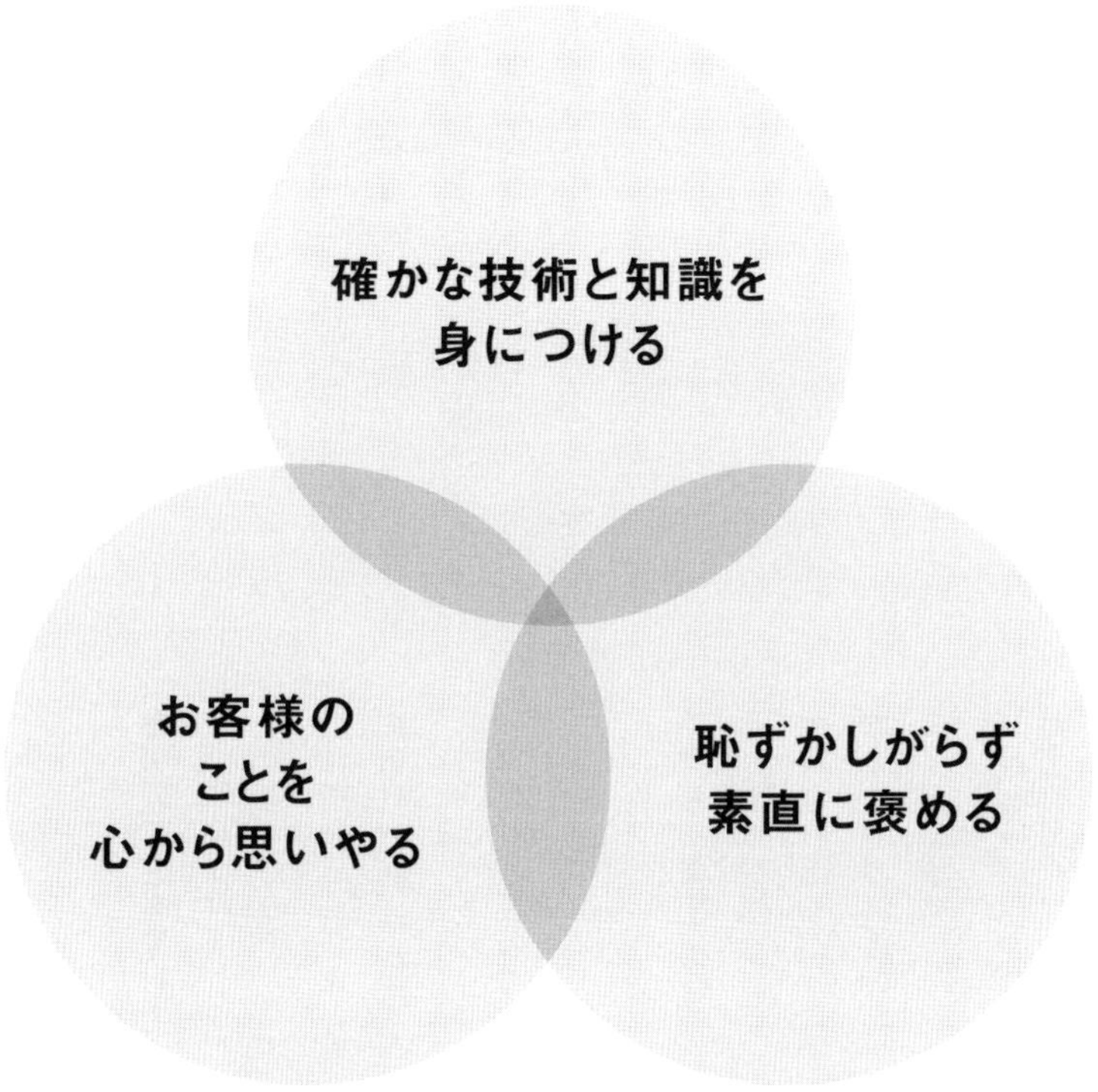
確かな技術と知識を
身につける
お客様の
ことを
心から思いやる
恥ずかしがらず
素直に褒める

◆お客様からの確かな信頼を得るには、自信を持つことが大事。そのためにしっかりと技術と知識を身につけ、実力に裏打ちされた内面の強さを持ちましょう。また、うわべではない心からの思いやりを持つことで、お客様との信頼感はより強まります。

No. 04

# 切り捨てる、育てる。本当の意味とその後

「お客様を切り捨てる」「育てる」。7年前にこの書籍が世に出た時、最も物議をかもしたのがこの部分です。あえて刺激的な書き方はしていますが、著者である私もひとりの人間。やはりいろいろと悪いことを言われるのはつらいものです。ですから本当は、最新版を出すにあたりこの2つの項は削りたかったというのが本音ですが、強く思いとどまって掲載することにしました。なぜなら、前著を読まれた方からいただく感想の中で**「本当に救われました」**という言葉が最も多かったのも、この項だったからです。

### ◆お客様を愛するからこそ

私は自分自身で12年近くサロンを経営しています。それ以前にも25年にわたり接客の仕事をしてきました。その中で、**お客様のことを軽く考えたり、お客様をモノのように思ったりしたことは一度もありません**。最大限の感謝と、心からの情熱を持って接してきました。その気持ちは誰にも負けない自負があります。サロンで施術をしている妻も同じです。**感謝してもしきれないほど、お客様のことを愛しています**。むしろ、経営ノウハウやテクニックよりも、そちらのほうが誰にも負けないほど強いと思っています。その気持ちは、恐らくこの書籍を読まれている皆さんもきっと同じでしょう。

### ◆それで救われる人がいるなら

でも、その気持ちだけではうまくいかないサロンも多かった。お客様に振り回され、泣く泣く店を畳まざるを得ないサロンもたくさん見てきました。

だから、心を鬼にしてあえて言うのです。**お客様を切り捨て、育て上げていく必要があるのだ**と。それを書くことで私が悪者になったとしても、それを否定されたのだとしても、それによって救われるサロンが1000あるのだとしたら、私はこれを書いてよかったと思えます。

もちろん、今現在そうではないやり方でうまくいっているのでしたらそれが最高です。でも、もしうまくいっていないのだとしたら、今一度ここを見直してみるのも大切だと思います。

## お客様を愛すればこそ

◆無理なご要望に振り回されてつぶれてしまったサロンは多くあります。サロンがつぶれて最も悲しむのは、そのサロンを愛していた常連様なのです。

No.
05

# 店のブランド、あなたのブランド

## ◆「見せ方＝魅せ方」で価値が大きく変わる

お客様とのよい信頼関係を築く上で、もうひとつ大事なのは「あなたやあなたの店の魅せ方」です。最近、「ブランディング」という言葉がよく使われるようになりましたが、あなたや店をブランド品のように価値あるものとして見せるということです。

例えば、まったく同じ価値の果物が2つあったとして、木箱に入れて丁寧に棚に飾るのと、ビニール袋に入れて乱雑に陳列するのとでまったく価値が違って見えます。どんなに高級な物でも見せ方が悪ければ安っぽい物に見えてしまうのです。さらには見た目だけでなく、味までもが違って感じるので不思議です。

同じようにあなたやあなたのサロンも、見せ方がよくないためにお客様にしっかりと価値が伝わっていないことがよくあります。技術はあるのに自信がないように見られていたり、高級志向なのに見た目で損をしていたり、そこでの価値が見出せないからお客様は安さばかり求めたり、満足度が低くなったりしてしまうのです。

では具体的にどのようにブランド化を図っていけばいいのでしょうか。まず何より、**自分を客観的に見られるようになること**です。よいところ悪いところ、他と違うところ。意外に自分のことというのは見えないものです。そういう場合は他人からの意見を聞くなりして客観的に見られるようにしていくとよいでしょう。

次に、それをいかに伝えられるか。照れがあったり謙遜していたり、ひねくれていたりしたのでは自分のよさはなかなか伝えられません。**恥ずかしがらずに堂々と自分のよさを言葉にしていきましょう。**

## ◆背伸びに実力はついてくる

あとはあなたの普段からの立ち居振る舞いです。しっかりと自信を持って行動することであなたの価値は大きく変わってくるはずです。もちろん自信過剰はよくありませんが、セラピストとしては過剰ぐらいのほうがよい場合もあります。自信を持つことで潜在意識に働き、実力を発揮することもできますから、あなたをさらに向上させていくためにもブランド化は大切なのです。

## 見せ方次第で本当の価値が伝わる

中身はまったく同じメロンでも、箱に入っているかいないかで、まったく価値が違って見えます。そればかりか、味までも違うように感じます。

◆これと同じように、店や自分、スタッフも見せ方がうまくないばかりに損をしているケースが少なくありません。しっかりとした見せ方にこだわることで、価値が高まるばかりか、それに伴って自分の実際の力も上がっていきます。

No.
06

# お得意様へのおもてなし

◆**浮いた分を還元する**

さて、心ある方はここまで来て、あることに気づいたと思います。店にふさわしくない方を切り捨てると、その分店には金銭的にも肉体的にも精神的にも余裕が生まれます。この余裕を**お客様に有効に還元する**ことで店はさらに発展して行きます。ではどこに還元していくのでしょうか。それが本章のはじめにお話した、店の上得意様、店の売上への貢献度が上位のお客様です。

私の店はもう9年以上も、経費をかけての新規集客をほぼ行なっていません。そこにかける経費をすべて**上得意様に喜んでいただくために費やしています**。当然と言えば当然です。ほんの10%のその方たちが店の売上の半分ぐらいを担ってくださっているのです。使える経費はすべて使ってでもその方たちに喜んでいただきたいと思うほどです。効果の薄いクーポン紙やキャンセル対応などに費やしていた無駄なコストをできる限り上得意様に還元する。そうすることでますます店は好循環を生み出していくのです。一流ホテルなどは上顧客の急な予約のためにどんなに予約が入っていても必ず数部屋は空けてあると言いますから、それは発展している店だけが知っている、隠れた秘訣なのかもしれません。

◆**特別サービスに形はない**

ところで、この上得意様へ行なっていく具体的なサービスはどんなことでしょうか。実はこれには明確な答えはありません。その方**一人ひとり喜ぶことは違う**でしょうし、時期やタイミングによっても違います。例えば誕生日に自宅に花を届けるとか、ふとした会話で聞いたその方のほしがっていたものを突然プレゼントする等々、決して値段でもなく、**常日頃からアンテナを伸ばして探す**という姿勢が大事になってきます。それは本当に、恋人に喜んでもらうために何かを探す姿勢に似ています。贈る側もワクワクするのです。

ところで、切り捨てること、特別待遇すること、どちらをするのにもしっかりとお客様の情報を把握しておかなければなりません。そういう意味でも、今一度4章に戻って顧客管理の意味を考えてみるとよいでしょう。

## 上得意様・お得意様への感謝の還元

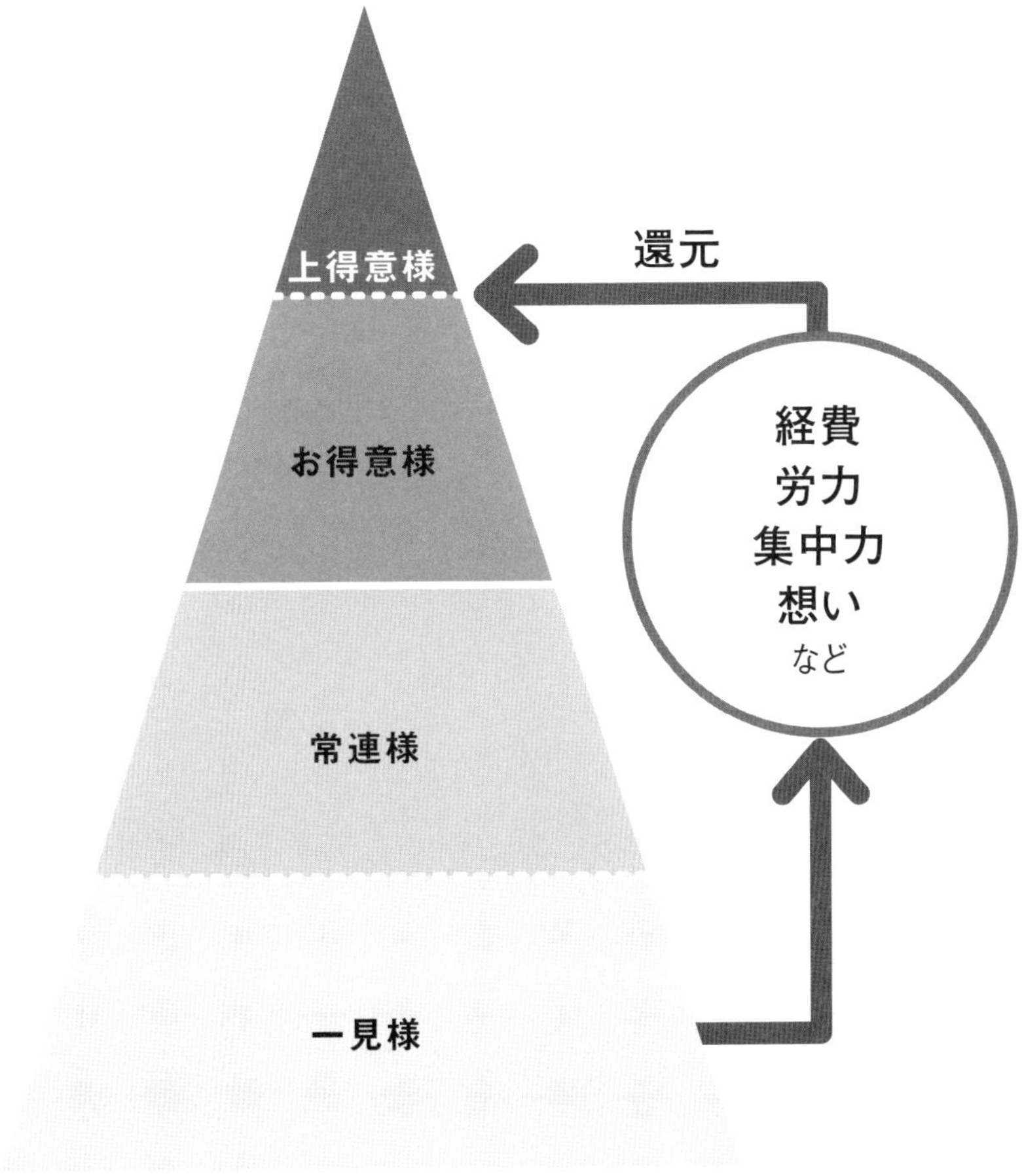


◆店にとって好ましくないお客様や新規集客にかけていた経費を削り、その分をお得意様以上の方々に還元することで、客単価も来店頻度も上がり、店の運営は安定していきます。
また、それによりあなたやスタッフのモチベーションも上がり、ますますお客様に喜んでいただけるようになるでしょう。

No.

07

# はたして資格は重要か？

ブランディングの話の流れで、ここではブランド化を図る上でも重要な「資格」についての話をしていきたいと思いますが、この話をオープン前ではなく、「さらなる店の発展のために」の章で話しているということに注目してください。

## ◆資格で完璧を求めるのは0に等しい

実は私が夫婦でサロンを開いた当初、施術全般を担っていた妻はほとんどアロマやエステの資格を持っていませんでした。アロマやエステのサロンは鍼灸師や美容師と違い、国家資格が必要ないためすべて民間資格となるのですが、多くの人はその民間資格を取得してから開業に挑む場合が多いようです。もちろん資格を持っていればそれをプロフィールにうたえますし、基本的にそれだけの実力があるのだとみなされます。ただ、当店の場合で見ると、**お客様はそれほどスタッフの持っている資格を気にしていない**場合が多いように見受けられます。

「資格があるから実力もあるんだと思う」という程度で、実際にはその資格がどういったものでどれだけすごいことなのかなどは知らない場合がほとんどなのです。どちらかと言えば、**資格を気にしているのは、同業者や経験者**だったりします。もちろん資格がまったく必要ないと言っているのではありません。ないよりはあるに越したことはないですし、実際の実力や自信にもつながるでしょう。ただ、よくあるパターンが、資格をひとつ取ってもまだ自信が持てず、次の資格を求めいつまで経っても開業できないという完璧主義パターンです。完璧を求める人は求めすぎるあまり勇気を持って踏み出せない場合が多いのです。最終的には資格に頼ってしまう場合もありますが、資格ばかりに頼るのではなく、まずは自分自身の実力を信じることも必要になってくるでしょう。

## ◆機が熟す時

私は、まず踏み出してみて、それから改めて必要な資格を取得しはじめても遅くはないと思います。特にサロンをはじめてその先、新たな展開に乗り出そうという時には資格が必要になる時がやってくるでしょう。その話はまた、この章の最後にします。

## アロマ、エステの主な資格

AEAJ アロマテラピー検定　1級、2級
AEAJ アロマテラピーアドバイザー
AEAJ アロマテラピーインストラクター
AEAJ アロマセラピスト
JAA アロマコーディネーター／インストラクター
NARD アロマ・アドバイザー／アロマ・インストラクター
英国IFA 認定アロマセラピスト
英国ITEC 認定アロマセラピスト
J.F.A.A 検定　1級、2級
認定トータルエステティックアドバイザー
認定エステティシャン／フェイシャルエステティシャン
CIDESCO インターナショナルエステティシャン
INFA 国際ライセンス／ゴールドマスター
AEA 認定エステティシャン／上級認定エステティシャン
AEA 認定インターナショナルエステティシャン
美容脱毛エステティシャン認定試験
美容電気脱毛技能検定試験
JSA スキンケアアドバイザー
JSMA 認定フェイシャルカウンセラー
JSMA ビューティー遺伝子カウンセラー

◆アロマセラピスト、エステティシャンとして取得できる主な資格にはこれらのものがありますが、国家資格ではなく、開業するにあたって必ず資格が必要なわけではありません。
自分にとって、今必要なものは何なのか、じっくりと考えてから決めるのもよいでしょう。

No. 08

# もうひとつの「客単価を上げる」方法

### ◆物販で客単価の上乗せ

ここまでいくつかの客単価を上げる方法をお話ししてきました。「さらに高いメニューをつくる」「単価の低いお客様を（心を鬼にして）切り捨てていく」。これらに合わせてもうひとつ、客単価を上げる重要な方法があります。それはご存じの方もいらっしゃると思いますし、すでに無意識に取り入れていらっしゃる方もいると思いますが、私の店では現在でもこの方法によって売上が保たれています。

ズバリそれは「物販」です。業界用語で「店販」とも呼ばれています。サロンの場合でしたら化粧品や健康食品、美容ドリンクなど、商品を売って売上にしていくことです。施術以外にお客様が商品を気に入ってくださって毎月のように購入していただければ、単純にその分そのお客様の単価が上がることになります。

### ◆物販の無限の可能性

よいことはそればかりではありません。何度も言うように施術には時間的、肉体的な限界がありますが、物販にはそれがありません。**1個売れるのも100個売れるのも大きく労力は変わらない**という、小規模サロンにとってはこの上なくありがたい存在となってくれるのです。もうひとつ。お客様が商品の愛用者になることによって**サロンへのリピート率や来店頻度**も上がってくるというメリットもあります。

ですからとにかく、商品によってますますお客様に喜んでいただくために、**最高に納得できるものを販売していかなくてはなりません**。私のサロンの場合は、まず自分でその商品を徹底的に使ってみて、納得できなければ店には出しません。それぐらい強い気持ちで臨めばきっとお客様も安心して購入してくださることでしょう。

そうは言っても物販は営業です。「私には物を売るのは向かない」「お客様に売りつけられたと思われないかしら」「どんなに頑張ったって私のサロンでは商品が売れるわけがない」そうおっしゃる方も多いことでしょう。そんな方のために次の項ではサロンで商品を売るための方法をご紹介いたします。

## サロンで物販をするメリット

客単価が
上がる
リピート率や
来店頻度が
上がる
体力的・
時間的な
労力が少ない

◆「大量に仕入れて在庫を抱えてしまう」ことを避ければ、たとえ売れなくてもリスクは少なく済むので、やってみる価値は十分にあるでしょう。
ただし、本当によいものを見抜く目と、心からお客様に喜んでいただきたいという気持ちが必要です。

No.
09

# 売れないのには理由がある――商品を売るために大切なもの

### ◆売れないという常識

「物販は売れない」あなたの店ではそんな言葉が合言葉のようになっていませんか？　実は私のサロンでも10年前までは同じ状態でした。エステ商材の業者が化粧品などの商品を紹介してきても「いや、うちのサロンではまず商品は売れませんから」と言って断ってきたのです。オープン当初に物販を何度かやって、すべてうまくいかなかった経験がそう言わせていたのでした。

でも、それから数年経つうちにサロンやスタッフのレベルも上がり、初めて売った美容ドリンクがいきなり70万円も売れるなど個人サロンではあり得ないほどの数字を叩き出すことになります。一体何が変わったのでしょうか。

### ◆なぜ商品が売れるようになったのか

まず、売る商品が変わりました。「売れる商品にたまたま当たったなら売れて当然じゃないか」と思われる方もいらっしゃると思いますが、厳密には違います。売りたいと思う商品以外、売らないようにしたのです。

前項でも話した通り、私達は新しい商品が入るとまずスタッフ全員、自分たちでとことん使ってみます。そこで思わしい効果や結果が出なかったら販売は取りやめ、これはいい！　と思ったものだけを販売するようにしています。当然、スタッフもよいと思っているものですから、誰かにすすめたいと思うはずです。施術中のトークなどでも自然にその効果の話題が出てきたりします。これはスタッフが無意識に起こすクチコミのようなもの。スタッフとお客様との間に信頼関係ができあがっていれば、お客様も興味を持たないはずがありません。

次に、**決して無理に売ろうとしない**こと。私は常に、スタッフにも「売れ」とは決して言いません。売るのではなく、ただお客様によさをお伝えすること。その後で買うか買わないかを判断するのはお客様です。お客様には本当によいと思った時にだけ買っていただきたいのです。本当によいものだから無理矢理な気持ちで買ってほしくはありません。それに、スタッフ自身も売れなくてもいいという気持ちがあれば、無理な気負いもなく楽な

## 商品が売れない理由

◆基本的に、お客様はいつでもよりよい商品を探しています。よくなりたいと思うからこそサロンを訪れるのです。そのような美意識・健康意識の高い方に、よい商品をお知らせして喜んでいただけないわけがありません。売るのが目的なのではなく、お客様にきれいになっていただくのが目的なのです。

気持ちでお客様にご案内ができます。大事なのはいかにたくさん売れるかではなく、いかにたくさんの方によさを知っていただくか、なのです。

### ◆売れないと決めているのは自分自身

次に大事なのは「**絶対に売れる**」と**思い込む**こと。実は商品が売れない場合のほとんどが、心のどこかで「きっと売れない」と思い込んでいるからなのです。これは潜在意識の問題です。面白い例があります。昔、男友達と皆でクルミが素手で割れるか試して遊んでいた時のこと、どれだけ頑張っても誰も割ることはできませんでした。ところが、私が「絶対に割れる」と信じてやったら見事に割ることができたのです。しかし本当に驚いたのはその後、なんと、今までまったく割れなかった他の友達全員も、私が割るのを見たとたん、見事に割ることができたのです。実際は最初からクルミは割ることができたけれど、「クルミは割れない」という固定観念が、勝手に潜在意識にブレーキをかけてしまっていたということです。

それと同じことが物販でも起こります。心のどこかで売れないと思っていると潜在意識にブレーキがかかります。どこかに自信のなさが表われてそれがお客様にも伝わります。ところが「こんなに素晴しい商品なのに、買わない人が信じられない」くらいの気持ちでいたらどうでしょう。そして、それを実際に買われる方が現われるとさらに自信がつきます。買われた方からよかったという感想を聞いたりすると、よりさらに。それ自体がトークにもなり、ますます商品は売れていくでしょう。

### ◆お客様のほうから興味を持っていただく

もうひとつ。それはお客様の受動的か能動的かによる心理的な問題です。つまり、どんなにスタッフが売るつもりがなく、よいものをお伝えしようという気持ちでいたとしても、結果的にはその部分はお客様自身で選んだことではない、どちらかというと受動的で「された」ことになります。お客様は人からすすめられた時より、**お客様自ら進んで能動的に選んだ場合のほうがさらに購入される率は高くなります**。そのため、スタッフが伝える前にお客様自ら商品に興味を持つきっかけをこちらから用意しておくことが大事になります。

それは何かというと、簡単です。店内のPOP、ポスターでの告知やディスプレイです。商品のよさをしっかりと書いたPOPを目立つ場所に貼っておくことにより、お客様自ら商品へ興味を持ちます。もっと知りたいと思ったお客様の気持ちをしっかりと感じ取り、丁寧にお声がけすればお客様はとても喜ばれることでしょう。

## 自分の意識を変えることが大事

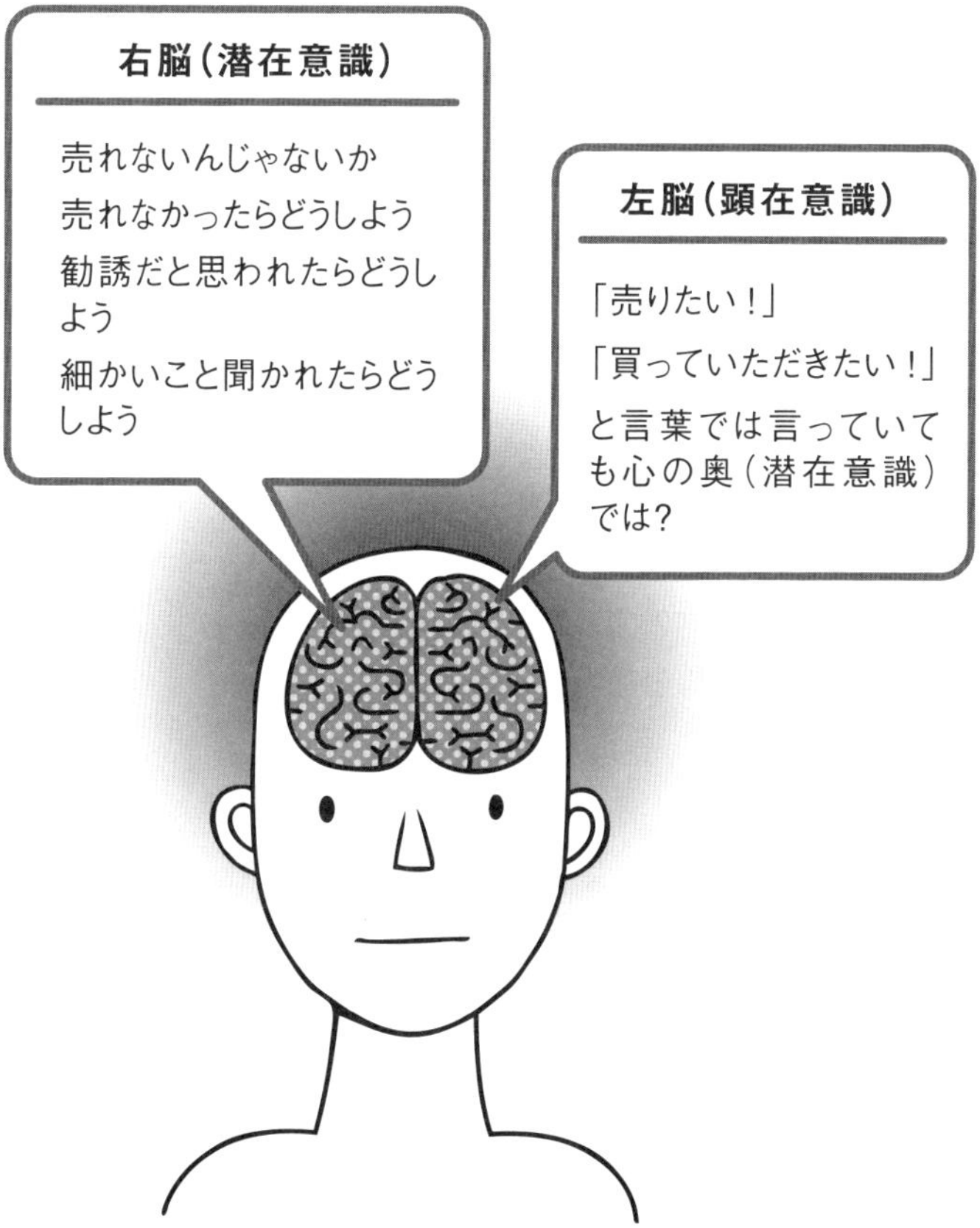


◆潜在意識の中にマイナスのイメージがあると、知らず知らずのうちに心にブレーキがかかり、できることもできなくなる場合があります。
ちょっとした仕草や言葉のニュアンスなどに自信のなさは表われ、不安となってお客様に伝わってしまいます。

しっかりと商品のよさを実感し、お客様によくなってほしいという気持ちでお伝えすることが大事になります。

実際にお客様目線に立って、厳しくチェックを入れてもらうとよいでしょう。

No. 10

# お客様ごとにPOPや陳列を変える

「POPは貼っているけど、全然効果がない」という声をよく耳にします。効果的なPOPの書き方については配置や配色、写真にキャッチコピーと、とても奥が深く、それだけで一冊の本になってしまうほどですのでここでは割愛させていただきますが、せっかくですので効果の上がるPOPの貼り方や置き方をご紹介しましょう。

### ◆まずは目立つこと

どんなに素晴しい商品やサービスをどんなに優れた内容のPOPにしたとしても、それがお客様の目に留まらなければまったく意味がありません。お客様の通る通路や座ったり立ち止まったりする場所のことを「導線」と言いますが、この導線とはかけ離れた、空いている壁のちょっとしたスペースやインテリアの隅などにアピールしてもほとんど目には留まりません。お茶を飲むテーブルの上や化粧直しをする鏡のそば、お手洗いのちょうど座った目線など、**お客様からしっかりと見ていただける場所**に貼ってこそPOPは活きてくるのです。

さらに言えば、すぐに通りすぎるような場所には画像中心のポスターや短いキャッチコピーのもの、鏡台やテーブルなど長時間滞在する場所には詳しく書いた細かな内容のものというように、POP自体の内容を変えてみると、さらに効果は上がります。わかりやすく言えば「見るPOP」「読むPOP」を使い分けるということです。そうすればお客様にも伝わりやすくなるでしょう。

### ◆個人サロンにしかできないワンランク上の技

もうひとつ、これはほとんどのサロンではやっていないことだと思いますが、**お客様によってPOPやチラシの配置や種類を変える**のです。お客様によって受けたいコースも違えばお悩みも違います。おすすめする商品やコースも違うはずです。常連のお客様が増えればそれぞれの好みやお悩みもわかってくるはずですから、その方ごとに一番見合ったPOPに変えたり配置換えをしたりすれば、よりお客様も喜ばれ反応率も上がるでしょう。

このような細かな配慮は、入客数の多い大手サロンではとてもできないことです。マンツーマンに近い個人規模のサロンだからこそできる最高の接客術なのです。

個人サロンならではのPOPの仕掛け
お肌に悩む方には……
にきびケア
洗顔料
アンチ
エイジング
クリーム
コラーゲン
ドリンク
体型を気にしている方には……
痩身
クリーム
便秘解消
ドリンク
代謝UP
サプリ
それぞれのお客様のお悩み内容によって、
店内POPの種類や配置を変えると効果的

No. 11

# 回数券のススメ

## ◆回数券のイメージ

一時期、エステサロンというと「強引に高い回数券を買わされる」というイメージを持たれたことがありました。実際に悪質なサロンもあったようですが、法改正により最近では少しずつクリーンなイメージになりつつあるようです。そんな時代背景もあってか、今でもいろいろなサロンのホームページを見ると「当店は都度払いですので安心です」ということをうたい文句にしているのをよく見かけます。確かにサロンにまだ来たことのないお客様にとっては、こういう言葉や「強引な売り込みや勧誘はいたしません」という宣言は安心感を与えてくれ、来店への敷居をかなり下げてくれることと思います。

ただ、そこをいつまでも売りにしていたのではその先の店の発展を妨げることになりかねませんので、「回数券＝悪」というイメージがもしあなたの中にあるのだとしたら、早めにそれを取り除いたほうがよいでしょう。そうこう考えるまでもなく、店に常連の方が増えてくると「毎回お会計するのが大変だから回数券をつくってくれない？」とお客様のほうから言ってくださるようになると思います。私のサロンも実は、それがきっかけで高額チケットを販売するようになりました。

## ◆回数券のメリット

回数券のメリットは**「最初にまとまった売上が入る」「その後のリピートがほぼ約束される」**というところですが、この2つから得られるメリットは想像以上に大きいです。まだ取り入れていないサロンはぜひ取り入れられることをおすすめします。回数券をはじめること自体はコストのかかることでもないので気楽な気持ちではじめてみるとよいでしょう。はじめは「売れるわけがない」と思っても、売れはじめれば徐々に売れるのが当たり前になっていくのがわかると思います。導入するのは簡単で、売れなくても損をするわけでもないので無理して売ろうとする必要もありません。あくまで気に入ってくださったお客様にさらにお喜びいただく道具だと思えばよいでしょう。ただ、よりお客様がお求め安くなる方法は存在します。それは次章でお話いたします。

## 回数券のイメージとメリット

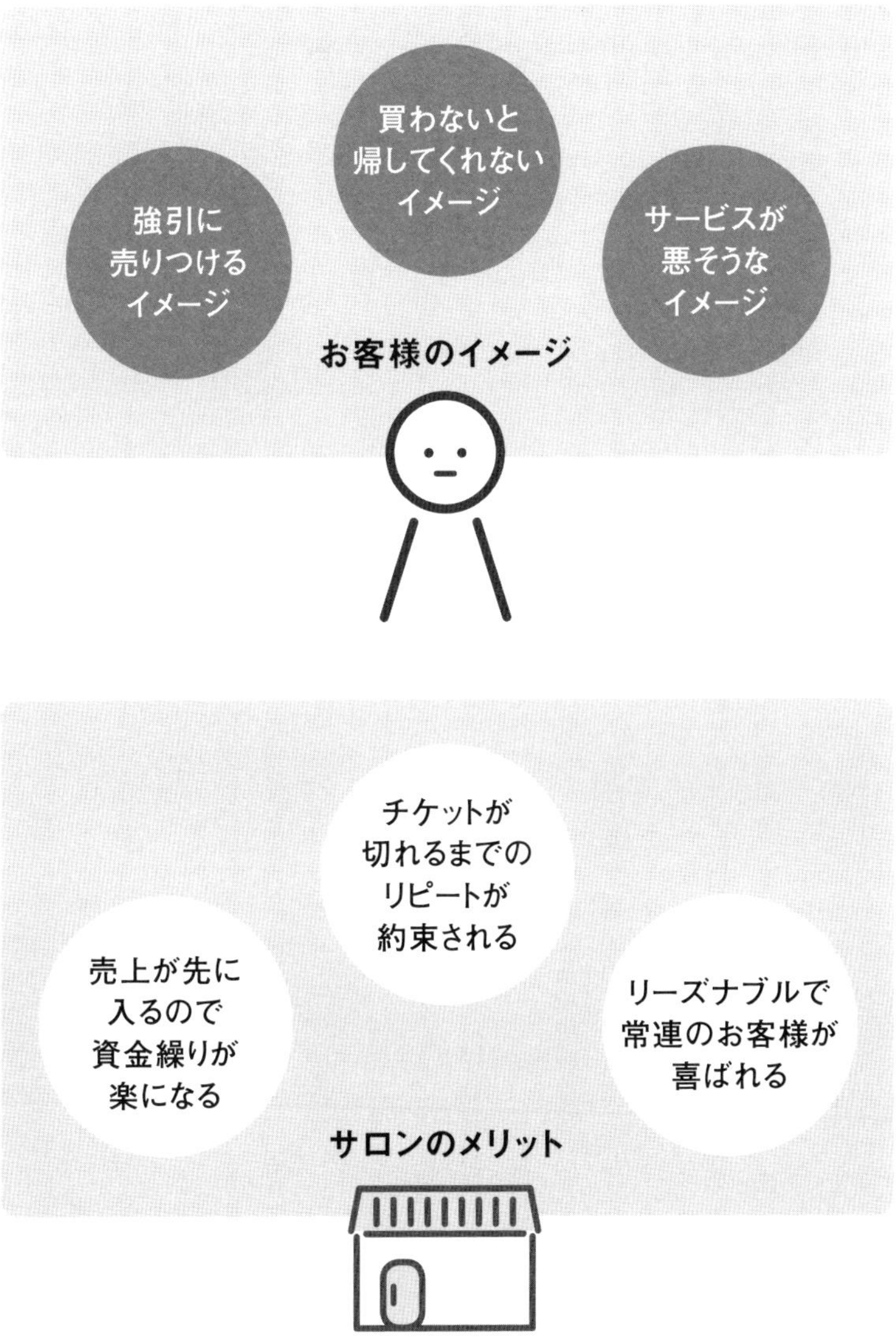
強引に
売りつける
イメージ
買わないと
帰してくれない
イメージ
サービスが
悪そうな
イメージ
お客様のイメージ
売上が先に
入るので
資金繰りが
楽になる
チケットが
切れるまでの
リピートが
約束される
リーズナブルで
常連のお客様が
喜ばれる
サロンのメリット

No.12

# あなたの技術を売る別の方法

利益を確保した上である程度お客様も増え、店の人気も出てくると次の展開を考える必要が出てきます。もちろん、自宅でこぢんまりとやられていてそれで満足されていればその必要もないのかもしれません。ただ、前にも書いたようにあなたの身体には限界があります。そのまま限界が来て終わりを待つよりは、次の展開へと歩を進めたほうが後悔はしないと私は考えます。

## ◆技術を教える

具体的な展開方法とは、スタッフを増やす、店舗数を増やすことがあります。それ以外にも考え出したらきりがありませんが、もったいないのはせっかく身につけたあなたの技術をお客様への施術だけで眠らせてしまうことだと思います。お客様の施術に費やして得られるものは客単価に比例した売上。最終的にその図式はいつまで経っても変わらないのも事実です。ぜひあなたの技術を別の形でも活かしていくことをおすすめします。

その方法はズバリ**「技術を教える」**ということです。すでに実践されている方もいらっしゃると思いますが、講師として出向いたり、**スクール**を開いたりしてあなたの技術を売っていくのです。すでにスクールをやられている何名かの経営者の方から「スクールの売上がなければ店の運営も厳しい状況です」という声が何件も聞こえてくるほどで、純粋なサロン運営のみよりも売上が安定していくことは間違いないと言えるでしょう。

そして講師やスクールをやるもうひとつの大きなメリットがあります。それは**「優秀な人材と出会う機会が増える」**ということです。スクールには技術を学ぼうと高い意識を持った生徒さんが多く訪れます。その一つひとつが大きな縁であり、中にはそこからビジネスパートナーとして人生を共にする人も現われるかもしれません。

## ◆教えることは社会への貢献でもある

「お金をもらって人に教えるなんてそんな自信ない」という方もいらっしゃることでしょう。でも、あなたの技術や経験を望んでいる人は必ずいるはずです。しっかりと自信を持てるだけの練習を積んで、あなたの技術で広く社会に貢献していくことをおすすめします。

## 売上アップのステップをおさらいしよう

### 入客数を増やす

- チラシ、ホームページ
- クチコミ促進
- リピート率の改善

施術できる人数が限られているため入客増には限界がある。身体の限界も。

### 来店頻度を上げる

- ポイント制度等の充実
- 施術メニューの見直し
- 回数券やチケットの導入

同じく、来店頻度を上げても一日当たりの入客数で見れば限界がある。

### 客単価を上げる

- メニューの改善
- お客様の絞り込み
- 物販の促進

商品やスタッフの意欲によってはかなりの売上を上げることができる。

### 規模の拡大

- スタッフの増員
- 店舗の拡大
- 多店舗展開

劇的に売上を上げることができるが、資金や労力面でのコストも大きい。

### 他業種への進出

- 通販事業
- 講師として出向く
- スクールの開業

Column

## 10年後の「ちいサロ」——❻

10年間、クレームもなくドタキャンもなく、素敵なお客様ばかりに囲まれて、労働時間を減らしても売上は上がり続けている。

そんな理想的なサロン経営を目指し、振り返ってみるとほぼその通りのサロンができあがっていました。

私のサロンだけではありません。「ちいサロ」を読んで7年が経ち、私のまわりには同じように幸せなサロン経営をされている方々が多く集まってきています。これほどうれしいことはありません。

そんな方々に共通しているのが、6章に書かれていることを実践されたということ。それは偶然かもしれません。たまたまなのかもしれません。陰ではそれ以外にも多くの努力をされてきたことでしょう。

でも、そんな方々の第一歩のきっかけがこの書籍だったのなら、私はとても幸せに思います。

そして今から10年後、さらにそういった幸せなサロンさんが増え、私のまわりに集まっている。私はそんな未来をイメージし願っています。

Small Salon

# 7章

# 危機対応とその他の裏技集

No.
01

# 泥沼にならないためのスタッフの雇い方

### ◆この先避けては通れない悩み

前章でも書いた通り、店をさらに発展させていこうと思ったら避けて通れないのがスタッフを雇うということ。同時に、**多くの経営者の方が一様に頭を抱える問題**もまたスタッフに関することでもあります。例外なく私のサロンも当初はひどい状況でした。

技術を教えたとたん辞めてしまうのは序の口、交通費の不正請求、給料を上げなければ全員で同時に辞めるという脅迫、ひどい時には、サロンのお客様を内緒で自宅に呼び施術をして料金をいただいていたというものまで。自宅で内緒でサロン営業をしていながら「腰を痛めたから慰謝料を払え」と暴力団まがいの家族が数度店に乗り込んできたこともあります。

### ◆悪夢の中で見えたもの

今だから言えますが、毎晩うなされて眠れない状況が数年続きました。相手のことを真剣に思いやればいつかはわかってくれるはずと、ずっと努力を重ねてきても状況は悪くなるばかり。結果として「全員同時に辞めてもらう」という強硬手段で何とか収束させたのです。きれいごとではなく、降りかかる火の粉は払わなければなりませんでした。こと個人店においてはひとりでも経営者に不満を持った者がいると、それが伝染し蔓延していきますから、総ざらいで整理する必要があったのです。

その時は当然、予約の入っていたお客様をほとんどお断りし、売上は激減。残された妻は身体を壊し病院通いになるなど、もう完全に終わってしまうのではないかとの思いもありました。それでも何とか耐え、その後に入ってきたスタッフがよく頑張ってくれたこともあり、当初のスタッフが辞める以前よりも格段に売上を伸ばすことができたのです。偶然だったのかもしれません。でも、その時に感じたことは**「求人にはやはりお金をかけるべき」**ということ。お金をかけて求人広告を出し、たくさんの応募者の中から厳選して最高だと思える人材を採用すること。それだけで少ない人数から選ぶよりレベルは上がりますが、そのスタッフ自身のモチベーションも変わってきます。**「自分はたくさんの中から選ばれた**

## 失敗しないスタッフの採用方法①

### 求人を行なう場合の注意点

**ある程度のお金をかける**

店の将来を担う大事な人材を探すため、広く告知して多く面接をし、少しでも優秀な人材を選べるようにする

**的を射た媒体に出す**

無料配布の媒体よりも有料の媒体のほうが求職側も本気の場合が多い。店頭告知だけでは意識の低い人が集まりやすい

**複数人の中から選択する**

より優秀な人材を選択できるのはもちろんのこと、選ばれた側もモチベーションが上がり意識が高くなる

**希望の人材が見つからなかった場合は採用を見送る**

よい人材がいなかったからといって妥協して採用すると、必ずといっていいほど後悔することになる。勇気を持って全員不採用という選択も必要

### 面接時での注意点

**服装やマナー**

一般教養やマナーなどはふとした拍子に接客でも出てしまう。「本気」具合がここで見える

**表情や容姿**

自然な笑顔ができているか。また美容業界においては自分の容姿に対しての自己管理ができているかは重要

**職歴やスキル（辞めた理由）**

小規模サロンにとっては、経験のある人のほうが即戦力として能力を活かすことができる。また、大手など他のサロンで厳しさを経験していたほうがモチベーションも高くなるが、前職を辞めた理由も大切

**スタッフなんだ」**という思いがさらにそのスタッフのやる気を上げてくれるのです。たまたま働きたいという連絡があったので面接して即採用というのでは、そのスタッフにはどうしても甘えが出てしまいがちです。

大勢のライバル（応募者）との厳正な審査の上、勝ち取った採用という思いが、スタッフ自身の気持ちを成長させるのです。

## ◆人は弱いほうへ流される

でも、そうは言っても人は弱いもの。どんなに最初は志高く頑張っていても月日と共に段々なあなあになってきたり、よそのサロンの待遇がよく思えてしまったり、円満とは言えない辞め方をする人は必ず現われます。

経営者側がどんなにスタッフのことを考えていても、どんなに待遇をよくしようと頑張っても、よくされるのが当たり前に思っていて、ちょっとした悪い部分を突くように不平不満を言い出します。特にサロンの場合、数ヶ月かけて自分の持てる技術を一所懸命教えたあげくに、ひどい辞め方をされると心の底まで打撃を受けてしまいます。

それから、これは心して聞いてほしいのですが、どんなに信頼を寄せていたスタッフでも、どんなに大切に育ててきたスタッフでも、辞める時はドライです。契約上の問題に発展することもあります。個人サロンからはじめて徐々にスタッフを雇う場合など、相手を信用して契約をしっかり行なっていない場合や、契約は交わしていても自己流のため後々不利になってしまうこともあります。私も自分なりに法律などの勉強をして何とか運営をしてきましたが、やはり細かな部分を突かれたり、忙しくなればなるほど目の行き届かないところも多くなってきます。そしてそれが元でスタッフともめたりすると、それだけで精神的にも肉体的にも金銭的にも想像以上の苦労を背負うことになってしまいます。

## ◆餅は餅屋

ですので、金銭的にゆとりを持てるようになったら、法律関係、雇用・契約関係などはプロに任せたほうが絶対によいでしょう。餅は餅屋です。社会保険労務士に相談して自分の専門外のことはお任せし、あなたは自分のできることに集中していくのが一番です。そのほうが結果としてストレスなく売上を上げることにつながり、あなたの将来は広がっていくことでしょう。

また、もうひとつ、プロに任せたほうが雇用されるスタッフ側にも安心感を与えることができます。お互いに気持ちよく働ける環境をつくる意味でも、苦手分野はプロに委託していくことが重要になってくるのです。

## 失敗しないスタッフの採用方法②

**スタッフ採用後の注意点**

### 技術講習は有料にするか否か

通常アロマやエステなどの技術はお金を払って習得するもの。それを無料で、まして給料を払いながら行なった場合、中には技術だけ教わってすぐに辞めようなどという人が現われる場合もある

### 営業努力をさせる

チラシ配りなど、中途半端にスタッフにさせると悪い効果をもたらす場合も多いが、スタッフ教育という面ではしっかりと地道な努力はさせたほうがよい。施術のみをさせていると、自分は技術者だと勘違いする者も現われる

### 定期的な技術のチェック

これを怠ると、いつの間にかスタッフによってまったく違った手技に変わってしまっている場合がある。そしてスタッフ間に技術レベルの差が生まれ、顧客離れにつながってしまう

### 店内ルールの確立

顧客情報の管理、金銭管理、勤怠や賃金に至るまで、個人サロンでは割と口約束で済ませてしまっている場合が多い。後々スタッフが辞めるという時になってもめる原因になったり、店側が不利になってしまう場合も多いので、しっかりとした就業規則をつくる必要がある

↓

### プロに任せる

その他にも人を雇用するとなると、雇用保険や労災、税金関係など、しっかりとした知識がなければ難しい問題がたくさん出てくる。一から勉強して遠回りをした上にそれでもわずかな隙を突かれてもめることを考えれば、最初からプロの手を借りるほうが無難であり、そこに費やす労力を店の運営に回したほうが後々の発展のためにも有効である

No. 02

# 派遣社員を雇うリスク

## ◆派遣エステティシャンのメリット

「人を直接雇うのが大変なら派遣社員はどうだろう」、そう考える方もいらっしゃるでしょう。最近でこそ静かになった感はありますが、私が人材に困っていた頃、エステティシャンの派遣業界はかなりの勢いがありました。「時給は高いが、技術や接客、ビジネスマナーなどをしっかり教育されたスタッフが容易に見つかり、もしもの場合の保証も効く」、そんなうたい文句にかなり期待に胸を膨らませたものです。ところが現実問題としてそうそう甘くはない事態が待ち構えていました。

## ◆サロンにおける派遣のデメリット

他の職種の派遣社員はよいのかもしれません。でも、エステサロンやアロマサロンという職種で考えると、難しい壁に突き当たります。それは、**各サロンによって施術の手技がそれぞれ違うことです。手技を大切にされるサロンほどそれは感じられること**でしょう。どんなに経験を積んだスタッフが来たとしても**自店の手技を完全にマスターするまでにはやはり時間がかかります。**店の信用にもかかわりますので、習得するまでお客様の前には出すことはできません。個人差はあると思いますが、ひと通りこなせるようになって接客に入るまでに1ヶ月はかかります。やっとこれからという時に辞めたりする。そんな時に代わりのスタッフを派遣してくれるのが派遣会社のメリットなのですが、代わりが来ても手技を覚えるまでにまた1ヶ月。その間もずっと、派遣会社へのマージンを含めた時給が発生し続けるのです。小規模なサロンの場合、**教える側の時間的・金銭的負担も相当な**ものです。私の場合、実際問題それには耐えられないと中途解約をしたのですが、余分な派遣料も請求され、弁護士を通しての問題にまで発展したのです。

ここまで行くのは相当な例外なのかもしれません。しかし、そのような危険性もはらんでいるのがサロンにとっての派遣社員なのだと心の奥にとめておいてもよいでしょう。どうしても派遣会社を利用しなくてはならない場合には、そのような最悪の事態も想定した上で不利にならないように契約を結ぶべきでしょう。

## 派遣の常識はサロンに通じない

| 派遣の一般的なメリット | サロンの場合 |
| --- | --- |
| 必要な人材を必要な期間だけ活用できる | お客様はスタッフにつくため、短期では顧客がつきにくい |
| 教育の手間がかからない | 手技はサロンごとに違うため、研修や教育には時間がかかる |
| 即戦力の人材を確保できる | 上記同様、技術を大切にするサロンほど即戦力にはならない |
| 募集、採用にかかるコストを削減できる | 長い期間で見ると、正規スタッフが長期いてくれたほうがコスト削減になる |
| 社会保険等の労働管理業務を任せられる | 派遣に限らず、労働管理業務を任せることはできる |
| 病欠や業務の繁閑に応じ、人員を確保できる | 病欠の時に代わりの人材を期待することは不可能に近い |

◆技術や接客を大事にしているサロンほど、派遣のスタッフは向かない要素が大きくなってきます。結局のところ、そのスタッフによって大きく左右されますが、全体にリスクが大きくなることは知っておいたほうがよいでしょう。

No. 03

# スタッフ雇用、逆転の発想でうまくいった

◆**小さなサロンの雇用問題**

プロに任せることで、スタッフともめることはほとんどなくなった弊社ですが、ベッド2台ほどの小さなサロンでは、やはり常に雇用問題はついてまわります。その最大の原因は「余剰にスタッフを抱えられないこと」です。ベッドが2台ということは、客単価にもよりますが、スタッフの数は2・5人ぐらいがマックスで、それ以上になると予約が入り切れずスタッフが余ってしまい、人件費、社会保険料などがかかりすぎてしまいます。余剰にスタッフを抱えるとコストがかかりすぎてしまう。かといってギリギリの人数だと、スタッフが退職した時にしわ寄せがきます。いきなりスタッフが半分以上減る。その分さらに予約は取れなくなる。次のスタッフを雇用し、研修し、育て上げるまでの間、大幅に売上が下がってしまうことになります。

さらには、時代的にも業界的にも採用難の傾向、まして個人規模で知名度もブランド力もないサロンにとっては、新しい人材を見つけるまでがひと苦労です。だったら、スタッフが辞めていかないような対策を打てばよいのですが、独立志向の強い人が多いのもこの業界の特徴です。面接の時には隠していても、心の中では独立をめざしている人も多くいます。

「辞めたいんですけど」。スタッフのそのひと言で、これまでの経営者としてのすべてを否定されてしまったようで、落ち込んでしまうこともありました。しかも、次の人材が見つからない……。

◆**優れた人材が舞い込む**

そこで私は、逆転の発想をしてみたのです。**「独立志向の人が多いのなら、逆に独立を応援しよう！」**と。独立支援制度を設け、独立を視野に入れた育て方をする。その結果、経営者目線を持つ意識の高い即戦力となる人材が集まるようになり、サロン全体の意識も高まる。辞めたあともよい関係が続くようになりました。

スタッフも人です。経営者が自分のこと以上にスタッフを大切に思い応援することによって、経営者の意識も上がり、雇用にも好循環が生まれていったのです。

## 辞めるスタッフを応援する

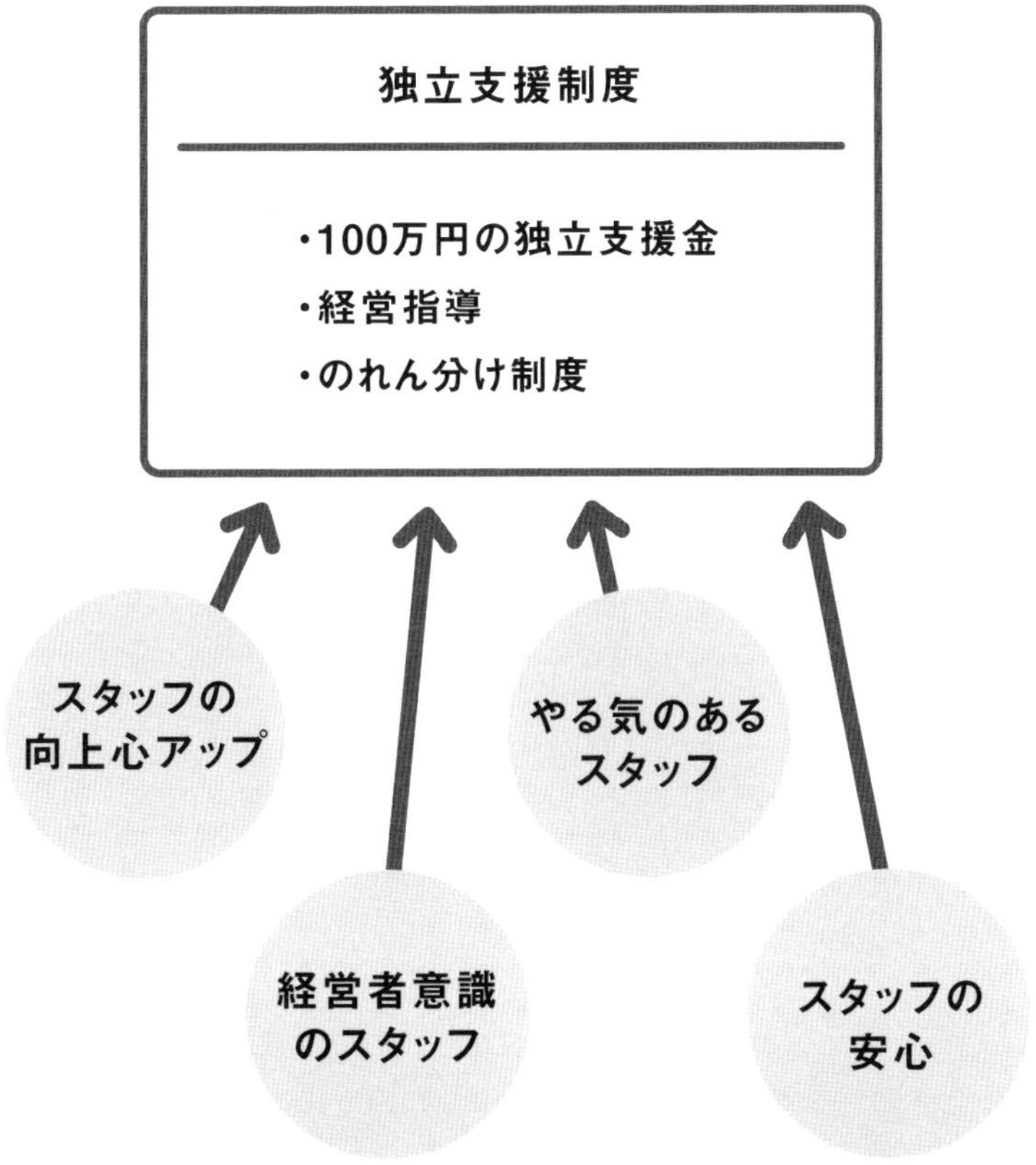


◆独立しようとするスタッフを応援することで、意識の高い人材が集まりやすくなります。

※これはあくまで私のサロンの一例です。サロンの状況等により効果も変わってきます。

No.
04

# あなたの店に携帯サイトは向いているのか？

私のサロンでの失敗例として、もうひとつ大きなものを書いておきましょう。これは店の形態や客層、業者によってはよい効果が現われる場合もありますので、あくまでひとつの例として受け止めておいてください。

### ◆車一台分の大きな買い物

携帯サイト。あなたのサロンはお持ちでしょうか。携帯電話で見ることができるサロンのホームページです。私もオープンして間もない頃、知識がない頃に営業に来た業者に乗せられて憧れの携帯サイトを持つことにしました。月々3万円の5年間リース、よくよく考えれば総額200万円にもなる大きな買い物です。しかも念のために言っておきますが**ホームページ制作のリースは違法です**。もちろん、月々3万円を払ってもそれ以上の売上アップにつながればいいのですが、正直に言って携帯サイトからの集客はほぼ、いやまったくのゼロでした。

そもそも携帯電話で店探しを頻繁に利用する世代というと高校生から20代前半がメインの時代。客単価が高めのエステサロンにおいては、完全にターゲット層がずれていたと言えます。美容室やクイックマッサージ系の店には向いているのかもしれませんが。

### ◆業者やサービス内容の見極めが肝心

ポイントは、携帯サイト作成自体はこれほどお金がかからないこと、リースは途中解約ができないので失敗したと思ってもやり直しがきかないこと。アフターサービスが重要となるホームページ作成でリースは絶対に避けるべきです。ただ、すべての制作業者がよくないというわけではありませんので、じっくりと吟味してリース契約ではないところを選ぶのがよいでしょう。

### ◆モバイルサイトの現在

なお、ここまでの文章は7年前に書いたもので、近年はスマホの時代になり携帯サイト自体がほとんど存在しません。スマホでサロンを検索する人が増えたことから、スマホのサイトは十分に有効と言えます。ただやはり、リースには気をつけたほうがよいのと、たった数年で世の中の常識がこれほど変わるのだということ。時代に取り残されないためにも、それを知っておくとよいでしょう。

## 携帯サイトの注意点

### サロンの場合

徐々に利用者も増えてきてはいるが、まだまだ10代後半〜30代前半ぐらいまでがメイン。自店のお客様の年齢層と合っているか確認する。

どのような機能が備わっているのか、使い勝手はどうなのか、制作会社は信用できるのか。特に契約書を交わす際には注意する。

携帯からの予約がサロンに合っているのかどうかもじっくりと考えたほうがよい。リピート率の高い店ほど予約システムが不便に感じることも。

携帯サイトからの新規集客はほぼ期待できないと考えたほうがよい。会員様向けのサービスとして割り切れるかどうか。

リースだけは絶対に避ける！　そもそもホームページ自体のリース契約は法律上できない。月額ではなく総額を見るようにする。

実は携帯サイトは無料でつくれるところもある。最初は無料のものをつくってしばらく使ってみてから、この先も必要かどうかを考えてもよい。

◆本当に偶然ですが、本書を書いている最中に私のサロンで利用していた携帯サイトの会社が倒産しました。まったく使えなくなった物に対して残り4年分、約140万円のリースを払い続けなくてはならなくなりました。こうならないためにも、くれぐれもリースには注意しなくてはなりません。

No. 05

# 1月の福袋じゃ意味がない

さて、ここからは実際に私の店で行ない、かなりの成果を得たイベントやキャンペーンの実例をご紹介したいと思います。1ヶ月で50万～70万円の売上アップ、固定客を2倍以上に増やす、といった小規模サロンでは考えられないほどの効果があがったものばかりです。あなたのサロンに活かせるところはないか、楽しみながら読み進めてください。

### ◆季節外れの福袋

正月になるとデパートなどに行列ができます。目当てはもちろん福袋。高額なものがリーズナブルに購入できるとあり、ワクワクしながら列に並ぶ人も多いでしょう。店側にとっては初売りのお客様を呼び、利益を上げるための重要なイベントとして欠かせないものとなっています。ぜひともサロンでもこれを取り入れて、売上・集客アップにつなげたいところです。ところが、個人のエステサロンにとっての1月と言えば、正月をはさみ入客も減少、売上的にはきつい時期となります。私のサロンも毎年1月と2月の売上低迷には頭を悩ませていました。「入客が低いから福袋で対策を」と考えるのが普通ですが、ここで逆転の発想をしてみました。入客の少ない時期に販売しても効果は薄い。入客の最も多い12月にフライングで福袋を販売してみてはどうかと。

### ◆先へつなげる仕組み

これが見事に大当たり。12月の売上は前年比12％アップ、さらに福袋の中に1月・2月に使えるチケットを入れたことで、1月・2月も2倍近い売上に達することができたのです。福袋の内容は化粧品など。利益の出ない価格設定でしたが、お客様に大変喜んでいただき、その先の集客にもつながったのは大成功でした。

成功要因としては、**「福袋は正月」という既成概念を打ち破ったこと**、**入客の少ない時期ではなく多い時期にキャンペーンを行なった**こと、その場限りではなく**先へつなげるための仕組みを取り入れた**ことです。お客様はいつも感動を求めています。どうすればお客様が驚き、喜ばれるのか、それを常に考えてイベントをつくるのも重要なことなのです。

## 月ごとの入客推移とイベントのタイミング

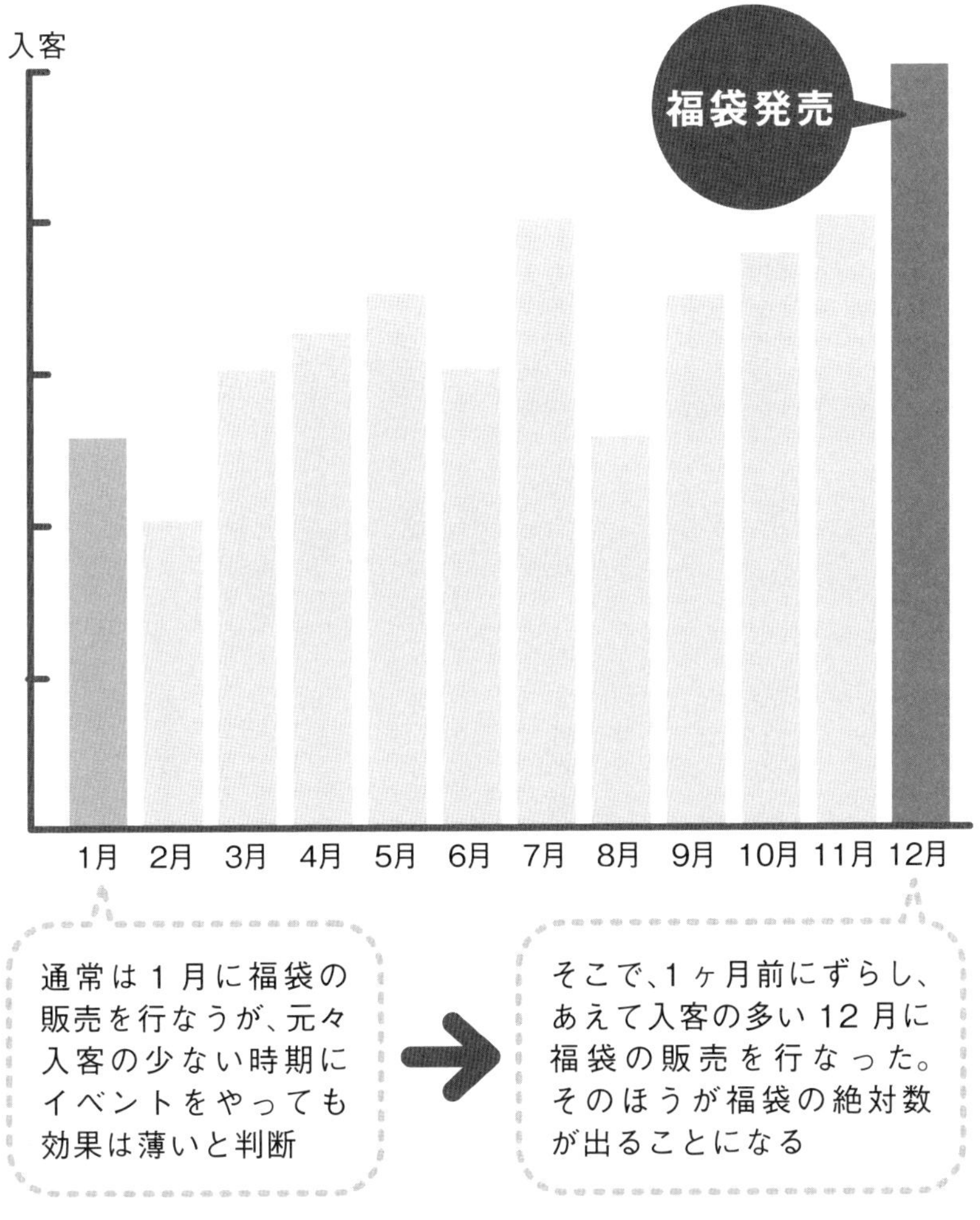
入客
福袋発売
1月
2月
3月
4月
5月
6月
7月
8月
9月
10月
11月
12月
通常は1月に福袋の販売を行なうが、元々入客の少ない時期にイベントをやっても効果は薄いと判断
そこで、1ヶ月前にずらし、あえて入客の多い12月に福袋の販売を行なった。そのほうが福袋の絶対数が出ることになる

◆さらに、福袋には、2月末まで有効の回数券やフリーパスなどを入れ、そうすることで通年入客の少なかった1月・2月の入客にもつながり、劇的に売上を上げることに成功したのです。

No. 06

# 回数券をずっと継続していただく方法

## ◆回数券を継続しなくなる理由

続いては回数券について。前章で回数券のメリットについてお話しましたが、せっかく買っていただいた回数券なのにそれを使い切った時点でお客様の来店が終了してしまうというパターンはよくあります。10回券を買って10回来店したらそれきり来なくなるのです。10回も来店していただいていればスタッフとのコミュニケーションはかなり取れているはずですから、それでも来なくなるには何らかの理由があります。

理由としては、

①はじめから10回だけと決めていた
②通っている間に不満を感じることがあった
③二度目の購入となると金額的に敷居が高い

そして、

④何となく

この4つが考えられます。①の場合はその先に続けるのはなかなか難しいとしても、②の場合は店側に原因があります。覚えておいていただきたいのは**「回数券を一度も買ったことのない方よりも、一度でも買ったことのある方のほうが再購入に結びつきやすい」**ということです。回数券を使われるお客様の場合、2回目以降は現金が入ってきませんし、ほぼ確実にリピートしてくださるという油断もあり、ついつい接客がおろそかになってしまいがちです。わざとそうしていた悪徳サロンもありましたが、私達は回数券で通われる方こそ、より一層のサービスでご満足いただけるよう努めるべきです。

## ◆回数券もお求め安く分解する

そして大事なのは③の場合。やはり一度買ったことがあるとはいえ回数券はまとまった金額になるため、お客様にとっては大きな負担となります。それを解消するために私の店では回数券を細かく分解して販売しています。例えば痩身コースの場合。「痩身コース」としてまとめて1綴りの回数券を販売するのではなく、「脂肪温める機械の回数券」+「筋肉運動マシンの回数券」+「セルライト除去マシンの回数券」などというようにコースを分解して各々に回数券をつくるのです。そし

## 回数券を購入される方の割合

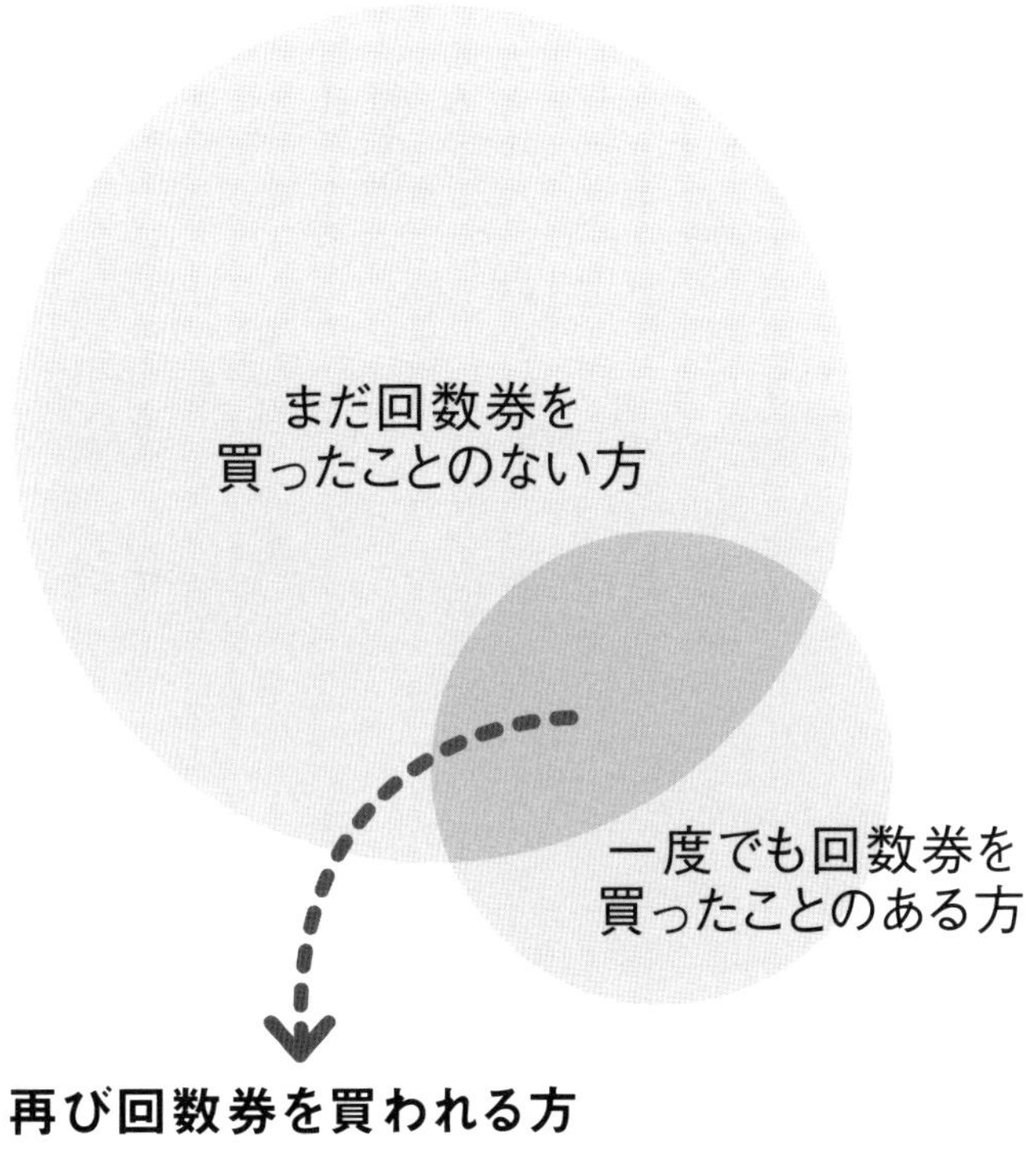


◆今までに一度も回数券を買ったことがない方よりも、一度でも回数券を買った方のほうが再購入される確率が圧倒的に高いのです。
回数券の販売数を増やしていくには、一度ご購入された方がより一層気に入ってくださり、また買おうと思っていただける仕組みをつくっていくのが最もよい方法と言えます。

て、それぞれの回数券は当日にオプション感覚で、お客様の気分により使用したり使用しなかったりできるようにします。「今日は疲れているから筋肉運動マシンはやめておくわ」という感じです。

そうすることによって券の消化速度に差がつき、次回購入時期がずれることによって一度に支払う金額が下がるため、お客様は購入しやすくなります。気分によってアレンジも利き、買い求めやすくなることによってお客様はとても喜ばれ継続につながっていくのです。

## ◆回数券も感動が消える前に

そして最後の「なんとなく」という理由。これは4章でもお話した来店のリピートを促す時と同じ理論です。心ではよいと感じているのに、きっかけがなく何となくそのまま来なくなってしまう。回数券の場合においても実はこの理由が一番多いと思われます。ではそれを解消するにはどうすればいいのでしょう。これまで本書を読んできた読者の方々には明白だと思います。そうです。**「感動の消える前に次回の購入をしていただく」**のです。

つまり、回数券が切れる前に次の回数券へ継続してくれた方へお得な特典をつけるのです。1回分プラスで追加でもよいでしょう。

大事なのは**「切れる前に」**という部分。切れたあとで継続しても特典はつけてはいけません。なぜなら、これもおわかりですね。「感動は消えてしまうものだから」です。どんなによいと思って次回も回数券を継続しようと思われても、家に帰り日常生活に戻るとその感動は薄れ、徐々に消えていってしまうのです。だんだんと気持ちは遠ざかり、来られなくなってしまうことも考えられます。せっかく喜んでいただいた気持ちを失ってしまわないためにも、途切れる前に継続していただくことがお得になるシステムをつくっておくのです。

## ◆売ることは目的ではない

とても大切なことなのでもう一度言っておきますが、「回数券を一度も買ったことのない方よりも一度でも買ったことのある方のほうが再購入に結びつきやすい」のです。一度買ってくださったということは、気に入ってくだされぱまた買ってくださる可能性は極めて高いということです。特に高額商品などを販売する時に多くの人が陥りやすい勘違いですが、商品は決して売るのが目的ではありません。買ったあとに喜んでいただくのが目的です。回数券は売り渡した瞬間がゴールなのではなく、**売ってからがスタート**なのです。それは商売の大原則なのですが、その気持ちを忘れず常にお客様に喜んでいただくことに集中していきましょう。

## 回数券を再購入していただくには

| 買わなくなる理由 | 対策 |
|---|---|
| はじめから一度だけと決めて購入していた | この場合の再購入は難しいが、密なコミュニケーションで気に入っていただける場合もある |
| 途中で不満を感じることがあった | 完全に店側の問題。今一度、サービスを見直し、考え方を改める必要がある |
| 金額的な問題 | コースを分解して複数の回数券をつくり、一つひとつを安くすることでお求めやすくする |
| なんとなく | 回数券が終了する前の次回購入で特典をつけるなどのお得感を出す |

◆店にとっての回数券、チケットの本当のよさとは、リピート率や来店頻度が上がるということではなく、何度も通ってくださることでコミュニケーションが図れたり、来店の回数だけその方に喜んでいただく機会が増えるということです。
一度買っていただいたことで満足するのではなく、より一層お客様の満足度を高め、店のファンになっていただくことが重要です。

No.

07

# 回数券を使わずに6回以上リピートしていただく方法

それでもやはり回数券には抵抗がある、都度払いにこだわりたい、というサロンの方もいらっしゃることでしょう。そこで、回数券を使わなくてもほぼ確実に複数回のリピートにつなげられる方法をご紹介します。

### ◆お試しは次につながりにくい

この方法は、痩身コースやブライダルエステのような5〜10回ぐらいで1クールのセットコースに向いています。当店ではブライダルの6回のコースに用いていま す。通常このようなセットのコースの場合、全額前払いや回数券などを使ったお会計方法が一般的です。

よくあるのが、初回は信じられないほど安いお試し価格で呼び寄せて、その場で高額なコースの契約に結びつけるというもの。中には店のホームページのどこを見ても全体の料金を載せていない店さえあります。お試し価格しか載せていないのは、受ける側にはかなりの不安要素となります。店側からすればそれが狙いなのでしょうが、多くの場合それは逆効果です。よっぽどの魅力か強引さがなければ成約は難しいでしょう。

これからご紹介する当店のシステムには初回お試し価格はありません。よくお客様から「お試しコースはないですか？」と聞かれることがありますが、システムの説明をするとほとんどの方はお試しがなくても予約を入れられます。そして一度受けられた方はそのまま最終日までのコースを組まれます。

### ◆初回ではなくその後を安くする

「お試し価格の割引を最初ではなくあとのほうに持って行ったらどうか？」というのがそもそもの発想なのですが、それをもっと極端にわかりやすくしてみたのです。

当然、不安要素を取り除くために先払いやまとめ払いではなく毎回精算、都度払いで行ないます。不安な部分や不透明な箇所を極限までなくしつつ、わかりやすくあとに行くほどお得になることをアピールしていくのです。

「5回通えば6回目はタダ」。これでもかなりリピート率は上がりますが、まだ弱いです。安くなるまでの5回が長いため、あまりピンとこないことや、本当に最後タダになるのかという不安もあると思います。またよく耳に

## 来店につなげる割引のパターン

### お試しクーポン型

初回を利益度外視の激安にすることで、敷居を下げ集客を図るが、お試しだけで終わる方も多いため、リピートにつながりにくく、利益回収のため強引な契約に発展しがち。資金のある大手サロン向き。

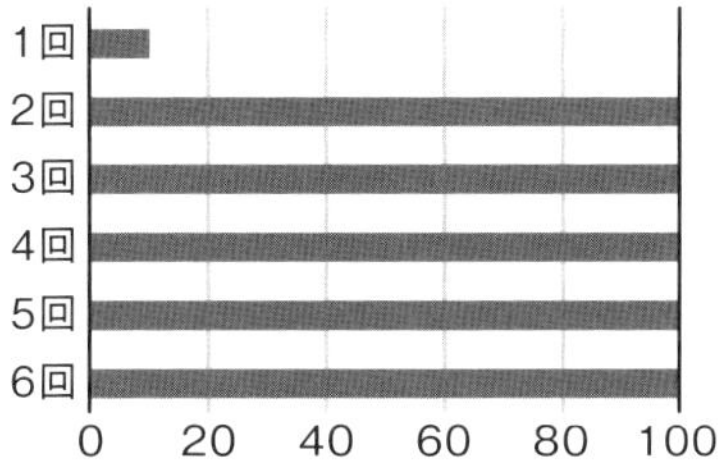


### 最終日無料型

敷居は高いが最終日が無料になるためリピート率は上がる。ただ、途中までの期間はお得感がなく、お客様はどこかに不安を抱えたまま消化していくことになる。

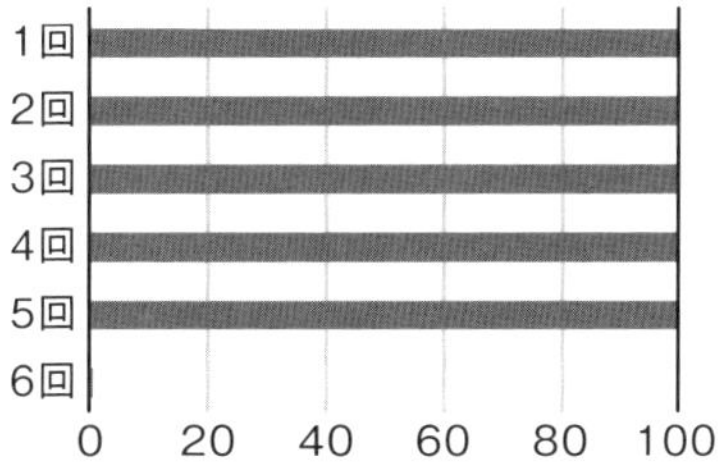


### だんだん安くなる型

2回目からすぐに安くなるのでお得感が伝わりやすく、お客様も安心してリピートできる。回を重ねるごとに喜びが増していくのでワクワク感も高く、ゲーム感覚で喜ばれるお客様も多い。

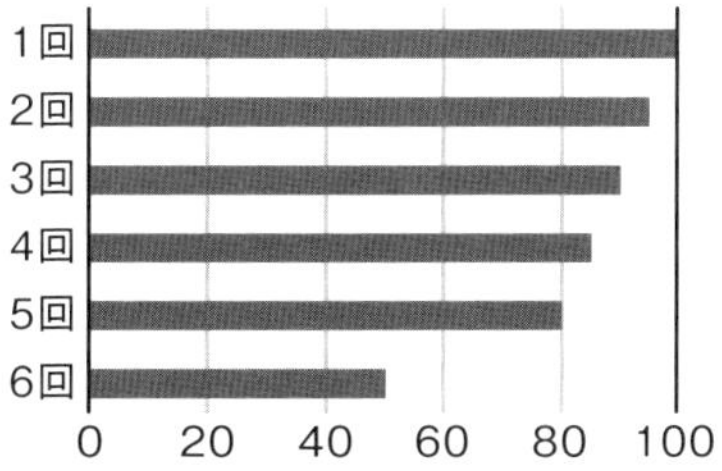


◆ 上の3つの型の割引額を見ると、すべてほぼ同じですが、その割引の仕方によってお客様の喜びや楽しさ、安心感にかなりの差が生じます。同じ割引をするのでも、ちょっとした創意工夫で結果に大きな差が出てくるのです。

する内容なのでインパクトが薄いというのもあるでしょう。そこで、最終日をタダ、ではなく「回を追うごとに少しずつ安くなる」ようにしたのです。

もちろん、コースとは言っても都度払いですから、お客様は気に入らなければ途中でいつでもやめられます。そこがお客様にとっての安心感につながるのですが、実際には途中でやめる方はまずいません。徐々に安くなるのでお客様はお得感をすぐに実感でき、最後の最後まで心から喜ばれます。

### ◆挙式のあともブライダル

でも、挙式直前に初来店されて、日数的にフルで6回受けられない方の場合はどうするのでしょう。挙式前はバタバタしますから、エステがあと回しになってしまう方も多いです。そういう場合は、式のあとも継続して6回まで割引できるようにするのです。「お式が終わったあとでも割引は続きますので、よろしければ新婚旅行のあとにでもお越しくださいね」これが結構喜ばれます。

挙式のあとは疲れで肌荒れが起こりやすかったり、新婚旅行で南の島に行かれる方は日焼けが気になったりします。その時にエステを受けたいという方も多いのです。

また、挙式前と挙式後では住環境や生活パターンが変わったりして何となく来店から遠のく方もいらっしゃるのですが、挙式後に来店をつなげておくことでその後もずっと通ってくださる場合も多いです。当店では、ブライダルエステ後にもう10年近く常連になられている方も多くいらっしゃいます。

### ◆一生に一度の大切な日

ブライダルエステに来られる方は、実はエステがまったくの未体験という方も結構いらっしゃいますが、不必要な不安やストレスさえなくせば、お客様は心を開き、スタッフとの信頼関係が築きやすくなります。信頼関係の築かれた状態で挙式までのお手伝いをさせていただくことで、挙式のあともずっとファン客でいてくださる方も多いのです。もちろん、しっかりとした信頼関係を築くには確かな技術、思いやりのある接客、清潔で落ち着ける店内など、お客様の満足度を高めるための最低限の魅力は必要です。特に**ブライダルはお客様にとって一生に一度の大切な出来事ですから、心からその日を祝い、応援する気持ちが大切です。**

以上が新規顧客の8割以上をすんなりと6回リピートに結びつけるお会計システムになりますが、ここに「あること」を加えると、さらに挙式後に来店していただける可能性が高まります。その「あること」とは何なのかを次の項でお話いたします。

### ブライダルエステ後の動向

ブライダルエステ1回目

ブライダルエステ2回目

ブライダルエステ3回目

挙式日

挙式・披露宴のあとは新婚旅行で時間が空いてしまったり、生活環境が大きく変わったりで、来店されなくなるパターンも多い。

ブライダルエステ4回目（割引継続）

割引の継続により、環境が変わったあとも来店していただくきっかけをつくることで、その後も継続して通ってくださる可能性は高くなる。

No.
08

# ブライダルエステ後も常連になっていただく方法

ブライダルエステは女性にとっては一大イベントで、心を決めてエステサロンを探す方も多いようです。その中にはエステ自体が初体験という方も多くいらっしゃいます。それまで敷居が高くて入ることもなかったエステサロンが、結婚を機に少し身近な存在になった。とても素敵な場所だというのを知った。それなのに挙式が終わったとたんにまた遠い世界に戻ってしまうのはあまりに悲しいことです。式が終わったあともずっと通ってくださり、旦那様の話をしたり、新婚旅行の写真を見せていただいたり、おめでたのお知らせを聞いたり。そんな関係が継続できたらなんと素敵なことでしょう。

### ◆ブライダルのあとに来店しなくなる理由

ところがやはりどうしても、式が終わったからきれいにする必要がなくなったと感じたり、引っ越してまわりの環境が急激に変わってしまいエステ通いも終了してしまうパターンはとても多いです。特にそれまでひとりで暮らしていた方が家族を持つことにより、相手への気遣いやバタバタと忙しくなることで、どうしても自分への時間がつくりにくくなってしまうこともあります。

### ◆挙式後の喜びを分かち合う

そこで挙式のあともずっと通っていただくために、環境が変わったあとも楽しめるイベントを用意するのです。当店ではお客様の結婚式の写真をアレンジ加工して、ポストカードにしてプレゼントするサービスを行なっています。心を込めて手づくりで行ないますが、ご自分でつくるのが難しければ業者に頼んでもよいでしょう。

このサービスを行なうことにより、式が終わったあとも写真を持って店に寄ってくださいます。そしてスタッフと一緒に写真を見て喜びを分かち合い、その写真をお借りして作成に取りかかります。数日後、ポストカードが完成したことをお伝えすると、その写真を受け取りにまた店に立ち寄ってくださり、完成したポストカードを見てまた喜びを分かち合うのです。

こうして環境が変わったあとも何度か店に通ってくださることで、その後も常連になってくださる可能性はずっと上がっていくのです。

## ブライダルポストカードの例

◆挙式や披露宴の写真は一生の記念になるため、ポストカードにするととても喜んでいただけます。
中には、このサービスを受けたいために、数あるサロンの中から当店のブライダルエステを選ばれる方もいらっしゃるほどです。

No.
09

# 客単価と来店頻度を「同時に」上げる画期的な方法

店の売上を上げるために必要な要素は、客数と客単価と来店頻度。これは常識ですが、この中でも単価と来店頻度の2つを同時に上げてしまうという画期的な方法のご紹介です。実を言うと、この方法は公開するのを最後まで迷いましたが、経営で苦労されている読者の方に心から役立てていただければと決意いたしました。

## ◆答えはシンプル

あらゆる方法や成功事例は、答えを聞いてみれば実はとてもシンプルなものです。ほんのわずかな違い、ちょっとした発想の違いで結果は大きく変わります。ところが多くの場合そのわずかな違いを見つけ出せないでいます。それはなぜでしょう。最も大きな原因は「既成概念」だと私は思います。では、答えを言います。

**客単価と来店頻度を同時に上げる方法、それは「フリーパス」**です。

フリーパスと言えば、脱毛サロンなどでよくある「何回でも受け放題」というもの。確かに来店頻度ははてしなく上がりますが、客単価は下がるのでは？　現に店が回転しきれなくなってダメになっているサロンもたくさんあります。どういうことでしょう。

## ◆既成概念を打ち破る

ここで発想の転換です。メインのコースをフリーにしてしまうのではなく、オプションのコースをフリーにするのです。どういうことかというと、「メインのコースを受けた時でないとオプションのフリーパスは使えない」ということ。オプションだけを受けることはできないという決まりを設けるのです。こうしておけばフリーパスの施術だけで店が回らなくなることはありません、単価は単純にメインコースにパスの日割り分が加算される計算になるので下がることはないのです。

受け放題にするオプションはどんなものでもよいですが、時間がかからずにお客様にお喜びいただけるものを選ぶとよいでしょう。パスの価格設定も月に1回＋α来店されれば元が取れるぐらいの設定にしておけばお得感も出て喜んでいただけます。来店するほどお得になるのでお客様の来店頻度も増えていくのです。

## 売上の要素をバランスよく上げる

### 売上の三大要素

売上を倍に上げようとした時に、例えば「客数だけ」や「単価だけ」を倍にするのはとても難しいが、それぞれの要素を少しずつ上げていけば意外に簡単に上げることができる。

ただ、「単価を上げれば、客数が下がる」など、それぞれを同時に上げる方法がなかなかないのもまた事実。

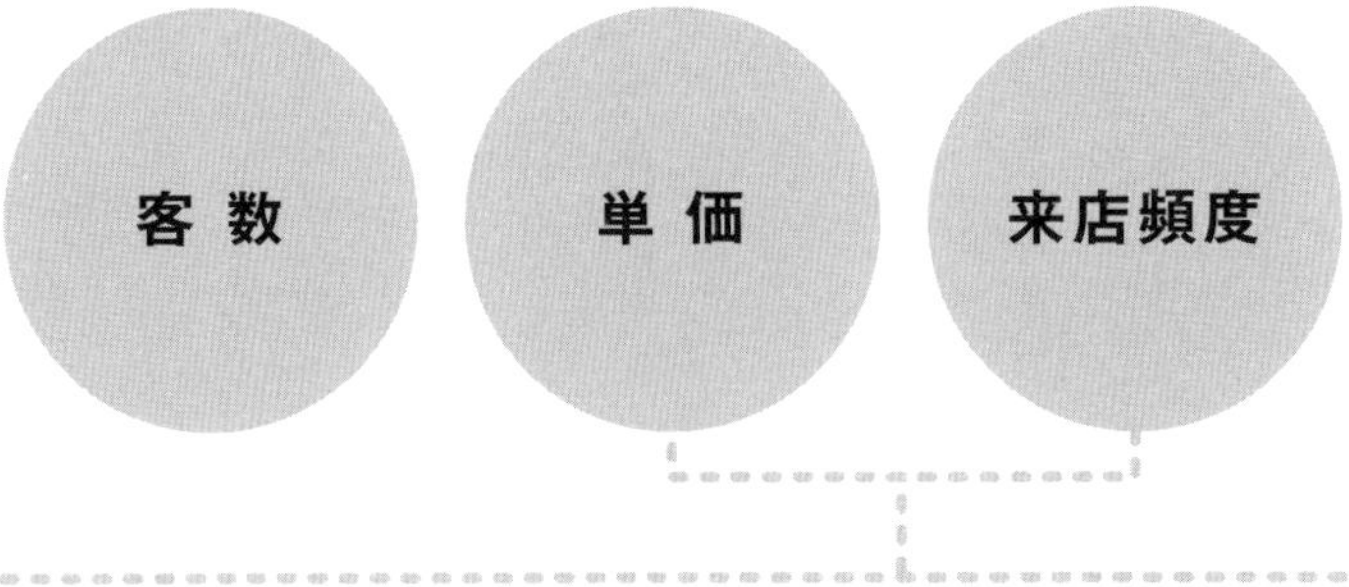


フリーパス(受け放題チケット)も一般的には、来店頻度は上がるが、客単価は下がるというのが常識である。ところが少し視点を変えて「オプションのみのフリーパス」という形にすれば、メインメニューは必ず受けるため客単価が下がることはなく、来店回数が増えることでお客様もお得になり喜んでいただける。

▶例

**ヘッドマッサージ3ヶ月間フリーパス**
**➔10000円**

ボディやフェイシャルなど、メインのメニューを受けられた方は1回3000円のヘッドマッサージが期間中何度でも受けられます!

No.
10

# 通販のススメ

## ◆持って帰れない商品は配送で

店で販売する化粧品やドリンク、健康食品などが軌道に乗ってくるとお客様からの新たなご意見が出はじめます。それは「家まで持って帰るのが大変」というもの。確かにドリンクは重いですし、化粧品もかさばりますから女性にとってはまとめて持って帰るのは大変です。

お客様の中には、口には出さなくても「商品はほしいけど持って帰れないから買わない」という方もいらっしゃるかもしれません。そうなると機会損失となり、とてももったいないことです。

そこで、**ご自宅まで配送するというサービス**が有効になりますが、個人店でも、運送会社と契約をすれば荷物を取りに来て送り届けてくれます。とても便利ですので頼んでおくとよいでしょう。あとは配送用のダンボール箱、エアキャップ、ガムテープ、納品書などを用意しておけば準備完了です。お客様が購入された商品をご自宅までお届けすることができるのでとても喜んでいただけ、機会損失も防げます。

## ◆配送に慣れたら通販に挑戦

さて、配送にも慣れてきたら、さらにその一歩先に進んでみましょう。「通販」に挑戦です。インターネット上で商品の告知をして注文があれば配送するというものです。通販というととても大変でお金もかかりそうなイメージですが、楽天やヤフーショッピングなどの大きなサイトでなければ割とリーズナブル（月額5000円程度）に運営できる所もありますので調べてみるとよいでしょう。インターネットでの注文もクレジットカード決済もできますし、時に大ヒット商品が飛び出したりすると大幅な売上アップにもつながりますので、できることなら手がけておくべきだと思います。

ただし気をつけておかなければならないのは、エステ関係の商材や化粧品には**通販禁止のものが多い**ということです。ブランド性保持や値崩れを防ぐのが主な目的ですが、「準備を全部進めて、いざはじめようと思ったら通販禁止だった」ということにならないよう、事前にメーカーの方に聞いておくとよいでしょう。

## 化粧品販売のデメリットをフォローする

◆根本的に、「お客様の不満な要素」を排除していこうとする姿勢が新しいチャンスにつながることはとても多いものです。
物販でのお客様の不満を解消するため、ご自宅までの配送や通販に取り組むことはとても大きな前進になります。

No. 11

# 人気商品は定期購入に切り替える

## ◆人はみな飽きる生き物

物販も通販も軌道に乗り、人気商品にも恵まれて喜んだのも束の間、しばらくするとあることが起こりはじめます。「商品がだんだん売れなくなってくる」。どんなに人気のあった商品でも、月日と共に徐々に売れ行きが落ちてきます。大変ショックですが、これは仕方のないことです。なぜなら人は**「飽きる」**からです。

これはお客様に限ったことではありません。実はスタッフも同じです。お客様は毎回注文して買うことに飽き、スタッフもまた毎日お伺いして販売することに飽きてしまうのです。確かにそうです。サロンのスタッフは施術が本業ですから、販売に対して徐々に力が抜けてきます。どんなに商品がよかったとしても、「できることならおすすめしたくない、お客様はとても喜んでいるし、効果もてきめんだった。毎回ほしいとおっしゃった。だったらもう、何も言わなくても買ってくださらないだろうか」というのが本音でしょう。もちろん、あからさまに手を抜くというわけではないですが、販売当初の情熱に比べたら、テンションは下がるのも当たり前なのです。「いえ、毎回しっかり教育していけば大丈夫」。そう思われるかもしれませんが、実はスタッフに留まらず、経営者であるあなた自身も同じような結果になっていくはずです。そう、あなたも飽きるのです。

## ◆買わなくなるお客様の心境

当然のことながら、お客様も気に入られているなら毎回何も言わなくても買ってくだされればよいのですが、現実的にはそうはいきません。お客様の心境は、

・商品はよいのだけど、毎回持って帰るのは大変
・毎回お願いするのはちょっと悪い気がする
・いっそのこと、何も聞かずに毎回売ってくれればいいのに
・しまった、頼もうと思ったのにうっかり忘れてたこんなところでしょう。お客様は商品を気に入っていて毎回ほしいと思っている。スタッフはよい商品だし毎回買ってほしいと思っている。でも、それなのに日を重ねるごとにそのお互いの思いとは裏腹に商品は売れなく

## 人は飽きる生き物

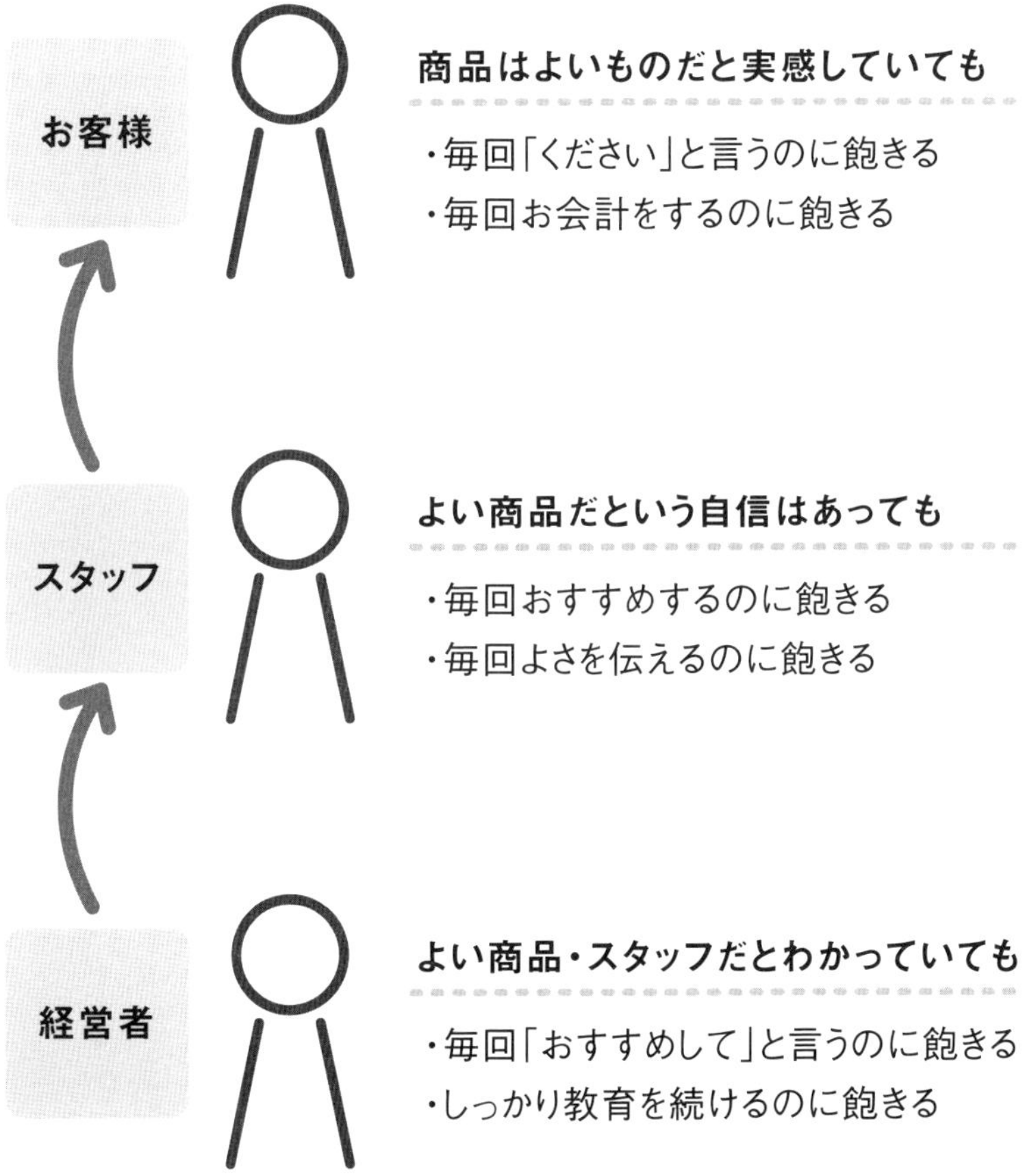


◆商品はとてもよいと思っているのに、お互いのちょっとした感情の慣れでついつい買わなくなってしまうのはとてももったいないこと。そうなってしまわないように、たとえ飽きても買い続けていただけるシステムをつくっておくことが重要になってきます。

なって行きます。さらに1回でも継続のレールから外れると、ずるずるとそのまま「買わないスパイラル」にはまっていきます。

　恐ろしい話です。でも、これは人間に備わった本能のようなものですから、避けようがありません。では、飽きないように毎回新しい商品を入れて新鮮さを保つのでしょうか。それももちろん大事です。しかし、かなりの労力を使うのも事実です。毎回新しい商品を探し続けるのは大変な作業でしょう。しかも、その中からヒット商品が飛び出すのも稀な話です。そう考えるとせっかく見つけ出したよい商品を飽きさせてしまうのはとてももったいない話だということです。

### ◆定期購入のおすすめ

　ですので、よい商品を見つけて売れはじめたら、同時にやっておいていただきたいことがあります。それは「定期購入のおすすめ」です。お客様に、**定期的に自動で購入されることをおすすめしていく**のです。

「毎回お持ち帰りになるのは大変でしょうから、ご自宅まで配送しますよ」

「ちょうど『なくなって大変！』と思う頃に自宅に届くので便利ですよ」

「ついうっかり買い忘れることもなく、価格もお安くなるのでお得ですよ」

と、お客様の「つい買わなくなる要素」を全部フォローしてあげるのです。

　この定期購入、よく通販会社などでは見かけるのですがサロンでやっている店はとても少ないような気がします。やり方はそれほど難しくありませんし、メリットのほうが大きいですからぜひ試してみてください。

### ◆具体的な定期購入のやり方

　具体的なやり方は、通販を行なっていれば簡単です。申込用紙に記入していただいて、毎月決められた日時に梱包して発送するだけです。定期購入専用に通常よりも安めの価格設定にしておきましょう。その代わり、申し込みから3ヶ月間は中止ができない（中止した場合は割引分を請求）というような決まりをつくって明示しておくとよいでしょう。

　せっかくの売れる商品は**手間を省いても売れるようにシステムをつくり**、そこに費やしていた労力を別のところに使うようにするのです。そうすることであなたの店には常に新しい風が流れ、日を追うごとに発展していくことになります。同じところで同じ苦労を繰り返すのではなく、新たな道へ踏み出すことができるようになるのです。

# 定期購入申込書の例

## 定期購入申込書

| | | | |
|---|---|---|---|
| ご希望商品 | 美肌ドリンク1箱(8500円) | 美肌ドリンク2箱(16000円) | 美肌ドリンク3箱(21000円) |
| その他ご希望商品<br>※ご希望の商品にチェックを入れて下さい | □ クレンジング　□ 洗顔フォーム　□ エッセンス　□ クリーム<br>□ メークベース　□ 痩身クリーム　□ プラセンタ　□ シートパック<br>※定期購入にされると10%オフとなります。 | | |
| 配送希望日 | 日 | 配送時間帯 | 午前中/12～14/14～16/16～18/18～20/20～21 |
| お支払い方法 | 代金引換 | クレジット決済 | NP後払い |

| | | |
|---|---|---|
| お名前(必須) | | 様 |
| ご住所(必須) | 〒 | |
| 電話番号(必須) | (　　　) | (　　　) |
| メールアドレス | | |

◆クレジットカード決済ご希望の方は、下記事項をご了承の上、以下のカード情報をご記入下さいませ。

| | | | | | | |
|---|---|---|---|---|---|---|
| カード種類 | VISA | MASTER | NICOS | UFJ | JCB | AMEX |
| カード番号 | | | | | | |
| 期限(月/年) | 月 | | | 年 | | |
| 名義(ローマ字) | | | | | | |

◆個人情報の取り扱いについて

はじめに
個人情報保護の重要性を認識し、適切に利用し、保護することが社会的責任であると考え、個人情報の保護に努めることをお約束いたします。

(個人情報の定義)

個人情報とは、個人に関する情報であり、氏名、生年月日、性別、電話番号、電子メールアドレス、職業、勤務先等、特定の個人を識別し得る情報をいいます。

(個人情報の収集・利用)

当社は、以下の目的のため、その範囲内においてのみ、個人情報を収集・利用いたします。

当社による個人情報の収集・利用は、お客様の自発的な提供によるものであり、お客様が個人情報を提供された場合は、当社が本方針に則って個人情報を利用することをお客様が許諾したものとします。
・ご注文された当社の商品をお届けするうえで必要な業務
・新商品の案内など、お客様に有益かつ必要と思われる情報の提供
・業務遂行上で必要となる当社からの問い合わせ、確認、およびサービス向上のための意見収集
・各種のお問い合わせ対応
(個人情報の第三者提供)

当社は、法令に基づく場合等正当な理由によらない限り、事前に本人の同意を得ることなく、個人情報を第三者に開示・提供することはありません。

(委託先の監督)

当店は、お客様へ商品やサービスを提供する等の業務遂行上、個人情報の一部を外部の委託先へ提供する場合があります。その場合、業務委託先が適切に個人情報を取り扱うように管理いたします。

(個人情報の管理)

当社は、個人情報の漏洩、滅失、毀損等を防止するために、個人情報保護管理責任者を設置し、十分な安全保護に努め、また、個人情報を正確に、また最新なものに保つよう、お預かりした個人情報の適切な管理を行います。

(情報内容の照会、修正または削除)

当社は、お客様が当社にご提供いただいた個人情報の照会、修正または削除を希望される場合は、ご本人であることを確認させていただいたうえで、合理的な範囲ですみやかに対応させていただきます。

○当用紙をご来店時に直接お持ちいただく他、郵送、FAXでもお申し込みいただけます。
住所：〒190-0022 東京都立川市錦町5-19-9フキビレッジA号棟2F
エステランテ　ロズまり
FAX：042－529－3037　　mail　rose@rosemaryrose.com

※NP後払い(コンビニ・銀行振込・郵便振替)の場合は別途手数料200円が掛かります。
また、与信の結果によってはご利用頂けない場合もございます。(ご利用上限は52500円までです。)

商品到着後に請求書が届きますので、発行日より14日以内にコンビニ、銀行等でお支払い下さいませ。

※商品は毎月1回のご自宅への配送となります。契約は自動更新となりますのでご了承ください。
解約される場合は、配送の都合上配送日の10日前までにご連絡下さい。(お申し込みは3か月からとなります。)

No.
12

# 衝撃!! お客様同士を戦わせる!?

## ◆ポイントカードの悲劇

「お客様同士を戦わせる」というと聞こえは悪いですが、これは私が経営するサロンで実際に1ヶ月に40万円売上アップを実現させた方法です。

今やポイントカードを知らない方はいらっしゃらないと思います。多くの店で実際に使ったことがあったり、現在も使われていたりすることでしょう。携帯電話でポイントが貯まるという便利なものもあります。

ところでこのポイントカードは、お客様のリピートを促すのには役立ちますが、売上アップにはあまり貢献しないというのが実際のところではないでしょうか。もちろんお客様をリピート化することはとても重要なことですし、長い目で見ればリピート率が上がることによって全体の客数や売上も上がることでしょう。でももしこのポイントカードを使って、その場で劇的に売上が上がる方法があるとしたらどうでしょう。よいと思いませんか?　これからその方法をお教えいたします。

従来ポイントカードと言えば、ポイントが貯まれば特定のサービスが受けられるというものがほとんどです。貯めるべきポイントや受けられるサービスは多種多様で、ランクアップによってグレードが変わるというものもありますが、根本的なシステムはどれも同じです。「貯める→使う」それだけです。私の店でもしばらくこのシステムを採用していたのですが、どうもしっくりきませんでした。そもそもお客様自体がポイントの存在を気にしていないのです。ポイントの貯まったお客様に「おめでとうございます」とお知らせしても、「あら、そんなポイントあったの?　知らなかったわ。得しちゃった」程度の感覚でした。もちろんもらえる景品やサービスによって反応も多少は違ってくるのでしょうが、少なくともこの**ポイントのために頑張って店に来よう**とか、**たくさん商品を買おう**などというお客様はいませんでした。

さらに、有効期限を設けていなかったことも失敗に拍車をかけました。貯める気のないお客様、貯めるために来店されているわけでもないお客様のために、無駄に景品やサービスの費用だけがかさんでいました。これは深刻

## これまでのポイントカード

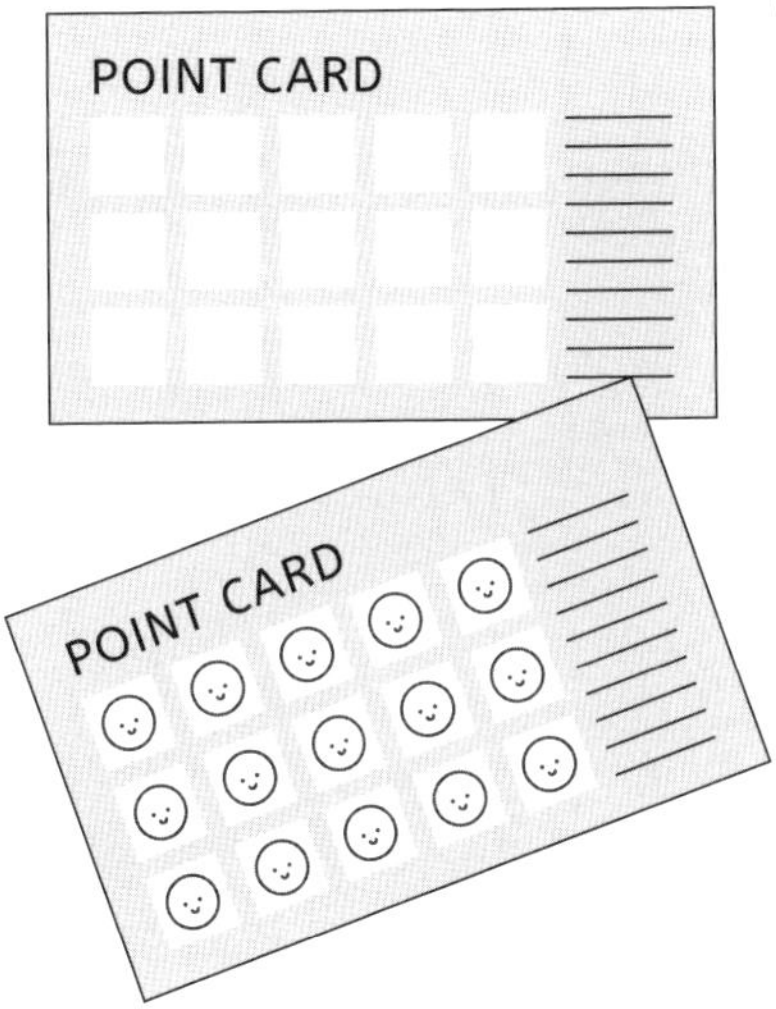


来店や購入
↓
ポイントが貯まる
↓
来店や購入
↓
ポイントが貯まる
↓
ある程度貯まったら
↓
割引やサービスが受けられる

◆紙のポイントカードやプラスティック製のもの、磁気でポイントがわかるものからスマホに貯まるものまで、その形や種類は多種多様ありますが、基本的なシステムは同じ、「貯める→使う」。しかしこれでは、リピート率はそこそこ上がるけれど、売上アップにはなかなか結びつきにくいものです。その上、機械的にポイントを貯めていくだけでお客様のワクワク感もほとんど得られません。

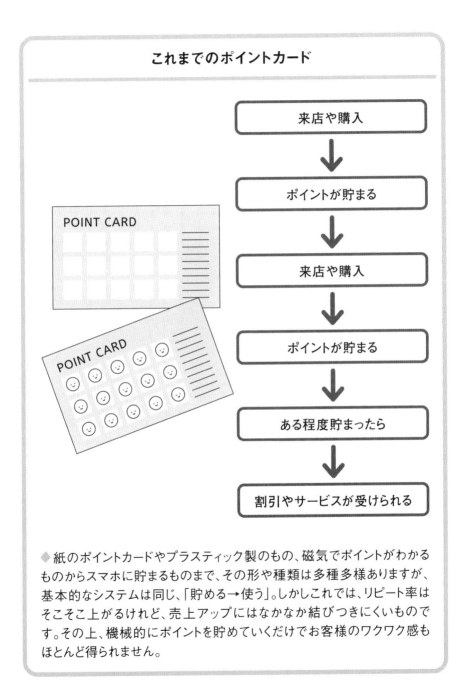

な問題です。何かよい解決策はないかと4ヶ月ほど考え抜き、ついにその答えが見えたのです。

**◆新しいポイントのあり方**

「ポイントで順位を競っていただく」

顧客管理をする上で、お客様に順位をつけることはとても重要なことです。一定期間により多くお金を使っていただいた方に、より上質なサービスをしていく。4～6章でも書いてきた重要な顧客管理の理論を、そのままポイントにも応用したのです。ある一定の期間を設定し、その間に貯まったポイントでお客様全員の順位を競う。1位の方には最上級のサービスを。2位・3位と順位に応じて景品も変えていきます。下のほうの順位の粗品も含め、全体の10～20％の方に行き渡るようにするとよいでしょう。これまでの方法はポイントに応じてのサービスだったため、長期で見ると上顧客もそうでない方も同じ質のサービスしか受けられないというものでした。それに比べ、この方法は、**上顧客にこそよいサービスが提供される**ことになり、店にとって本当に大切なお客様の顧客満足度がさらに上がることになります。

**◆具体的な方法**

さて、具体的な方法ですが、まず私は期間を4ヶ月間と設定しました。その間お客様の来店や支払額によってポイントが加算されていきます。3ヶ月が経過したところで一度集計を出します。そしてこの集計結果をお客様に告知するのです。メールでも手紙でも、口頭でもよいでしょう。現在の順位。あと何ポイントで順位が上がるか。後ろは何ポイント差まで迫ってきているか。そしてラストスパートを訴えかけます。そうするとお客様は、少しでも上位を目指したくなります。ただ単にポイントを貯めるよりもゲーム感覚で、よりワクワクしながら上を目指す方が多いようです。

この上位にいるお客様はあなたの店の熱烈なファンの方ばかりのはずです。そんな、店にとって最も大切と言えるお客様がワクワクされ、その結果、見事上位に輝いた方は心から喜ばれるのです。惜しくも上位を逃した方には次回への再チャレンジを促して励まします。売上が上がる上にお客様は喜ばれる、こんなに素晴しいイベントはなかなかないのではないでしょうか。

しかし、これでは、順位圏外のお客様があまりにもつまらないのもまた事実です。そこで、上位に入らなかったお客様からも抽選で一名、2位と同じ景品やサービスが当たるWチャンスを設けました。これによって圏外の方も気にしてイベントを見守り、全体的に盛り上がるようになったのです。

## 新しいポイントシステム

**ポイント順位表**

| | | |
|---|---|---|
| 1位 | ○○ポイント | ○○様 |
| 2位 | ○○ポイント | ○○様 |
| 3位 | ○○ポイント | ○○様 |
| 4位 | ○○ポイント | ○○様 |
| 5位 | ○○ポイント | ○○様 |
| 6位 | ○○ポイント | ○○様 |
| 7位 | ○○ポイント | ○○様 |
| 8位 | ○○ポイント | ○○様 |
| 9位 | ○○ポイント | ○○様 |
| 10位 | ○○ポイント | ○○様 |
| | ⋮ | |

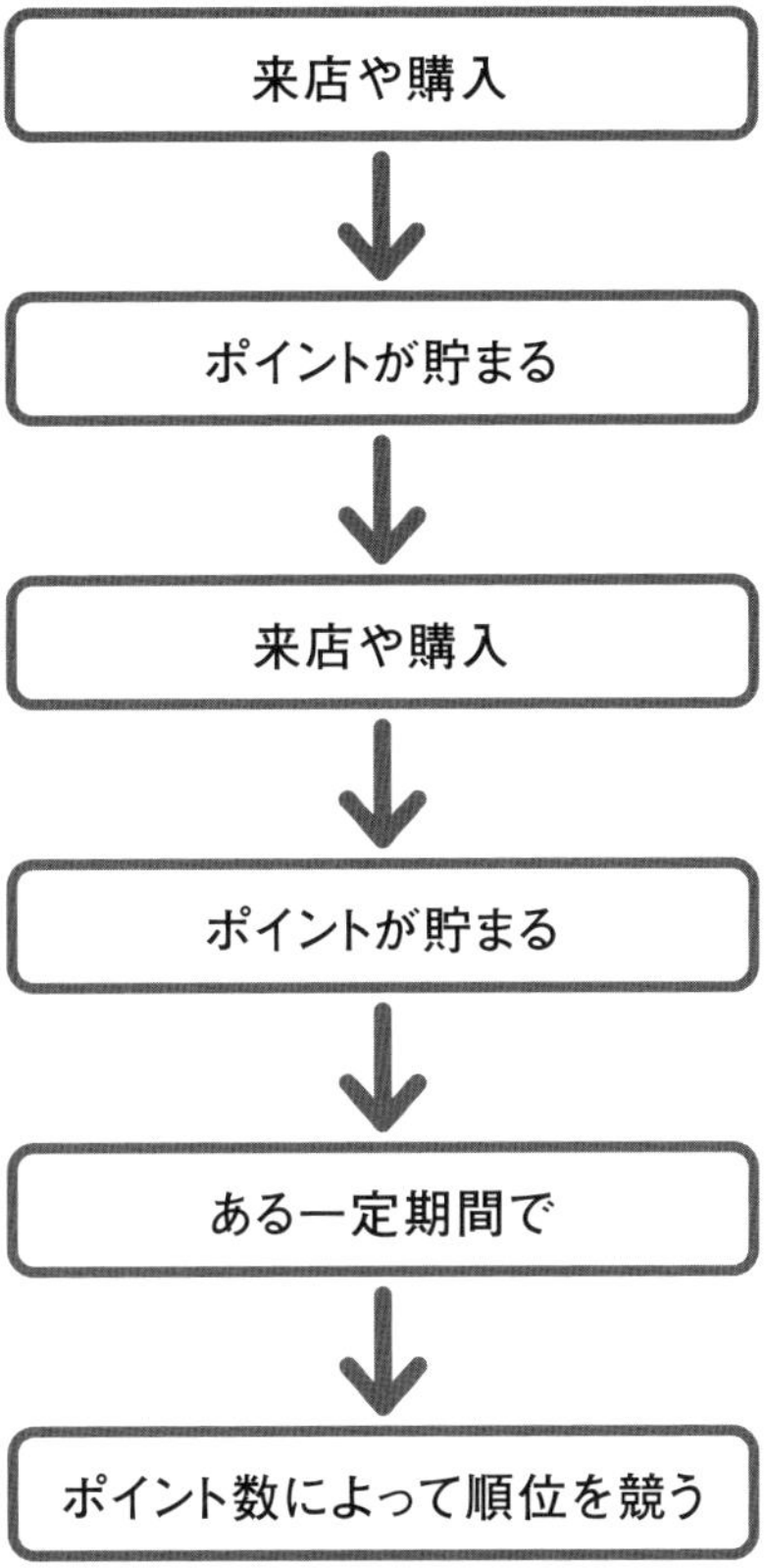


◆「必ず貯まって同じ景品」というこれまでのシステムと違い、順位が上がるほど魅力的な景品がもらえるようにすることにより、お客様のポイントへの期待感やワクワク感が高まります。また、店のファンであればあるほど順位も上がり、還元されるシステムなので、より一層、上顧客が定着しやすくなります。他のお客様との駆け引きなどゲーム性も強いので、お客様はハラハラしながら参加され、喜んでくださいます。個人規模の、総客数があまり多くない店にこそ向いているシステムなのです。

No.
13

# 他業種から学ぶ

### ◆発想の源

ここまで、売上アップの方法をいくつか書きました。これらを読んで気づく方もいるかもしれませんが、私の考えるイベントやシステムにはある特徴があります。

実はそれらの多くの発想は、**他の業種からヒントを得ているる**ことが多いのです。例えば段々安くなるブライダルコースは紳士服店の「2着目100円」からヒントを得ました。定期購入は健康食品の通販会社から。ポイントのラリーは昔働いていたパチンコ店のイベントにヒントを得たものです。

私は元々、音楽業界や飲食店など、美容業界とはまったく無縁の世界で生きてきました。言ってみればエステ業界においてはド素人だったのです。だからこそ、開店当初こそは苦労したものの、その後は新しい発想で信じられないほどの発展を遂げることができたのかもしれません。思えばまだ売上が低く、どうすればいいのか悩んでいる時に、藁にもすがる思いで飛び込んだのが美容室と飲食店向けのセミナーでした。エステサロンのオーナーは私だけ。違和感を覚えながらもそのセミナーで学んだことを実践しはじめたのです。

それがすべてのはじまりでした。

### ◆無限の発想力

何度も言いますが、人は既成概念に捉われると新しい発想が出てこなくなります。エステサロンという枠の中に捉われていたのでは、人を感動させるほどの斬新な考えが出にくくなってしまいます。だからこそ別のものを見るべきです。外の世界に目を向けてそこからヒントを得ることがとても大事です。本書で学べることには限界があります。でも、新しい場所から持ち込むあなたの発想には、限界がないのですから。

そして同じことが他の業種の方にも言えると思います。本書は本来サロン向けに書いた本ですが、だからこそ飲食店やレジャー施設、サロン以外の業種の方にも読んでいただきたいのです。他業種の方が本書を読んで実践した時、どのような劇的な効果が表われるのか、その結果に私はとてもワクワクしています。

## 無限の発想の源

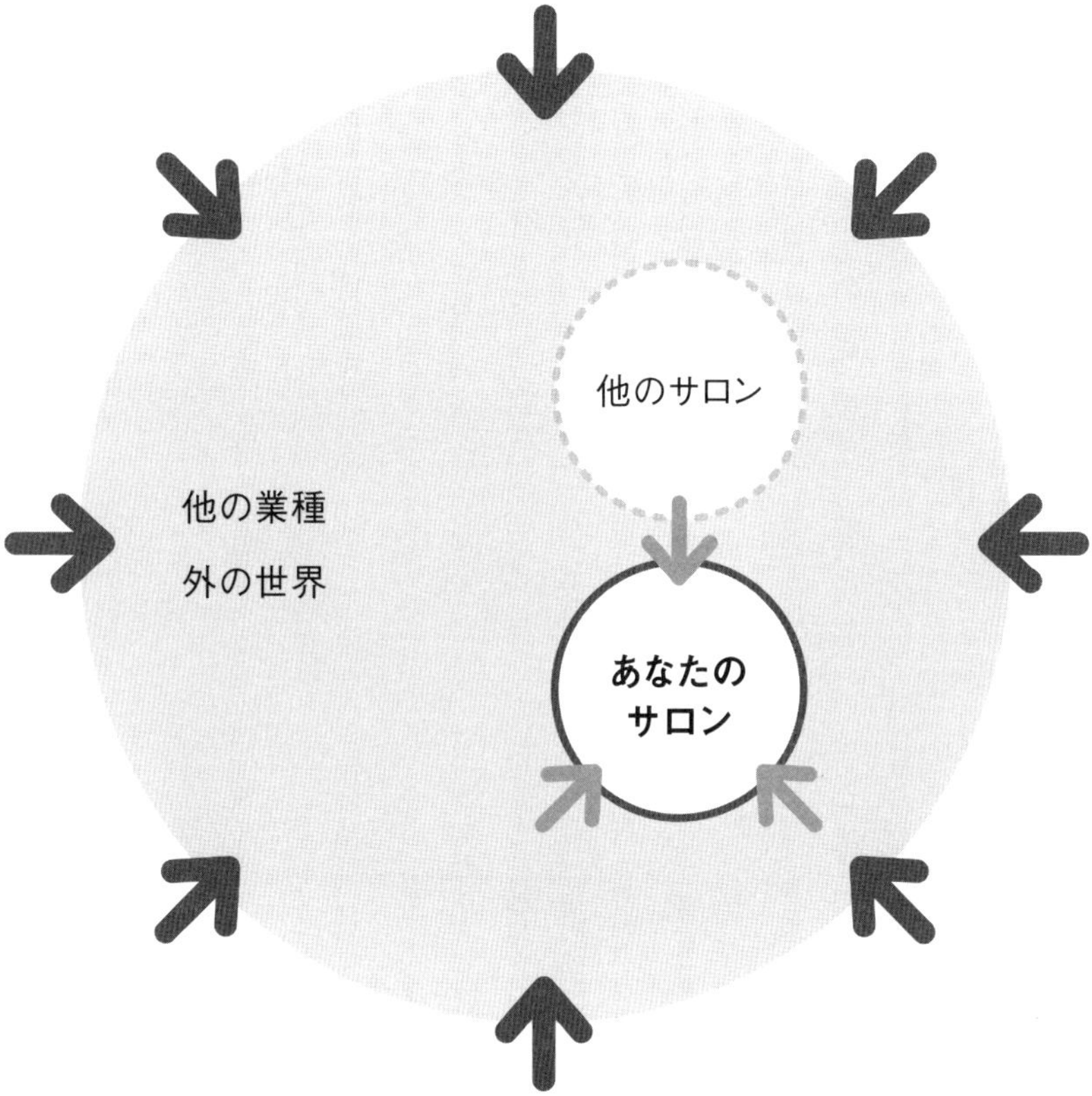


◆他のサロンや同業種から学べることには限りがあり、発想も似たり寄ったりになってしまい、効果も薄くなります。しかし、他の業種やまったく違う世界からヒントを得て、それを自分の店に活かせないかを考えるようにすれば、可能性は無限に広がるのです。

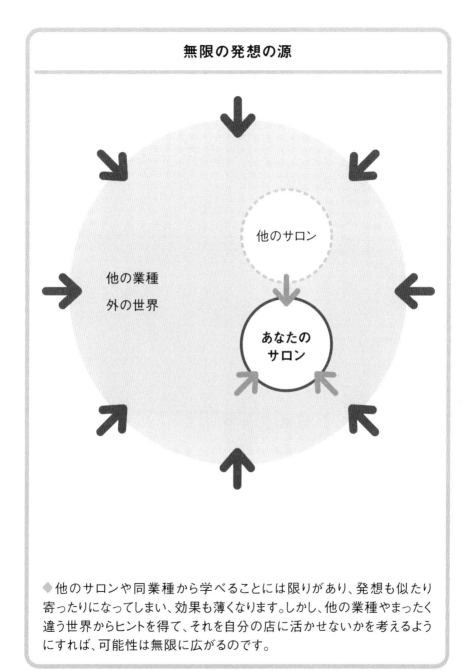

No.
14

# もしも落ち込んでしまったら

### ◆不安と劣等感

学んでいく中で、経営していく中で、時にこのような感情が襲ってくることがあります。

「なぜ、あの店ばかりうまくいくのだろう」

あなたのまわりには、あなたの店よりもうまくいっている店がたくさんあります。あなたの店よりも輝いて見える店がたくさんあります。他の店のブログ、SNS、そこを見ると、楽しそうに笑い、前進し、キラキラ輝いている。自分は取り残されているのではないか。なぜうまくいかないのだろう。不安と焦り、劣等感、様々なマイナスの感情が芽生えてきます。

そもそもSNSというのは、素敵なところだけが抜き取られた世界ですから、そこに一喜一憂する必要などないのですが、ついつい気になってしまうのも人のサガです。そんな時、どうすればいいのでしょうか。

### ◆閉ざされた中で見えたもの

どうしても落ち込んでしまうのなら、情報を閉ざしてしまうのもひとつの手です。実は私のサロンも、開業から1年間ぐらいはまわりなど見る余裕もなく、すべての情報を閉ざして一心不乱に施術だけを行なってきました。学ぶことは大事、情報は大事です。でもその余裕がなかった。そうする中、閉ざされた中で見えてきたものがありました。それは他でもない「お客様」です。

**あなたが向き合うべきは他のサロンではない。他のサロンと比較したり優劣をつけたりしても意味はありません。今、目の前にいてくださるお客様にこそすべての答えはあるのです。**

### ◆さらに前に進むには

それでもやはり、いつまでも殻に閉じこもっているわけにはいきません。他の店と向き合わなければならない時が来ます。そんな時、どのようにして劣等感や不安を乗り越えるのか。

答えはシンプルです。相手を応援すればいい。相手の成功を自分のことのように喜べばいい。私達はライバルではない。**同じ業種を盛り上げる「仲間」**なのです。人を応援することは、自分の幸せにつながるのです。

### 閉ざすことで見えてくるものがある

◆あなたが向き合うべきは他店や他者ではなく、今、目の前にいてくださるお客様なのです。

Column

## 10年後の「ちいサロ」——❼

7章では、キャンペーンや物販について書かせていただきましたが、12年目を迎える今、ますますキャンペーンや物販の重要性を感じています。

私のサロンは現在、7割以上が物販の売上。逆に言えば、もし物販をやっていなかったら売上は今の3割しかないということで、想像しただけで恐ろしく感じます。

ですから、物販をやっていない方には、ぜひ取り組んでほしいと思います。苦手意識のある方も多いことでしょう。しかし本書にも書いた通り、苦手なことにこそチャンスがあります。商品を販売するのが苦手なら、キャンペーンと組み合わせるといい。トークが苦手ならＰＯＰや陳列を工夫すればいい。世間には物販の講習会もたくさんあります。キャンペーンのやり方については私の別著『お客様が10年通い続ける小さなサロンのとっておきの販促』でも書いています。お客様の結果も満足度も上がり、サロンも発展する物販。ぜひ取り組んでください。

集客を2倍にするのは難しくても、物販で単価を2倍にするのは、それほど難しいことではないのです。

Special column

# 全国のサロン事例――「ちいサロ」を読んでどう変わったか

▼フルールクレール　田中恵美子さん

サロン勤務の経験もない自分がここまで来られたのは、すべて「ちいサロ」のおかげです。何度もつまずき、「このまま続けていいのかな?」と思った時も、「ちいサロ」を信じれば大丈夫なはずと、何度も読み返し信じて続けたら、成功が待っていました。

本だけでなく、サロンの経営に迷ったり、落ち込んだり、悩んだりした時、向井先生のフェイスブックの発信が、驚くほど自分の状態とリンクして、「そうか～!」「そうすればいいのか!」など、今でも気づきをたくさん教えてもらっています。

「ちいサロ」は、開業前はもちろん、開業後にも初心に戻って見返せる、何度でも役に立つ本です。私の人生を変えてくれた本と言っても過言ではありません。

▼Platinum earth　石川佐知子さん

当時の私はお客様が来なくて売上もなく、毎日が不安で前向きな気持ちになれない日々でした。私のサロンはつぶれるんだろなって心のどこかで思っていました。

そんな時に本書と出会い、向井先生の同じ境遇で苦労された過去を知り、お客様のためにあきらめない気持ちと燃えたぎるような情熱を感じました。

はっきり言って、本に書いてあるビジネスノウハウはすべて真似をしました。そのままパクりました！

本がきっかけで直接お会いする機会ができ、指導していただいたおかげでゆっくりと進んでいた人生がまるで高速道路に乗ったように加速し、人生の幸せを手に入れたと確信しています。

向井先生から学んだことを活かせたことで今、売上も利益も上がり、業界貢献活動までもできることが、あの当時の私には考えもつかない夢のような話だと思います。

### ▼ふわりノ　斉藤未央さん

私は子育て中に行った町の図書館で「ちいサロ」に出会い、人生が大きく変わりました！

もともと仕事が大好きで、独身時代はエステサロンの店長を任された経験もありましたが、結婚と出産で、現役を離れたブランクもある私が、限られた時間の中でも、「好きを仕事にしたい！もしかしたら私もできるかもしれない！」と勇気づけられ、授乳の合間に夜中までワクワクしながら読みました！

スタッフ経験しかないからサロンのつくり方なんて想像もつかなかったけれど、そのすべてが「ちいサロ」には細かく書いてあり、私の教科書になりました。

美容室の一部屋を借りてベッドひとつ、看板なしのクチコミサロンからはじまり、丸４年。５年目に移転し、テナントサロンになりました。

「ふわリノ」というサロン名も、「ロズまり」の真似です。お客様にもステキなサロン名ね、と言っていただけます。

毎回新しい感動が与えられる接客、ワクワクするサービス、心を込めてエステをしています。道標をありがとうございます。

### ▼Resalute　渡瀬英子さん

「ちいサロ」を読んで変わったことは、たくさんありすぎます。そして今では、当たり前になってしまったことも多いです。

・クーポンなどに期限をつける↓期限内に来てくださる
・予約を断る勇気↓忙しいお店だと認識してもらう
・お出迎えやお見送りは店の外まで↓お客様がびっくり（「寒いからいいよ」と言いながらも、お客様もうれしそうです）
・回数券の売上をいただいた日の売上にしない↓回数券を消化した日にすることで、売上が安定
・クレームを出さない↓出す前に対処

開業して1年後に本書を読みましたが、出会ってなかったらと思うとゾッとします。「私でもできる！」と勇気をもらった一冊です。

▼匿名さん

私は、リラクゼーションサロンの店長をしています。

当時、売上を上げるのに試行錯誤し行き詰まり、頭を抱える日々でした。

本社からはどやされる毎日で、自分には向いていない、いい結果が出せない自分に嫌気がさし、仕事を辞めようと思っていました。

そんな時に本屋さんで見つけたのが、向井先生が執筆された『お客様がずっと通いたくなる「極上の接客」』でした。まるで、どこかで私を見ているのかと思うような内容でした。その衝撃は忘れられません。そして、先生にお会いしたビューティーワールドジャパンで「ちいサロ」を購入しました。

今思うと、当時の私は売上を上げることにこだわりすぎて、保身のために数字だけを気にしている自分がいました。「お客様をリピートさせられなかったらどうしよう……」「リピートしてもらう自信がないから施術に入るのが怖い……」そんなことばかり考えていました。

今では、人間性も技術も私より優れたサロンはたくさんいるのに私の所に来てくれる。この人達を笑顔にしたい。日本中に笑顔を増やしたい。そんなことを思って施術にあたっています。

お客様だけではなく、共に働く仲間にも接し方が変わり、皆で楽しく働いております。その結果、当社グループ約40店舗中、下位を争っていた私の店が、2位になるまでに成長しました。

本社の覆面調査でも「悔しいくらいに悪い所がない。入店から退店のすべてに気遣いを感じた」と、会社内で1番の点数と評価でした。

あの時、向井先生の本に巡り合っていなければ、自分の保身を気にする店長のままか、この仕事を辞めているかどちらかだったと思います。改めて、本当にありがとうございます。感謝をしてもしきれません。

▼LOHAS HAIR SALON BEL　栗田識嗣さん

「ちいサロ」を読んでから、一番大事に心がけているのは、お客様に接する際の心接（親切）心のある接客です。おかげで、自分も笑顔になり、お客様も笑顔になっていただいています。もし、「ちいサロ」を読んでいなかったら気づかなかったと思います。「サロンでは気持ちよく過ごせている」というお客様の声もいただいています。

▼CHAINON　マネージャー　森一也さん

以前は価格を上げるとお客様が離れる、嫌われてしまうという考えから安売りのサービスをしていました。利益も少ないため、もちろん赤字経営。そこで、「ちいサロ」に書かれている様々な法則やアイデアを実践してみました。

・「松竹梅の法則」では安売りの考えが間違いだと気づき、客単価アップに成功。客単価が4倍になり、低価格、安売りサービスから脱出できました。
・「8－2の法則」は衝撃的で、店の売上を調べるとドンピシャでした！　もちろんご来店されるお客様全員大切なお客様ですが、サロンには上位顧客は必要不可欠です。

・「お客様を切り捨てる」。はじめは戸惑いましたが、これはサロンを支えてくださっている上位顧客のためにも必要です。以前よりもお客様からの信頼度が上がり、もっとお客様に喜んでもらいたい、感動してもらいたいという気持ちになりました。お客様のご紹介や来店頻度、リピート率が自然に増えました。

また、お客様の質がグッと上がり、悩んでいたドタキャン、無断キャンセル、遅刻がなくなりました。新規のお客様には「お店に来たかった！」「ニュースレターを読みたかった。ほしかった！」といううれしいお言葉もいただけるようになりました。また、初回の来店で「30万円のコースにします！」と言うお客様も。

サロンには広告紙やクーポンサイトから営業の電話が頻繁に来ます。インターネットには、様々な情報が溢れていて、経営に迷いがでたり不安な気持ちになったりする時もあります。そんな時は「ちいサロ」を開いて原点に戻り、軌道修正をします。「ちいサロ」は私にとって大きな出会いでもあり、欠かせない存在です。

お客様にとってもサロンが欠かせない存在でありたいと思います。

7年前、「ちいサロ」が発売されてから今日までに、ここでご紹介させていただいたようなありがたい感想を、2千件以上いただいています。

こうしたサロンさんの成功事例を聞くと、本当にこの本を書いてよかったと改めて思います。

ただ、こうしてお声を寄せてくださる方々の成功は、決して本書のおかげではないと私は思っています。私の書籍に人々を幸せにする力なんてありません。

これらの方々に共通すること、それは、

「ご自身で決断し、自ら行動された」

ということ。

書籍はただのきっかけにすぎません。自分自身で一歩前に踏み出し、時に傷つき、時に苦しみ、もがきながらも自分を信じて進み続けた。その結果、今の幸せがあるということ。本を読まれたそれぞれのサロンさんが、ご自身でつかんだ栄光なのです。

まずは一歩踏み出してみること。行動してみること。

そうしてこの先も幸せなサロンさんが増えていき、喜びのお声が聞けることを私は心から楽しみにしています。

Small Salon

# 8章

# お客様もあなたもキラキラ輝き続けるために

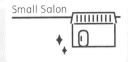

No.
01

# 小手先ではない何か

いよいよ最後の章になります。これまで書いてきた内容が、あなたにとって有意義なものになればとてもうれしく思います。

## ◆最後にたどり着く答え

実はここまで書いてきて、ずっと感じていたことがあります。どの章のどの項目を書いていても必ずと言っていいほどたどり着く答えがありました。

それは**「最後に大事なのは心からの思いやり」**ということです。うわべでだけ売上を上げるための技術を学んで実践する。それで確かに一時的によくはなるでしょう。でも、お客様は人間です。そこに心が通っていなければやがて気づかれてしまうでしょう。思いやりがなければ少しずつ離れていってしまうことでしょう。

## ◆「誰が使うのか」が重要

私は本書を「お客様に喜んでいただきたくてサロンを開いたのに、やり方がわからないために結果が出ず困っている」という方のために書きました。それがもしも、お客様を欺くために使われたのだとしたらとても悲しく思います。一本のナイフは、使う人によっては人を傷つける道具にもなりますし、使う人によってはおいしい料理をつくる道具にもなります。本書も同じだと思います。売上を上げる技という道具を、決して人を傷つけるために使ってはなりません。お客様が心から喜び、店もスタッフもそして最後にあなたも豊かになるために使わなければならないと強く思います。

施術の技術にしてもそうです。一つひとつの交わす言葉や、店内の雰囲気にしてもそうでしょう。それがつくられた偽者であっては意味がありません。あなたが、お客様の喜ぶ姿に心から幸せを感じてこそお客様にそれが伝わり、お客様は満足されるのです。

## ◆本当の幸せ

小手先の技術で取り繕うのではなく、本当に心からお客様のためを思い、心からお客様に喜んでいただければ必ず結果はついてきます。そしてそのようなサロンが増え、お客様もスタッフもあなたも、全員が幸せになることが私の心からの願いです。

## 小手先の成功は小手先で剥がれ落ちる

◆どんなに最高の技術やノウハウを用いて売上を上げても、そこに心がこもっていなければいずれヒビが入り、ボロボロと崩れ落ちてゆきます。人と人が直接触れ合う仕事だからこそ、本当の思いやりが大切になってくるのです。

No. 02

# あなたの店に存在するただひとつの問題はあなた

## ◆尽きない悩み

売上のこと、お客様のこと、スタッフのこと。店を運営していく上でいくつも悩みがついて回ります。どうしてうまくいかないのか、思い通りになってくれないのか、答えが見えずに途方に暮れることもあるでしょう。

これは決してあなたひとりが抱えている問題ではありません。自分で店を開いた人、オーナー、経営者、おそらくすべての人が同じ悩みで頭を抱えていることでしょう。もちろん私もいくつもの壁に突き当たり、眠れない日々を過ごし、人間不信になり、何が悪いのかもわからないまま苦悩の日々を過ごしていました。

でもある日気づいたのです。様々な問題をすべて他人のせいにしている自分に。**現状の中で変えられるものは自分自身だけ**。どうしても今の状況を変えたいのなら、まずは自分自身を変えようと思ったのです。

## ◆不思議な力

すると不思議なことに、世界が変わりはじめました。自分と共にまわりも成長し、成長できない者は去り、代わりに意識の高い人との縁がつながる。スタッフもお客様も業者も、引き寄せ合うように、自分が成長するにつれて、より素晴しい人へと移り変わっていったのです。

## ◆学ぶこと

でもいったい、自分を変えるために何を努力すればよいのかわからない。そういう方もいらっしゃることでしょう。もちろん自分を高めるための努力ならどんなことでもよいと私は思います。ただ、より効率的な努力があるとするならそれは「**学習**」です。他の人が歩んできた道から知識を得て自分に活かす。例えば、今あなたが行なっている「本を読む」という行為もそうでしょう。他にもセミナーやスクールに行ったり。極力時間や体力の無駄を省いて自分の力にするには、その道を経験した人に教わるというのが一番の方法だと思います。私も人に教える立場になった今でも読書やセミナーへの参加は欠かせません。常に自分を向上させるために新しい知識を入れ、自分に刺激を与え続けることは経営者にとって絶対に必要な行為だと言って間違いありません。

## 学ぶことは店の発展につながる

◆常に向上心を持って様々なことに取り組んでいきましょう。すると自分自身の成長はもちろん、まわりからの協力や縁にも恵まれ、大きく変わっていきます。常に魅力的であるような努力が大切なのです。

No.
03
# 本当に大切なものは

### ◆1%

「日々学んでいくこと」。あなたには必要ない言葉だったかもしれません。今こうしてあなたは自分の店や自分自身をよりよくしていくために本書を読んでいるのですから、十分に学んでいく姿勢のある方なのだと思います。売上を上げたい、自分の人生をよくしたいと思っていても、実際に本を買って勉強しようという人は少ないと言います。そんな中、今こうして本を読んでいるというだけであなたはすでに成功への扉を開いているのだと私は思います。ただ、もうひとつの大きな現実があります。「大半の人は本を読んでもそれだけで満足してしまい実行に移さない」という現実です。一説には、**実際に実行に移す人は全体の1%**とも言います。そしてその数字はイコール「成功者」の数でもあるのです。

### ◆願い

これは私が本書を通して最も言いたいことでもあり、私から皆様へのお願いでもあります。

「どうか、本書を読んであなたがよいと感じたことがあったらそれを必ず実行してほしい」

私はこれまで多くの本を読み、多くのセミナーにも参加してきましたが、その中で学ぶことのまったくなかったものはひとつもありませんでした。どんなものにも必ずひとつはよいことがある。まったく意味も価値もないものなどこの世には存在しないのです。それが形になり成功につながるのか、無意味なもので終わってしまうのか、すべては「行動」にかかっています。

絶対に変わらない真実があります。それは「今、行動すれば必ず未来は変わる」ということ。もしも本書を読んで「ああ、面白かった」だけで終わってしまうのなら、私は本書を書いた意味がまったくないと思っています。本書を読んで行動し、店がよくなった、お客様に喜んでいただけた、人生が変わりはじめた。そんな声がたくさん届くことが私の心からの願いなのです。

私の人生がたった一冊の本や少しの行動で大きく変わったように、あなたの人生も素晴しいものになることを心から願っているのです。

## 行動するかどうかで決まる

◆どんな未来にたどり着くのかは、今、選ぶ道によって決まります。

No.
04

# あなたがサロンをやる意義

### ◆エピソード

私のサロンのお客様で、白血病を患った方がいらっしゃいました。厳しい闘病生活の末、何とか人並みの生活を送れるまでになり、ご縁に恵まれ結婚。挙式のためにブライダルエステを受けに来られたのが出会いでした。ただ、お医者様からはお子様は今後もあきらめてくださいと言われていたそうです。それでも「結婚さえあきらめていたのに、まさかウェディングドレスを着られるなんて」と、とても幸せそうに話される姿が印象的でした。

私のサロンにはラジウム岩盤浴ベッドがあり、エステと並行してそれに入ることをおすすめしました。また少しでもお力になれればと、美容健康ドリンクも紹介すると、お客様はとても喜んでくださり、挙式が終わったあとも岩盤浴に通ってくださっていました。

しばらくして、奇跡が起きたのです。

お医者様からあきらめてくださいと言われていた赤ちゃんがお腹に宿ったのです。もちろん手放しには喜べません。母子共に不安や戸惑いのほうが大きかったと言います。どうするか悩みました。それでもその壁を乗り越え、２０１０年1月13日、早産ながらも無事２４８９グラムの元気な赤ちゃんを産むことができたのです。

### ◆意義

その時の笑顔を私はいつまでも忘れません。私のサロンの施術が直接病気に効いたというわけではないと思いますが、お客様のお役に立てたこと、幸せな笑顔を見れたことが最高にうれしいのです。本当に心から、この仕事をしていてよかったと思いました。ひとりでも多くの方にこのような笑顔になっていただくためにこれからの人生を費やすことを決意したのです。時に自分の生きている意味を見失ってしまいそうな時もあります。そんな時はこの笑顔を思い出すようにしています。

あなたがサロンをはじめようと思ったきっかけは何でしょうか？　あなたがサロンをやる意義とは？　これだけは確実に言えます。この広い世界には、あなたを必要とし、あなたの心と技術で幸せにしてほしいと願っている人が、たくさんいるのです。

## あなたのサロンを待っている人がいます

◆あなたの愛がサロンを通してたくさんの人に伝わりますように。

## おわりに

最後までお読みいただき、誠にありがとうございました。今、書き終えて、不思議な心境に包まれています。大好きなドラマが最終回を迎えるような気持ち、卒業式を迎える学生最後の日のような気持ちです。

正直、ここまでの道のりは楽なものではありませんでした。実際にサロンを運営しながらの執筆でしたから、日々トラブルも起こります。どんなに悩んでも文章がまとまらないことも。でも、自分が通ってきた道をひとつの文章にまとめ、それをたくさんの人に伝えることができる。その文章で、もしかしたら救われる人がいるかもしれない。そう考えるとワクワクする日々でもありました。

今回、私が人生初めての著書を出させていただくにあたり、心から感謝の気持ちを伝えたい人がいます。

まずはつぶれる寸前だった私のサロンを、一冊の本によって救ってくださった高田靖久さん。私の今の人生があるのもすべてあなたのおかげだと思っています。心から感謝しています。そして、その高田さんへのご縁をつないでくださった丹野登美子さん。私を普通の人から著者という世界に導いてくれたのはあなたでした。ありがとうございます。

本の書き方も知らない私に一から丁寧に教えてくださったのは平野友朗さん。さすがにプロの指導で、本だけでなくいろいろな世界への可能性を見させていただきました。

何より、私に出版社の方をご紹介くださり、おすすめしてくださった米満和彦さんには頭が上がりません。本のことだけではなく、経営者の先輩としても数々のアドバイスや励ましをいただき、心から感謝しています。

同じく著者として細かなアドバイスをくださったサニー久永さん、中野貴史さん、大いに勇気づけられ自分を磨かせていただきました。ありがとうございます。

そして、出版のチャンスをくださった同文舘出版の古市達彦部長と、優しく指導していただいた担当の津川雅代さん。大きく人生を変えるきっかけとなりました。これから著者として精一杯恩返ししていきたいと思います。本当にありがとうございます。


たくさんのご縁によりこうして形になった今回の出版ですが、一番大事だったのは私自身のサロンの売上でした。実際にサロンを運営し、結果を出してきた親愛なるスタッフたちがいてくれたからこそ、これだけのことが成し遂げられたのだと思います。わがままで強引な私のやり方に文句も言わずついてきてくれてありがとう。この栄誉はあなたたち全員でつかんだものです。かけがえのない仲間を持つことができて、私は本当に幸せです。


そして、最愛なる妻へ。

どんなに崖っ淵に立たされても歯を食いしばって耐えてきたあなたの姿を見てきました。

腱鞘炎で手が動かずどうにもならない時も、注射を打ち、痛みの中で強引に営業を続けました。

腰を痛めて起き上がれないほどの苦痛の中でも、お客様の前では最高の笑顔を絶やさず店を守ってきました。

突然の父の死。優しく尊敬する人との別れに声も出ないほど泣き崩れながらも、葬儀の次の日には何もなかったかのように店に立っていました。

いつも伝えるのが下手で何も言ってあげられなくてごめんなさい。あなたが妻でいてくれて本当によかった。私は世界一の幸せ者だと思っています。

もしもこれから行く先に、私達と同じような悩みで苦しみ、立ち上がれないような人がいたら、できる限りの力になって支えたい。そしてその人を通し、ひとりでも多くの方が美しく健康に、豊かな人生を送れるように。あなたとあなたのまわりの人が心からの笑顔で満たされますように……。心からの願いを込めて筆を置きます。

最後に、私と私の妻を産んでくれた4人の両親へ、そして、この本を手に取り最後まで読んでくださった皆様へ。最大級の感謝を捧げます。

向井邦雄

## 著者 向井邦雄からのプレゼントとお知らせ

■ **本書をお読みいただいた方への特典ダウンロードページ（無料）**
**「実例！　フリーパス活用マニュアル」**
**「お客様が買いたくなるPOP作成マニュアル」**

**https://rising-rose.com/n/**

■ **最新情報をお届け　向井邦雄メルマガ**

**https://rising-rose.com/m/**

■ **向井邦雄　セミナー情報**

■ **日々の経営ヒント　向井邦雄 Facebook**

**https://www.facebook.com/KunioMukai**

■ **サロンの支援　一般社団法人日本サロンマネジメント協会**

**https://www.salon.or.jp/**

■ **既刊本**（いずれも同文舘出版）

2018年4月発行

**もう集客で困らない！**

**お客様が10年通い続ける**
**小さなサロンのとっておきの販促**

徹底して常連様の満足度を上げる、値上げせずに客単価を上げる、お客様を飽きさせないイベントをつくる、他業種から販促のヒントを得る。安売りも集客もしないで、お客様がワクワクしてリピートされるメソッドを実例満載で紹介

**定価 1,980円（税込）**

2013年12月発行

**リピート率9割を超える小さなサロンがしている**

**お客様がずっと通いたくなる**
**「極上の接客」**

接客は「人と人」。「基本」や「マニュアル」を超えた本当に大切なワンランク上の接客がここにある！　どんなにお客様への真心や思いやりがあっても、伝わらなければ意味がない。常識にとらわれない「極上の接客」とは

**定価 1,540円（税込）**

著者略歴

**向井　邦雄**（むかい　くにお）

一般社団法人日本サロンマネジメント協会 代表理事
株式会社ライジングローズ 代表取締役
サロン経営、講師、サロンコンサルタント、NLPプラクティショナー

2006年、夫婦でエステサロン「ロズまり」を開く。未経験ながらも、4年で売上7.5倍、10年で20.1倍、リピート率98%と、揺らぐことのない右肩上がりの経営を続けている。2011年4月、そのノウハウを余すところなく記した処女作『お客様がずっと通いたくなる小さなサロンのつくり方』が、ネット書店アマゾンでビジネス書部門1位、増刷19刷のロングセラーとなる。2013年12月に刊行した2冊目の著書『お客様がずっと通いたくなる「極上の接客」』（共に同文舘出版）も増刷14刷を超える。現在は、カウンセリングの認定資格講座「フェイシャルカウンセラー認定資格講座」や「小顔筋艶肌フェイシャル技術講習」、「サロン経営者向けのNLP講習」、経営セミナー等で、1200以上ものサロンさんを支援し、日本中を奔走している。

講演実績
○幕張メッセ　国際化粧品展　メインステージ講演　2020年1月
○アロマ＆ハーブEXPO2018講演　2018年12月
○マレーシア ペナン島　セミナー合宿　2017年11月
○東京ビッグサイト 国際化粧品展　メインステージ講演　2017年1月
○熊本 震災支援セミナー　2016年7月　他多数

ウェブサイト（メルマガ）　https://rising-rose.com/
フェイスブック　https://www.facebook.com/KunioMukai

**最新版　お客様がずっと通いたくなる小さなサロンのつくり方**

平成30年4月24日　初版発行
令和 3 年6月3日　6刷発行

著　者 —— 向井邦雄

発行者 —— 中島治久

発行所 —— 同文舘出版株式会社

東京都千代田区神田神保町1-41　〒101-0051
電話　営業03（3294）1801　編集03（3294）1802
振替 00100-8-42935
http://www.doubunkan.co.jp


ISBN978-4-495-59312-4

印刷／製本：萩原印刷
Printed in Japan 2018